Claudia Heibeyn

Willens- und Erklärungstheorie bei Steuerverwaltungsakten

GABLER EDITION WISSENSCHAFT

Claudia Heibeyn

Willens- und Erklärungstheorie bei Steuerverwaltungsakten

Mit einem Geleitwort von Prof. Dr. Friedrich von Zezschwitz

Deutscher Universitäts-Verlag

Bibliografische Information Der Deutschen Bibliothek
Die Deutsche Bibliothek verzeichnet diese Publikation in der Deutschen Nationalbibliografie; detaillierte bibliografische Daten sind im Internet über <http://dnb.ddb.de> abrufbar.

Dissertation Universität Gießen, 2003

ISBN-13 : 978-3-8244-7878-1 e-ISBN-13 : 978-3-322-81550-7
DOI : 10.1007 / 978-3-322-81550-7

1. Auflage November 2003

Lektorat: Brigitte Siegel / Katharina Harsdorf

www.duv.de

Umschlaggestaltung: Regine Zimmer, Dipl.-Designerin, Frankfurt/Main
Druck und Buchbinder: Rosch-Buch, Scheßlitz
Gedruckt auf säurefreiem und chlorfrei gebleichtem Papier

Meinen Eltern

Geleitwort

Die Frage, wann Willenserklärungen wirksam werden, ist im bürgerlichen Recht seit jeher in großer Ausführlichkeit wissenschaftlich erörtert und von der Rechtsprechung beschieden worden. Als gesicherte Erkenntnis gilt heute, dass nicht das Gewollte, sondern das Erklärte zu gelten hat und dass Divergenzen über die Irrtumsfolgenlehre zu bewältigen sind. Eine vergleichbare Diskussion und Rechtsprechungspraxis kennt weder das allgemeine Verwaltungsrecht noch das Steuerrecht. In wenig reflektierter Weise herrscht auch hier die Erklärungstheorie. Sie wird allerdings allenthalben unterlaufen. Daraus ist in theoretischer wie in praktischer Hinsicht eine Vielzahl von Streitfragen aufgetreten, auf die Judikatur wie Literatur hat Antworten geben müssen. Das ist allerdings meist in engem Einzelfallbezug geschehen und fast durchweg ohne systematische Untermauerung der getroffenen Feststellungen. Die von Frau Heibeyn vorgelegte Arbeit stellt nicht nur für das Steuerrecht, sondern auch für das Verwaltungsrecht im allgemeinen die erste umfassend angelegte Untersuchung dar. Sie trennt in einem ersten Zugriff die einzelnen Schritte bei der Entstehung von Verwaltungsakten sauber von einander. Anschließend werden die rechtlichen Eigenschaften eines jeden Schrittes präzise analysiert. Das besondere Verdienst der Arbeit von Frau Heibeyn liegt darin, dass sie die Mängel, die bei den einzelnen Entstehungsschritten auftreten können, einer genauen Rechtfolgenanalyse unterzieht und auf ihren Einfluss auf die Entstehung und Wirksamkeit von Steuerverwaltungsakten überprüft. - Besondere Probleme für das Wirksamwerden von Verwaltungsakten wirft die zunehmende elektronische Vernetzung auf – eine Entwicklung, die im Zuge des E-Government in Kürze hoch bedeutsam werden wird. Auch in diesem noch weithin unbeackerten Problembereich entwickelt die Arbeit innovative und systematisch abgestützte Antworten, denen die Zukunft gehören wird. Ich wünsche der Arbeit auch in dieser Hinsicht jene Resonanz, die dem ausgeprägten systematischen Ansatz gerecht wird, der die Untersuchung auszeichnet.

Prof. Dr. Friedrich von Zezschwitz

Vorwort

Die vorliegende Untersuchung ist im Wintersemester 2002/2003 vom Fachbereich Rechtswissenschaft der Justus-Liebig-Universität Gießen als Dissertation angenommen worden.

Herrn Professor Dr. Friedrich von Zezschwitz danke ich dafür, dass er mir ermöglicht hat, die Arbeit zu erstellen. Ihm gilt mein ganz besonderer Dank für die Betreuung und Erstbegutachtung und dafür, dass er mir während meiner Tätigkeit als wissenschaftliche Mitarbeiterin an seiner Professur die Gelegenheit zur Anfertigung der Dissertation gegeben hat. Herrn Professor Dr. Wolfgang Kahl, M.A. danke ich für die Übernahme der Zweitbegutachtung.

Claudia Heibeyn

Inhaltsverzeichnis

Abkürzungsverzeichnis

a. A.	andere Ansicht
a. a. O.	am angegebenen Ort
Abs.	Absatz
AcP	Archiv für die civilistische Praxis
a. E.	am Ende
a. F.	alte Fassung
AEAO	Anwendungserlass zur Abgabenordnung
Anm.	Anmerkung
AO	Abgabenordnung
BayVBl.	Bayerische Verwaltungsblätter
BB	Betriebsberater
BFH	Bundesfinanzhof
BFHE	Entscheidungen des Bundesfinanzhofs
BFH/NV	Sammlung amtlich nicht veröffentlichter Entscheidungen des Bundesfinanzhofs
BGB	Bürgerliches Gesetzbuch
BGH	Bundesgerichtshof
BGHZ	Entscheidungen des Bundesgerichtshofs in Zivilsachen
BStBl.	Bundessteuerblatt
BT	Bundestag
Btx	Bildschirmtext
BVerwG	Bundesverwaltungsgericht
BVerwGE	Entscheidungen des Bundesverwaltungsgerichts

CR	Computer und Recht
DB	Der Betrieb
ders.	derselbe
d. h.	das heißt
Diss.	Dissertation
dies.	dieselben
DÖV	Die Öffentliche Verwaltung
DStR	Deutsches Steuerrecht
DStZ	Deutsche Steuer-Zeitung
DStZ (A)	Deutsche Steuer-Zeitung/Ausgabe A
DVBl.	Deutsches Verwaltungsblatt
EAO	Entwurf einer Abgabenordnung
EDI	Electronic Data Interchange
EDV	Elektronische Datenverarbeitung
EFG	Entscheidungen der Finanzgerichte
EinfErl	Einführungserlass zur Abgabenordnung 1977
EWiR	Entscheidungen zum Wirtschaftsrecht
f.	folgende
FAGO	Geschäftsordnung für die Finanzämter
ff.	fortfolgende
FG	Finanzgericht
FGO	Finanzgerichtsordnung
FR	Finanz-Rundschau
FVG	Gesetz für die Finanzverwaltung
HFR	Höchstrichterliche Finanzrechtsprechung
h. M.	herrschende Meinung
Hrsg.	Herausgeber
insbes.	insbesondere
InvZulG	Investitionszulagengesetz
i. S. d.	im Sinne des

i. V. m.	in Verbindung mit
JA	Juristische Arbeitsblätter
JuS	Juristische Schulung
JZ	Juristen-Zeitung
LAG	Landesarbeitsgericht
Lfg.	Lieferung
LG	Landgericht
MDR	Monatsschrift für Deutsches Recht
m. w. N.	mit weiteren Nachweisen
m. w. H.	mit weiteren Hinweisen
NJW	Neue Juristische Wochenschrift
NJW-CoR	Neue Juristische Wochenschrift - Computerreport
Nr.	Nummer
nv	nicht veröffentlicht
NVwZ	Neue Zeitschrift für Verwaltungsrecht
NWB	Neue Wirtschafts-Briefe
NWVBl.	Nordrhein-Westfälische Verwaltungsblätter
o. ä.	oder ähnlich
OLG	Oberlandesgericht
OVG	Oberverwaltungsgericht
RAO	Reichsabgabenordnung
Rdnr(n).	Randnummer(n)
RFH	Reichsfinanzhof
RG	Reichsgericht
RGZ	Entscheidungen des Reichsgerichts in Zivilsachen
RiA	Recht im Amt
RStBl.	Reichssteuerblatt

s.	siehe
S.	Seite
sog.	so genannt
SteuerStud	Steuer und Studium
StF	Steuern und Finanzen
StuW	Steuer und Wirtschaft
Tz.	Textziffer
usw.	und so weiter
v.	vom
VA	Verwaltungsakt
VersR	Versicherungsrecht
VerwArch.	Verwaltungsarchiv
VGH	Verwaltungsgerichtshof
vgl.	vergleiche
Vorbem.	Vorbemerkung
VwGO	Verwaltungsgerichtsordnung
VwVfG	Verwaltungsverfahrensgesetz
VwZG	Verwaltungszustellungsgesetz
WM	Wertpapier Mitteilungen
z. B.	zum Beispiel

Einleitung

Das Thema „Willens- oder Erklärungstheorie bei Verwaltungsakten im Steuerrechtsverhältnis" berührt wichtige steuerverfahrensrechtliche Fragen, wie die Entstehung und das Wirksamwerden von Verwaltungsakten.

Sinn und Zweck eines Steuerverwaltungsaktes ist es, einen konkreten Einzelfall zu regeln.[1] Er ist auf unmittelbare Rechtswirkung gerichtet und setzt damit verbindliche Rechtsfolgen gegenüber dem Bürger.[2] Der Steuerpflichtige muss sich dem Verwaltungsakt, solange dieser existiert, unterwerfen (vgl. § 124 Abs. 2 und Abs. 3 AO).[3] Die Finanzbehörde, die den Verwaltungsakt erlassen hat, ist selbst ebenfalls an seine Rechtswirkungen gebunden.[4] Ein Steuerverwaltungsakt entfaltet diese Regelungskraft jedoch nur dann, wenn er wirksam ist.[5] Das ist der Fall, wenn er

1. entstanden,
2. ordnungsgemäß bekannt gegeben (§§ 122 Abs. 1 und 124 Abs. 1 AO) und
3. nicht nichtig ist (§§ 124 Abs. 3 und 125 AO).

Fehlt es an einer der drei Prämissen, handelt es sich um einen so genannten „Scheinverwaltungsakt". Ein unwirksamer (nichtiger) Verwaltungsakt ist dennoch ein Verwaltungsakt und kein Nichtakt.[6] Aber er vermag nicht diejenigen Rechtswirkungen zu er-

---

1 *Ax/Große/Melchior*, Abgabenordnung und Finanzgerichtsordnung, Rdnr. 1265.
2 *Ax/Große/Melchior*, Abgabenordnung und Finanzgerichtsordnung, Rdnr. 1265.
3 *Ax/Große/Melchior*, Abgabenordnung und Finanzgerichtsordnung, Rdnr. 1265.
4 *Ax/Große/Melchior*, Abgabenordnung und Finanzgerichtsordnung, Rdnr. 1265.
5 *Ax/Große/Melchior*, Abgabenordnung und Finanzgerichtsordnung, Rdnr. 1265.
6 *Wolff/Bachof/Stober*, Verwaltungsrecht, Band 2, § 48 Rdnr. 3; *Ule/Laubinger*, Verwaltungsverfahrensrecht, § 56 Rdnr. 9; *Giemulla/Jaworsky/Müller-Uri*, Verwaltungsrecht, Rdnr. 383; a. A. *BFH*, Urteil vom 28. September 1984 - III R 58/83, BStBl. II 1985, 42 (42 f.); *Ax/Große/Melchior*, Abgabenordnung und Finanzgerichtsordnung, Rdnr. 1265.

zeugen, die er hervorbringen soll.[7] Da von ihm jedoch der Anschein solcher Rechtswirkungen ausgehen kann und da insbesondere die Gefahr seiner zwangsweisen Durchsetzung (Vollstreckung) besteht, soll seine Nichtigkeit, sobald sie erkannt ist, aus Gründen der Rechtssicherheit förmlich festgestellt werden[8]. Allerdings kann ein nichtiger Verwaltungsakt andere als die beabsichtigten Rechtswirkungen auslösen[9] (z. B. Schadenersatzansprüche[10]).

Von entscheidender Bedeutung ist deshalb die Entstehung von Verwaltungsakten. Es drängt sich die Frage auf, wann ein Verwaltungsakt entsteht. Antworten auf diese Frage möchte der erste Teil dieser Untersuchung geben. Ausgangspunkt sind die Willens- und die Erklärungstheorie, deren jeweilige Geltung sich auf den Entstehungsprozess des Verwaltungsaktes auswirkt. Auch wenn die Geltung der Erklärungstheorie unter der Abgabenordnung nicht bestritten werden soll, so ist eine genaue Betrachtung beider Theorien für die Beantwortung der Frage der Entstehung von Verwaltungsakten erforderlich. Während die Willenstheorie ganz klar zwischen der Entstehung und dem Wirksamwerden des Verwaltungsaktes unterscheidet, stellt die Erklärungstheorie auf die Bekanntgabe ab, damit ein Verwaltungsakt wirksam wird. Würde man sich kritiklos der Erklärungstheorie anschließen, hätte das zur Folge, dass entsprechend § 130 BGB kein Verwaltungsakt ohne einen durch behördlichen Willen getragenen Zugang entstehen könnte. Die vorliegende Untersuchung wird zeigen, dass die Existenz eines Verwaltungsaktes von seiner Bekanntgabe unabhängig sein muss. Nur ein bereits entstandener Verwaltungsakt kann bekannt gegeben und somit wirksam werden. Eine solche Trennung von Entstehung und Wirksamwerden ist von der Willenstheorie loszulösen und mit der Erklärungstheorie zu vereinbaren.

Der zweite Teil „Das Wirksamwerden von Steuerverwaltungsakten“ befasst sich mit den Problemen des Zugangs. Die Erkenntnisse des ersten Teiles werden konsequent auf den Prozess des Wirksamwerdens eines Verwaltungsaktes übertragen. Der Bekanntgabe elektronischer Dokumente wird dabei besondere Aufmerksamkeit geschenkt.

Der dritte Teil „Das Wirksamwerden mit dem bekannt gegebenen Inhalt“ erörtert, ob die Trennung von Entstehung und Wirksamwerden von Steuerverwaltungsakten mit

---

7 *Wolff/Bachof/Stober*, Verwaltungsrecht, Band 2, § 48 Rdnr. 3; *Ule/Laubinger*, Verwaltungsverfahrensrecht, § 56 Rdnr. 9.

8 *Wolff/Bachof/Stober*, Verwaltungsrecht, Band 2, § 48 Rdnr. 3, § 49 Rdnrn. 43 ff..

9 *Wolff/Bachof/Stober*, Verwaltungsrecht, Band 2, § 48 Rdnr. 3.

10 Siehe auch bei *Wolff/Bachof/Stober*, Verwaltungsrecht, Band 2, § 48 Rdnrn. 10 ff.

den Grundsätzen der Erklärungstheorie zu vereinbaren ist. Dabei ist die Problematik der Berichtigung offenbarer Unrichtigkeiten von entscheidender Bedeutung.

Die Beschränkung auf das Steuerrecht findet ihre Rechtfertigung darin, dass es samt dem dazugehörigen Verfahrensrecht als ein eigenständiges Rechtsgebiet begriffen wird.[11] Zwar ist das Steuerrecht Teilgebiet des Öffentlichen Rechts, jedoch unterscheidet es sich von anderen Teilgebieten dadurch, dass es im Wesentlichen auf die Realisierung von Geldleistungsansprüchen gerichtet ist, anders als etwa das Polizei-, Gewerbe- oder Baurecht. Die eigenständige Entwicklung des Steuerrechts ist u. a. dokumentiert durch die bereits im Jahre 1919 erfolgte Kodifikation eines eigenen Verfahrensrechts, der Reichsabgabenordnung. Heute verfügen das Steuerrecht und das anderweitige Verwaltungsrecht jeweils über ihre eigenen Verfahrensvorschriften in der Abgabenordnung und dem Verwaltungsverfahrensgesetz von 1977.

Allerdings muss das Steuerrecht als Teil der Gesamtrechtsordnung gesehen werden. Soweit vergleichbare Sachverhalte oder Interessenlagen gegeben sind, werden im Folgenden vergleichende Betrachtungen mit dem allgemeinen Verwaltungsverfahrensrecht oder dem Zivilrecht nicht fehlen.

Ein Beispiel aus der Praxis soll der Veranschaulichung der Problematik dienen

In der Praxis erfolgt eine Einkommensteuerveranlagung, indem der zuständige Sachbearbeiter die Einkommensteuererklärung eines Steuerpflichtigen bearbeitet. Nachdem der Sachbearbeiter unter Umständen weitere Ermittlungen vorgenommen hat, füllt er den so genannten Eingabebogen bzw. das EDV-Programm aus: Er trägt die von ihm geprüften und gebilligten Steuerdaten in die entsprechenden Zeilen ein. Häufig wird als Eingabebogen auch die vom Steuerpflichtigen eingereichte Einkommensteuererklärung benutzt. Heute werden die Daten meist direkt in die elektronischen Datenverarbeitungsanlagen eingegeben. Ist die Bearbeitung beendet, unterschreibt der (abschließend zeichnungsberechtigte) Sachbearbeiter den Bogen und legt ihn auf den Aktenabtrag. Damit verfügt er die nachfolgende Verarbeitung durch die EDV-Anlage und die Bekanntgabe des Bescheides. Von der Datenerfassungsstelle des Finanzamts, wo die Eintragungen computergerecht bearbeitet werden, gelangen die Daten in einen Großrechner (in Hessen in die Hessische Zentrale für Datenverarbeitung in Wiesbaden). Die

[11] *Joachim Lang*, in: Tipke/Lang, Steuerrecht, § 1 Rdnr. 12.

EDV-Anlage nimmt aufgrund ihres Steuerprogramms die restlichen (mechanischen) Subsumtionsarbeiten vor und druckt die Ausfertigung des Einkommensteuerbescheides.

Das Schriftstück wird in einigen Ländern zurück an das Finanzamt geschickt und dort grundsätzlich nicht mehr auf seine Richtigkeit geprüft (Ausnahme: so genannte Hinweisfälle), in anderen unmittelbar durch die beauftragten EDV-Einrichtungen versandt (Hessen). Schließlich wird es dem Steuerpflichtigen auf dem Postweg vom Finanzamt zugesandt (bekannt gegeben, §§ 122 Abs. 1, 124 Abs. 1 AO). Dabei geht die Steuerverwaltung mehr und mehr dazu über, die Bescheide direkt von der Datenzentrale dem Steuerpflichtigen zuschicken zu lassen.

Erster Teil

Die Entstehung von Steuerverwaltungsakten

Richtungsweisend für den Entstehungs- und Rechtsentfaltungsprozess ist der Begriff der Wirksamkeit des Verwaltungsaktes.[12] Seit 1977 wird die Frage der Wirksamkeit in § 124 AO geregelt. § 124 Abs. 1 S. 1 AO legt zunächst fest, dass ein Verwaltungsakt in dem Zeitpunkt der Bekanntgabe (§ 122 AO) wirksam wird und zwar gegenüber demjenigen, für den er bestimmt ist oder der von ihm betroffen wird. Nach § 124 Abs. 1 S. 2 AO wird er mit dem Inhalt wirksam, mit dem er bekannt gegeben wird. In Absatz zwei wird unter Berücksichtigung der hierfür maßgeblichen Bestimmungen der Abgabenordnung die Dauer der Wirksamkeit eines Verwaltungsaktes und im dritten Absatz die Unwirksamkeit eines nichtigen Verwaltungsaktes bestätigt.

Der entscheidende Unterschied zum früher geltenden Recht liegt darin, dass nunmehr für den Inhalt des Verwaltungsaktes das maßgebend ist, was die Finanzbehörde dem Betroffenen gegenüber erklärt hat (Erklärungstheorie) und nicht das, was sie eigentlich laut Akteninhalt erklären wollte (Willenstheorie).[13]

Fraglich ist, ob die Abgabenordnung damit eine Aussage über die Entstehung des Verwaltungsaktes trifft. Bestimmt sie in § 124 AO nicht lediglich, wann und wie der Verwaltungsakt wirksam wird? Sollte man allein auf die Bekanntgabe abstellen, um den Verwaltungsakt wirksam werden zu lassen oder muss man wie unter Geltung der Reichsabgabenordnung zwischen der Entstehung des Verwaltungsaktes und seiner Wirksamkeit unterscheiden?

---

12 *Reimund Schmidt-De Caluwe*, Die Wirksamkeit des Verwaltungsakts, VerwArch. 90 (1999), 49 (49).

13 *Martin Förster*, in: Koch/Scholtz, AO, § 124 Rdnr. 6; *Hans Spanner*, in: Hübschmann/Hepp/Spitaler, AO, § 124 Rdnr. 2.

Um Antworten auf diese Fragen zu finden, bedarf es einer näheren Betrachtung der Willens- und der Erklärungstheorie.

Erstes Kapitel

Die Willenstheorie

Im Zivilrecht entwickelt, sieht man dort die zentrale Aussage der Willenstheorie im allgemeinen in der Definition des Begriffs des Rechtsgeschäftes.[14] Sie lautet in der vielfach herangezogenen Formulierung in den Motiven der Ersten Kommission: „Rechtsgeschäft im Sinne des Entwurfes ist eine Privatwillenserklärung, gerichtet auf die Hervorbringung eines rechtlichen Erfolges, der nach der Rechtsordnung deswegen eintritt, weil er gewollt ist“[15]. Etwas abweichend formulieren *Ludwig Enneccerus* und *Hans Carl Nipperdey*: „Rechtsgeschäft ist ein Tatbestand, der eine Willenserklärung oder eine Mehrheit von Willenserklärungen enthält und von der Rechtsordnung als Grund für den Eintritt der als gewollt bezeichneten Rechtswirkung anerkannt ist“[16].

Im Steuerrecht wurde die Willenstheorie unter Geltung der Reichsabgabenordnung fast einhellig[17] und wird auch heute noch in einer etwas modifizierten Form

---

14 *Jan Schapp*, Grundfragen der Rechtsgeschäftslehre, S. 8.

15 Motive I, S. 126.

16 *Enneccerus/Nipperdey*, Allgemeiner Teil des Bürgerlichen Rechts, Band I 2, § 145 II; *Jan Schapp*, Grundfragen der Rechtsgeschäftslehre, S. 8. Als heutige Repräsentanten der Willenstheorie können *Werner Flume*, Allgemeiner Teil des Bürgerlichen Rechts, 2. Band, §§ 4 ff. und *Heinz Hübner*, Allgemeiner Teil des Bürgerlichen Gesetzbuches, Rdnr. 601, gelten.

17 *BFH*, Rundschreiben vom 13. November 1964, BStBl. II 1964, 167; Urteil vom 17. März 1964 – I 345/61 U, BStBl. III 1964, 343 (344); Urteil vom 11. November 1964 - I 330/62 U, BStBl. III 1965, 70 (71); Urteil vom 06. Juli 1967 - IV 274/62, BStBl. III 1967, 682 (683); *FG Münster*, Urteil vom 22. September 1964 - III a 5/63 - rechtskräftig, EFG 1965, 81 (82); *FG Berlin*, Urteil vom 28. April 1967 - III 216/65 - nicht rechtskräftig, EFG 1967, 641 (642); *Hugo von Wallis*, in: Hübschmann/Hepp/Spitaler, RAO, § 91 Anm. 2; *Becker/Riewald/Koch*, RAO, § 91 Anm. 1; *Hans Georg Raatz*, Zur maschinellen Fertigung von Einkommensteuerbescheiden, DB 1965, 1337 (1337); *Kurt Friedlaender*, Zur Grundsteuer und Abgabenordnung, StuW 1965, 383 (385); *Erdmann Frenkel*, Abweichungen zwischen Verfügung und Bekanntgabe (§ 91 AO), DStR 1968, 395 (395); *Klaus Oltersdorf*, Anmerkung zum Urteil des *BFH* vom 11. November 1964 - I 330/62 U, BStBl. III 1965, 70, BB 1965, 231 (232); Glosse, Wille und Erklärung beim Steuerbescheid, FR 1968, 57 (57 f.).

vertreten[18].

I. Die strenge Willenstheorie

Früher sollte beim Steuerverwaltungsakt als finanzbehördlicher Willenserklärung nicht das dem Empfänger Erklärte, sondern das behördlicherseits Gewollte den maßgeblichen Inhalt des Verwaltungsaktes bilden. Danach musste der Steuerverwaltungsakt nicht zwingend, aber denkbar, bereits mit der - behördeninternen – Niederlegung dieses maßgeblichen Willens entstanden sein.

Damit wirkte sich die Willenstheorie auch auf die Entstehungsphasen eines Steuerverwaltungsaktes aus.

Die unter der Reichsabgabenordnung herrschende Meinung unterschied folgende Phasen[19] der Entstehung eines Steuerverwaltungsaktes:

1. Den auf Rechtsfeststellung oder Rechtsgestaltung gerichteten Willen des Entscheidenden oder Anordnenden.[20]

2. Die Äußerung dieses Willens,[21] die bei schriftlichen Verwaltungsakten darin gesehen wurde, dass der zuständige Beamte (Sachgebietsleiter) den Vorgang abschließend prüfte, abzeichnete und „abwarf"[22].

---

18 *BFH*, Urteil vom 19. Mai 1983 - IV R 125/82, BStBl. II 1984, 15 (17); Urteil vom 05. Mai 1981 - VIII R 103/78, BStBl. II 1982, 99; Urteil vom 15. April 1981 - IV R 444/79, BStBl. II 1981, 544; *Gerhard Rößler*, Die fehlende Unterschrift oder Namensbekanntgabe auf einem Steuerbescheid und ihre Rechtsfolgen, DStZ 1981, 70 (74); *Jo Lammerding*, Abgabenordnung und Finanzgerichtsordnung, Tz. 7.6; *Hans E. Parzeller*, Zum Verwaltungshandeln unzuständiger Personen und Amtsträger, DStZ (A) 1978, 430 (430 ff.); *Hans Georg Raatz*, Die Entstehung des schriftlichen Steuerverwaltungsakts - insb. des Steuerbescheids - nach der AO 1977, DB 1976, 2176 (2176 f); *Gertlieb Gmach*, Probleme des Nichtakts nach der alten und neuen Abgabenordnung, DStZ (A) 1976, 299 (299 ff.); *Martin Förster*, in: Koch/Scholtz, AO, § 124 Rdnr. 3; *Kühn/Hofmann*, AO, § 118 Anm. 5; *Bernhard Brockmeyer*, in: Klein, AO, § 124 Rdnr. 2.

19 Vgl. dazu mit zahlreichen Nachweisen *Klaus Tipke*, in: Tipke/Kruse, RAO, § 91 Rdnrn. 8, 9.

20 *Klaus Tipke*, in: Tipke/Kruse, RAO, § 91 Rdnrn. 8, 9.

21 *Klaus Tipke*, in: Tipke/Kruse, RAO, § 91 Rdnrn. 8, 9.

22 *BFH*, Rundschreiben vom 13. November 1964, BStBl. II 1964, 167; Urteil vom 11. November 1964 - I 330/62 U, BStBl. III 1965, 70 (71); Urteil vom 06. Juli 1967 - IV 274/62, BStBl. III 1967, 682 (683); *FG Münster*, Urteil vom 22. September 1964 - III a 5/63 - rechtskräftig, EFG 1965, 81 (82); *FG Berlin*, Urteil vom 28. April 1967 - III 216/65 - nicht rechtskräftig, EFG 1967, 641 (642); *Becker/Riewald/Koch*, RAO, § 91 Anm. 1.

Der gezeichnete Berechnungsbogen war nach dieser Meinung kein Entwurf mehr, sondern bereits der Verwaltungsakt.[23] Der Berechnungsbogen sollte der Steuerbescheid im Sinne der §§ 210b, 211 RAO sein.[24]

Dass der Beamte den Inhalt des Berechnungsbogens äußern wollte, ergebe sich aus seiner Unterschrift oder seinem Handzeichen auf dem Berechnungsbogen.[25]

Übertragungsfehler konnten deswegen im so genannten Berichtigungsverfahren – unabhängig von den Voraussetzungen der §§ 172 ff AO – nachgebessert werden; § 131 AO.

3. Die Bekanntgabe des Verwaltungsaktes an den oder die Betroffenen, die den Verwaltungsakt erst wirksam werden lassen sollte (§ 91 RAO).[26]

Wurde der Wille zur Rechtsfeststellung oder Rechtsgestaltung nicht ordnungsgemäß geäußert (fehlte der Wille oder wurde er nicht geäußert), so sollte durch die Bekanntgabe nach der damals herrschenden Meinung gegenüber dem Steuerpflichtigen kein wirksamer Verwaltungsakt entstanden sein, weil nur der Schein eines Verwaltungsaktes bekannt gegeben worden sei[27].

Folglich entschied der *Bundesfinanzhof*[28]: Steht eine in den Akten getroffene Verfügung mit der dem Steuerpflichtigen erteilten Ausfertigung in Widerspruch, so sei grundsätzlich die Aktenverfügung maßgeblich; verfügt das Finanzamt innerdienstlich „nv", teilt es dem Steuerpflichtigen aber Freistellung mit, so dürfe das Finanzamt sich jederzeit korrigieren. Nur ausnahmsweise sollte das Finanzamt aus

---

23 *Klaus Tipke*, in: Tipke/Kruse, RAO, § 91 Rdnrn. 8, 9.

24 *BFH*, Urteil vom 06. Juli 1967 - IV 274/62, BStBl. III 1967, 682 (683), meinte, die §§ 210b, 211 RAO gäben nur Anweisungen für die Ausfertigung eines sich in Urschrift bei den Akten befindlichen Verwaltungsaktes.
Hans Georg Raatz, Zur maschinellen Fertigung von Einkommensteuerbescheiden, DB 1965, 1337 (1337).

25 *RFH*, Urteil vom 14. September 1935 - VI A 663/35, RStBl. II 1935, 1300 (1301); *BFH*, Urteil vom 17. Januar 1962 - II 193/59, HFR 63, 147 (147); Urteil vom 11. November 1964 – I 330/62 U, BStBl. III 1965, 70 (71) verzichteten auf die Unterschrift und ließen es genügen, wenn aus anderen Umständen geschlossen werden konnte, dass der Berechnungsbogen dem Willen des Sachgebietsleiters entsprach; siehe auch *FG Münster*, Urteil vom 22. September 1964 - III a 5/63 – rechtskräftig, EFG 1965, 81 (81). *FG Düsseldorf*, Urteil vom 21. Dezember 1967 - III 117/66 Erb - nicht rechtskräftig, EFG 1968, 324 (325) ließ Handzeichen des Sachbearbeiters nicht genügen; a. A. *Seeliger*, Zur Entstehung eines Steuerbescheides, StF 1965, 148 (150), der es auch für irrelevant hielt, ob der Vorsteher sich ein Zeichnungsrecht vorbehielt.

26 *Klaus Tipke*, in: Tipke/Kruse, RAO, § 91 Rdnrn. 8, 9.

27 *Kurt Friedlaender*, Zur Grundsteuer und Abgabenordnung, StuW 1965, 383 (385); *Erdmann Frenkel*, Abweichungen zwischen Verfügung und Bekanntgabe (§ 91 AO), DStR 1968, 395 (395); kritisch *BFH*, Urteil vom 21. Februar 1964 - IV 295/59 S, BB 1964, 669; *Klaus Oltersdorf*, Anmerkung zum Urteil des *BFH* vom 11. November 1964 - I 330/62 U, BStBl. III 1965, 70, BB 1965, 231 (232); Glosse, Wille und Erklärung beim Steuerbescheid, FR 1968, 57 (57 f.).

28 *BFH*, Rundschreiben vom 13. November 1964, BStBl. II 1964, 167.

dem Gesichtspunkt von Treu und Glauben und des Vertrauensschutzes an seine Erklärung gebunden werden.[29]

Deckte das bekannt Gegebene sich nicht mit dem Akteninhalt, so konnte und musste nach damals herrschender Meinung die Bekanntgabe des richtigen Verwaltungsaktes nachgeholt werden[30]; der Heranziehung des § 92 Abs. 2 RAO bedurfte es danach nicht[31].

Entstanden sei der Verwaltungsakt bereits mit dem Abschluss der zweiten Phase, also mit dem so genannten „Abwerfen" des Vorgangs[32], dem „In-den-Geschäftsgang-geben".

Eine derartige Trennung von Entstehung und Wirksamkeit konnte auf die gesetzliche Regelung in den §§ 91 Abs. 1, 92 Abs. 1 RAO[33] verweisen, hatte aber vor allem einen praxiserheblichen Hintergrund.

Traten nämlich Fehler im weiteren Geschäftsgang und bei der Bekanntgabe auf, die zu einer Divergenz zwischen der bekannt gegebenen Entscheidung und der abgezeichneten Aktenverfügung führten, galt der Akteninhalt als der maßgebliche Verwaltungsakt. Bei dem bekannt Gegebenen sollte es sich demgegenüber nur um eine – fehlerhafte - Fassung oder Ausfertigung des in den Behördenakten befindlichen Verwaltungsaktes handeln, die nötigenfalls vom Finanzamt jederzeit ohne weiteres entsprechend dem wahren Verwaltungsakt angepasst werden konnte[34].

---

29 Siehe allerdings auch *BFH*, Urteil vom 15. Januar 1965 - III 12/61 U, BStBl. III 1965, 235 (237) mit anderem Akzent.

30 *BFH*, Urteil vom 17. März 1964 - I 345/61 U, BStBl. III 1964, 343 (344) betrifft Abweichung des Berechnungsbogens von der bekannt gegebenen Fassung.

31 *BFH*, Urteil vom 17. März 1964 - I 345/61 U, BStBl. III 1964, 343 (344); anders *BFH*, Rundschreiben vom 13. November 1964, BStBl. II 1964, 167; a. A. auch *Joachim Martens*, Die rechtliche Wirkungsweise des Steuerverwaltungsaktes, StuW 1965, 569 (574).

32 Vgl. *BFH*, Urteil vom 29. Januar 1981 - V R 47/77, BFHE 132, 219 (221) m. w. N.; *Klaus Tipke*, in: Tipke/Kruse, RAO, § 91 Rdnrn. 8, 9; *Hans Georg Raatz*, Die Entstehung des schriftlichen Steuerverwaltungsakts - insbes. des Steuerbescheids - nach der AO 1977, DB 1976, 2176 (2176 ff.) m. w. N..

33 § 91 Abs. 1 S. 1 RAO: Verfügungen (Entscheidungen, Beschlüsse, Anordnungen) der Behörden für einzelne Personen werden dadurch wirksam, dass sie demjenigen zugehen, für den sie ihrem Inhalt nach bestimmt sind (Bekanntgabe).
§ 92 Abs. 1 RAO: Bis zu ihrer Bekanntgabe (§ 91) können Verfügungen zurückgenommen, geändert oder durch andere Verfügungen ersetzt werden.
Wenn also Verfügungen, d. h. Verwaltungsakte, bis zu ihrer Bekanntgabe geändert usw. werden konnten, sprach dieser Gesetzeswortlaut dafür, dass sie bereits vor ihrer Wirksamkeit existent waren.

34 Vgl. *Klaus Tipke*, in: Tipke/Kruse, RAO, § 91 Rdnrn. 8, 9 mit zahlreichen Beispielen aus der Rechtsprechung; *Hans Georg Raatz*, Die Entstehung des schriftlichen Steuerverwaltungsakts - insbes. des Steuerbescheids - nach der AO 1977, DB 1976, 2176 (2176 ff.), mit Hinweis auf die damals einschlägige Erlasslage.

II. Die modifizierte Willenstheorie

Die „modifizierte Willenstheorie" beruft sich auf den Wortlaut und die Entstehungsgeschichte der Abgabenordnung. § 124 Abs. 1 S. 1 AO impliziere, schon vor der Bekanntgabe müsse ein Verwaltungsakt vorgelegen haben, der dann zum Objekt der Bekanntgabe gemacht werde.

Darüber hinaus bestimme § 118 S. 1 AO den Begriff des Verwaltungsaktes final: Er sei auf unmittelbare (gewollte) Rechtswirkung gerichtet, nicht aber notwendig wirksam. Vor allem aber bedürfe der Verwaltungsakt als behördliche Maßnahme[35] auch wegen § 79 Abs. 1 Nr. 4 AO[36] der Willensbildung und Willensäußerung eines zeichnungsbefugten Bearbeiters. Selbst der Begründung des Regierungsentwurfes[37] liege diese Auffassung zugrunde.

Demzufolge gehe dem Wirksamwerden die Bildung des Entscheidungswillens voraus.[38] Dieser Entscheidungswille werde durch die Abzeichnung der bei den Akten verbleibenden Verfügung geäußert[39]. Aber auch ohne Abzeichnung der Verfügung könne aus den Umständen geschlossen werden, dass die Verfügung dem Willen des entscheidungsbefugten Beamten entspreche[40]. Ebenso ändere bei maschinell gefertigtem Steuerbescheid das Fehlen der Zeichnung des Eingabewertbogens nicht ohne weiteres etwas an der Wirksamkeit des Verwaltungsaktes[41]. Dem Entscheidungswillen müsse der Bekanntgabewille folgen[42]. Demnach liege ein Verwaltungsakt bereits mit der abschließenden Willensbildung des konkreten - nämlich des zuständigen – Bearbeiters im Finanzamt[43] vor.

---

35 *Ax/Große/Melchior*, Abgabenordnung und Finanzgerichtsordnung, Rdnr. 1224; *Jo Lammerding*, Abgabenordnung und Finanzgerichtsordnung, Tz. 7.6.

36 Den Gedanken des § 79 Abs. 1 Nr. 4 AO stellt *Gerhard Rößler*, Die fehlende Unterschrift oder Namensbekanntgabe auf einem Steuerbescheid und ihre Rechtsfolgen, DStZ 1981, 70 (70 ff.) in den Vordergrund, ohne allerdings diese Vorschrift zu zitieren; statt dessen bemüht er § 119 Abs. 3 AO, der einen ganz anderen Regelungsgegenstand hat; die Vorschrift wird ausdrücklich erwähnt bei *Ax/Große/Melchior*, Abgabenordnung und Finanzgerichtsordnung, Rdnr. 1271.

37 *Hans Georg Raatz*, Die Entstehung des schriftlichen Steuerverwaltungsakts - insb. des Steuerbescheids - nach der AO 1977, DB 1976, 2176 (2176 f).

38 *Bernhard Brockmeyer*, in: Klein, AO, § 124 Rdnr. 2.

39 *BFH*, Urteil vom 06. Juli 1967 - IV 274/62, BStBl. III 1967, 682 (683); *Bernhard Brockmeyer*, in: Klein, AO, § 124 Rdnr. 2.

40 *BFH*, Urteil vom 11. November 1964 - I 330/62 U, BStBl. III 1965, 70 (71); *Bernhard Brockmeyer*, in: Klein, AO, § 124 Rdnr. 2.

41 Vgl. *FG Düsseldorf*, Urteil vom 05. Oktober 1984 - II 340/79 E - rechtskräftig, EFG 1985, 590; *Bernhard Brockmeyer*, in: Klein, AO, § 124 Rdnr. 2, § 119 Rdnrn. 28 f.

42 Siehe dazu *Bernhard Brockmeyer*, in: Klein, AO, § 122 Rdnr. 2 und § 124 Rdnr. 2.

43 *Kühn/Hofmann*, AO, § 118 Anm. 5.

Ein nicht ordnungsgemäß entstandener Verwaltungsakt könne nicht wirksam werden und daher auch nicht in materielle oder formelle Bestandskraft erwachsen[44].

[44] Inkonsequent *Gerhard Rößler*, Die fehlende Unterschrift oder Namensbekanntgabe auf einem Steuerbescheid und ihre Rechtsfolgen, DStZ 1981, 70 (74), der lediglich Fehlerhaftigkeit annimmt.

Zweites Kapitel

Die Erklärungstheorie

Die Erklärungstheorie bildete sich in den Siebziger Jahren des vergangenen Jahrhunderts in der Kontroverse zwischen *O. Bähr*[45] und *Bernhard Windscheid*[46] heraus.[47] Es handelt sich vor allem um die Frage, ob der Irrende aufgrund des Rechtsscheins seiner Erklärung, auf den der Erklärungsgegner immerhin vertraut, nicht doch auf volle Erfüllung in Anspruch genommen werden kann.[48] Schon bald gewann die Erklärungstheorie über diesen an sich begrenzten Kreis von Fällen hinaus Bedeutung.[49] So definiert etwa *Erich Danz* die Willenserklärung als das Verhalten einer Person, „welches nach der Erfahrung des Verkehrs und der Würdigung aller Umstände regelmäßig den Schluss auf einen bestimmten Willen gestattet, ohne Rücksicht darauf, ob dieser Schluss im einzelnen Falle zutrifft, d. h. also ob wirklich ein solcher innerer Wille, wie er sich aus der vorliegenden Willenserklärung ergibt, bei der Person vorhanden gewesen ist oder nicht“[50].

Nach der Erklärungstheorie wird der Verwaltungsakt mit dem Inhalt wirksam, mit dem er bekannt gegeben wird.[51] Maßgebend sei daher nicht die Aktenverfügung der Finanzbehörde, sondern die Fassung, die dem Beteiligten zugegangen ist.[52]

---

45 *O. Bähr*, Über Irrungen im Contrahieren, JherJ 14 (1875), 393 ff..

46 *Bernhard Windscheid*, Wille und Willenserklärung, AcP 63 (1880), 72 (72 ff.).

47 *Jan Schapp*, Grundfragen der Rechtsgeschäftslehre, S. 27.

48 *Jan Schapp*, Grundfragen der Rechtsgeschäftslehre, S. 27.

49 *Jan Schapp*, Grundfragen der Rechtsgeschäftslehre, S. 27.

50 *Erich Danz*, Die Auslegung der Rechtsgeschäfte, S. 14.

51 *Hans Spanner*, in: Hübschmann/Hepp/Spitaler, AO, § 124 Rdnr. 2; so auch der EinfErl zu § 124 AO (Nr. 1).

52 *Hans Spanner*, in: Hübschmann/Hepp/Spitaler, AO, § 124 Rdnr. 2.

Der Entstehungsprozess eines Steuerverwaltungsaktes verläuft nach dieser Sichtweise in vier Phasen:

1. Die Willensbildung des Amtsträgers, der den Verwaltungsakt erlassen will

Sie ist ein psychischer Vorgang,[53] an den keine großen Anforderungen zu stellen sind.[54] Es reicht aus, wenn sich der Wille des Sachbearbeiters auf steuerrechtlich relevante Punkte bezieht.[55] Das ist gegeben, wenn sich der Bearbeiter überhaupt „steuerliche Gedanken" über einen Fall gemacht hat.[56]

2. Die Willensäußerung des Amtsträgers, den Verwaltungsakt zu erlassen

Die Willensäußerung oder -niederlegung verlangt, dass der gebildete (innere) Wille nach außen erkennbar wird.[57] In der Regel erfolgt die behördeninterne Manifestation durch Abfassung und Abzeichnung des Schriftstücks und dessen Weitergabe in den Geschäftsgang (so genanntes „Abwerfen").[58] Dies geschieht bei der Einkommensteuerveranlagung durch Ausfüllen des Eingabebogens oder durch die Eingabe der Daten direkt in die EDV-Anlage.[59] Bei nicht schriftlich zu erteilenden Verwaltungsakten kann die Verkörperung des Willens auch mündlich oder durch schlüssiges Verhalten erfolgen.[60] Der Zeitpunkt der internen Willensäußerung des Amtsträgers bildet eine Zäsur für die Korrekturvorschriften der §§ 131 Abs. 2 Nr. 3, 173 Abs. 1 AO[61].

---

53 *Ax/Große/Melchior*, Abgabenordnung und Finanzgerichtsordnung, Rdnr. 1268.
54 *Ax/Große/Melchior*, Abgabenordnung und Finanzgerichtsordnung, Rdnr. 1268.
55 *Ax/Große/Melchior*, Abgabenordnung und Finanzgerichtsordnung, Rdnr. 1268.
56 *Ax/Große/Melchior*, Abgabenordnung und Finanzgerichtsordnung, Rdnr. 1268.
57 *Ax/Große/Melchior*, Abgabenordnung und Finanzgerichtsordnung, Rdnr. 1269.
58 *Roman Seer*, in: Tipke/Lang, Steuerrecht, § 21 Rdnr. 57.
59 *Ax/Große/Melchior*, Abgabenordnung und Finanzgerichtsordnung, Rdnr. 1269.
60 *Ax/Große/Melchior*, Abgabenordnung und Finanzgerichtsordnung, Rdnr. 1269.
61 *Roman Seer*, in: Tipke/Lang, Steuerrecht, § 21 Rdnrn. 58, 412.

3. Die Absendung des Verwaltungsaktes mit Bekanntgabewillen (z. B. durch Aufgabe zur Post)

Das Absenden des Verwaltungsaktes löst die in § 122 Abs. 2 Nr. 1 und Nr. 2 AO enthaltenen gesetzlichen Zugangsvermutungen aus[62].

4. Die Bekanntgabe (§ 122 AO) des Verwaltungsaktes[63]

Mit der Bekanntgabe schließlich wird der Verwaltungsakt nach § 124 Abs. 1 AO wirksam[64].

Ein Verwaltungsakt (der nicht nichtig ist[65]) werde mit der Bekanntgabe an den Betroffenen (§ 124 Abs. 1 S. 1 AO), nicht schon mit der Unterzeichnung oder mit der Aufgabe zur Post und nicht erst mit dem Eintritt der Unanfechtbarkeit wirksam.[66] Er werde mit dem bekannt gegebenen Inhalt wirksam (§ 124 Abs. 1 S. 2 AO), nicht mit einem abweichenden, zwar gewollten, aber nicht erklärten Inhalt[67]. Vor der Bekanntgabe an mindestens einen Betroffenen sei der Verwaltungsakt noch nicht entstanden, liege noch gar kein Verwaltungsakt vor[68]. Bis dahin existiere nur ein bloßes Internum, das die Behörde noch ohne weiteres korrigieren oder gar gänzlich aufgeben könne.[69] Dies ändere sich schlagartig mit der Bekanntgabe des Verwaltungsaktes und dem damit verbundenen Wirksamwerden.[70] Die Bekanntgabe habe zur Folge:

- die grundsätzliche Bindung der Finanzbehörde an ihren Verwaltungsakt (siehe § 124 Abs. 2 AO),
- die Vollziehbarkeit des Verwaltungsaktes, solange die Vollziehung nicht nach § 361 AO oder § 69 FGO ausgesetzt ist und

62 *Roman Seer*, in: Tipke/Lang, Steuerrecht, § 21 Rdnrn. 58, 62.
63 *Roman Seer*, in: Tipke/Lang, Steuerrecht, § 21 Rdnr. 57.
64 *Roman Seer*, in: Tipke/Lang, Steuerrecht, § 21 Rdnrn. 58, 59.
65 Dazu *Roman Seer*, in: Tipke/Lang, Steuerrecht, § 21 Rdnr. 110.
66 *Roman Seer*, in: Tipke/Lang, Steuerrecht, § 21 Rdnr. 59.
67 *BFH*, Urteil vom 24. April 1979 - VIII R 16/77, BStBl. II 1979, 606.
68 *Hartmut Maurer*, Allgemeines Verwaltungsrecht, § 9 Rdnr. 66; *Klaus Tipke*, in: Tipke/Kruse, AO, § 124 Rdnr. 7.
69 *Roman Seer*, in: Tipke/Lang, Steuerrecht, § 21 Rdnr. 59; *Ax/Große/Melchior*, Abgabenordnung und Finanzgerichtsordnung, Rdnr. 1272.
70 *Roman Seer*, in: Tipke/Lang, Steuerrecht, § 21 Rdnr. 59.

- den Beginn des Laufs der Rechtsbehelfsfristen (§ 355 Abs. 1 AO, §§ 47 Abs. 1, 54 Abs. 1 FGO).[71]

[71] *Roman Seer*, in: Tipke/Lang, Steuerrecht, § 21 Rdnr. 60.

Drittes Kapitel

Die Unterscheidung zwischen der Entstehung des Steuerverwaltungsaktes und seinem Wirksamwerden

I. Die Kritik an der Willenstheorie

Unter Geltung der Reichsabgabenordnung sollte ein Verwaltungsakt mit dem so genannten „Abwerfen" des Vorgangs entstanden sein. Die daraus folgende Trennung von Entstehung und Wirksamkeit eines Verwaltungsaktes fand ihre Rechtfertigung in den §§ 91 Abs. 1, 92 Abs. 1 RAO.

§ 91 Abs. 1 RAO:	Verfügungen (Entscheidungen, Beschlüsse, Anordnungen) der Behörden für einzelne Personen werden dadurch wirksam, dass sie demjenigen zugehen, für den sie ihrem Inhalt nach bestimmt sind (Bekanntgabe). Öffentliche Bekanntmachung oder Auslegung von Listen genügt, wo sie nach den Steuergesetzen zugelassen ist. Zustellung ist nur erforderlich, wo sie ausdrücklich vorgesehen ist.
§ 92 Abs. 1 RAO:	Bis zu ihrer Bekanntgabe (§ 91) können Verfügungen zurückgenommen, geändert oder durch andere Verfügungen ersetzt werden.

Mit der Ersetzung des § 91 RAO durch den mit § 43 VwVfG wortgleichen § 124 AO bekannte sich der Gesetzgeber für das Steuerverfahrensrecht eindeutig zur Erklärungstheorie[72] und bekräftigte dies für die Steuerbescheide noch in § 155 Abs. 1 S. 2 AO. Eine Klarstellung, die in dem durch § 155 AO ersetzten § 210 RAO nicht enthalten

[72] Vgl. Begründung des Regierungsentwurfs zu § 130 EAO 1974 (= § 124 AO), BT-Drucksache VI/1982, S. 142: „Der Verwaltungsakt wird nach Satz zwei mit dem Inhalt wirksam, mit dem er bekannt gegeben wird. Damit wird die im Zivilrecht geltende Erklärungstheorie übernommen." *BFH*, Urteil vom 24. April 1979 - VIII R 16/77, BStBl. II 1979, 606; Urteil vom 18. Juli 1994 - X R 33/91, BStBl. II 1995, 4 (6); *FG Köln*, Urteil vom 26. Januar 1983 - VIII 51/80 BB, EFG 1983, 533; *Reinhard Nothnagel*, Die Bekanntgabe von Verwaltungsakten im Steuerrechtsverhältnis, Diss. Köln 1983, S. 12 ff., S. 30 ff..

war. Demnach ist eine Vertretung der strengen Willenstheorie unter Geltung der Abgabenordnung nicht mehr zu rechtfertigen, da die Beschränkung auf die Entstehungsphase eines Verwaltungsaktes nicht mehr mit dem Gesetz zu vereinbaren ist.

Allenfalls die modifizierte Willenstheorie könnte Anwendung finden. Ihr folgend würde ein Verwaltungsakt mit der abschließenden Willensbildung des zuständigen Bearbeiters vorliegen. Diesem Entscheidungswillen müsste dann ein Bekanntgabewille folgen.

Richtigerweise beruft sich diese Auffassung auf den § 118 S. 1 AO. Jedoch beschränkt sie sich auf die dort geforderte unmittelbare (gewollte) Rechtswirkung. Der daraus gezogene Schluss, dass es für die Entstehung eines Verwaltungsaktes einer Willensbildung und einer Willensäußerung eines zeichnungsbefugten Bearbeiters bedarf, lässt unbeachtet, dass nach § 118 Abs. 1 AO der Inhalt der Willensäußerung auch nach außen gerichtet sein muss. Zwar betrifft dieses Merkmal unmittelbar nur den Inhalt der Regelung und nicht deren Übermittlung[73], dennoch ist es entscheidend für den Entstehungsprozess.

Als eine auf Außenwirkung gegenüber dem Bürger angelegte Willensäußerung ist auf Verwaltungsakte § 130 Abs. 1 BGB entsprechend anzuwenden.[74] Da der Bürger nur das zur Kenntnis nehmen kann, was ihm mitgeteilt wird, kann und muss er auf das vertrauen, sich auf das verlassen können, was ihm bekannt gegeben wird. Der Gesetzgeber stellt auf die Maßgeblichkeit des (mit Bekanntgabewillen) Erklärten, nicht auf die Maßgeblichkeit des abweichend davon möglicherweise Gewollten ab. Damit entspricht § 124 Abs. 1 AO den Erfordernissen der Rechtssicherheit.[75]

Dem wird nicht genüge getan, wenn man den Verwaltungsakt bereits mit der abschließenden Willensbildung des Steuerbeamten entstehen lassen will. Selbst wenn man die modifizierte Willenstheorie so großzügig verstehen möchte, dass man auf die zweite Phase des unter Geltung der Erklärungstheorie vertretenen Entstehungsprozesses, nämlich die Willensäußerung abstellt, kommt dem Verwaltungsakt in dieser Phase noch keine Außenwirkung zu. Mit der Willensäußerung wird der gebildete Wille des Amtsträgers lediglich im Dienstverkehr erkennbar. Entstanden kann der Verwaltungsakt, damit er dem Gebot der Maßgeblichkeit des Erklärten und den Erfordernissen der Rechtssicherheit entspricht, erst mit seiner Absendung sein. Das geschieht

73 *Reimund Schmidt-De Caluwe*, Die Wirksamkeit des Verwaltungsakts, VerwArch. 90 (1999), 49 (59).

74 *Klaus Tipke*, in: Tipke/Kruse, AO, § 124 Rdnr. 12.

75 *Klaus Tipke*, in: Tipke/Kruse, AO, § 124 Rdnr. 12.

z. B. durch die Aufgabe zur Post. Bis dahin handelt es sich lediglich um ein Verwaltungsinternum.

Demnach kann auch die modifizierte Willenstheorie die Entstehung des Steuerverwaltungsaktes nicht hinreichend erklären.

II. Die Kritik an der Erklärungstheorie

Nach der Erklärungstheorie ist die Entstehung eines Verwaltungsaktes von seiner Bekanntgabe an den Betroffenen abhängig.

Da Verwaltungsakte empfangsbedürftige Willenserklärungen sind und für empfangsbedürftige Willenserklärungen § 130 BGB gilt, findet § 130 BGB auf § 124 AO entsprechende Anwendung. § 130 Abs. 1 S. 1 BGB bestimmt für verkörperte empfangsbedürftige Willenserklärungen den Wirksamkeitseintritt mit dem körperlichen Zugang der Erklärung.[76] Demnach erfolgt die Bekanntgabe in dem Zeitpunkt, in dem die Willenserklärung dem Empfänger mit Willen des Finanzamtes zugeht. Für die Entstehung des Verwaltungsaktes würde das bedeuten, dass ohne einen durch behördlichen Willen getragenen Zugang kein Verwaltungsakt vorliegen könnte. Die Frage der rechtlichen Existenz eines Verwaltungsaktes lässt sich demnach nicht sinnvoll mit § 124 Abs. 1 AO beantworten. § 124 Abs. 1 AO bestimmt allein das Wirksamwerden von Verwaltungsakten. Über ihre Entstehung trifft er keine Aussage.

1. Die Entstehung des Steuerverwaltungsaktes ist kein Regelungsgegenstand des § 124 AO

Eine Normanalyse des § 124 AO soll bestätigen, dass die Entstehung eines Verwaltungsaktes von seiner Wirksamkeit unabhängig sein muss.

Zunächst einmal regelt § 124 AO mit dem Begriff „Wirksamkeit" in allen Absätzen Unterschiedliches („wird wirksam", „bleibt wirksam", „ist unwirksam"). Dies geschieht ohne irgendwelche Differenzierungen. Nach allgemeinen Auslegungsregeln ist das ein deutliches Zeichen dafür, dass einem Begriff in der gleichen Norm die gleiche Bedeutung beigemessen wird.

---

[76] *Hermann Dilcher*, in: von Staudinger, BGB, § 130 Rdnr. 12.

Ferner ist nach allgemein anerkannter Ansicht ein nichtiger Verwaltungsakt – obwohl nicht wirksam - doch ein existierender Verwaltungsakt und kein Nichtakt[77]. Demnach legt die alleinige Interpretation des Wortlauts des § 124 AO den Schluss nahe, dass die Existenz des Verwaltungsaktes hier nicht geregelt sein kann. Sie wird von § 124 AO vielmehr zwingend vorausgesetzt.

Außerdem spricht § 124 AO in seinem ersten Absatz deutlich von der Bekanntgabe „des Verwaltungsaktes" und nicht etwa von der Bekanntgabe eines beabsichtigten Verwaltungsaktes oder eines Verwaltungsaktentwurfs[78].

Einem von der herrschenden Lehre nicht beeinflussten Norminterpreten erschließt sich dieses Ergebnis vielleicht sogar allein durch die Lektüre des § 124 AO.

Indes könnte die Ansicht der Vertreter der Erklärungstheorie, dass ein Verwaltungsakt mit seiner Bekanntgabe nicht nur wirksam wird, sondern auch entsteht, mit allgemeinen Grundsätzen der Rechtslehre nicht zu vereinbaren sein.

Rechtsdogmatisch gesehen kommt ein Rechtsakt zustande - wird existent - wenn die gesetzlich dafür vorgesehenen Tatbestandsmerkmale vorliegen. Er kann zwar durchaus seiner Wirksamkeit entbehren, wenn weitere, von der Rechtsordnung aufgestellte Wirksamkeitsvoraussetzungen fehlen, entstanden ist er aber dennoch.

Die grundsätzlich für alle Rechtsakte anerkannte Trennung von Existenz und Wirksamkeit[79] macht nur dann einen Sinn, wenn Wirksamkeit bzw. Unwirksamkeit als Prädikate begriffen werden, die einem bereits existenten Rechtsakt zukommen können[80]. Zutreffend und klar formuliert *Franz-Joseph Peine*, dass zwischen der Existenz und der Wirksamkeit des Verwaltungsaktes zu unterscheiden ist[81]. „Ersteres ist Voraussetzung für das Letztere. Folglich muss die Frage nach der Existenz eines

---

77 Ganz herrschende Auffassung, vgl. *Wolff/Bachof/Stober*, Verwaltungsrecht, Band 2, § 48 Rdnr. 3; *Ule/Laubinger*, Verwaltungsverfahrensrecht, § 56 Rdnrn. 1, 9; *Wolfgang Schäfer*, in: Obermayer, VwVfG, § 43 Rdnrn. 30, 33; *Giemulla/Jaworsky/Müller-Uri*, Verwaltungsrecht, Rdnr. 383; *Hubert Meyer*, in: Knack, VwVfG, § 43 Rdnr. 3; a. A. *Hans Meyer*, in: Meyer/Borgs-Maciejewski, VwVfG, § 43 Rdnrn. 2, 20.

78 *Norbert Achterberg*, Allgemeines Verwaltungsrecht, § 21 Rdnr. 170.

79 Wirksamkeit ist hier im rechtstheoretischen Sinne, nicht in rechtssoziologisch faktischer Sicht angesprochen. Letztere geht - mit anderem Erkenntnisinteresse - davon aus, dass Wirksamkeit die Eigenschaft einer Norm ist, die darin besteht, „dass das Verhalten des Menschen als Normadressaten und der Inhalt der Norm als der Forderung nach diesem Verhalten einander entsprechen": so etwa *René Marcic*, Rechtswirksamkeit und Rechtsbegründung, in: Festschrift für Hans Kelsen zum 90. Geburtstag, S. 85 ff, S. 100.

80 Insoweit zutreffend *Max-Jürgen Seibert*, Die Bindungswirkung von Verwaltungsakten, Diss. Bonn 1988, S. 208, mit umfangreichen Hinweisen. Auch in der Philosophie wird Existenz im Allgemeinen als Begriff zur Bezeichnung des bloßen Daseins eines Dinges, ohne weitere prädikative Bestimmung, verwendet; vgl. etwa *Gerlach*, Stichwort „Existenz", in: Sandkühler, Europäische Enzyklopädie zu Philosophie und Wissenschaften, S. 974 f.

81 *Franz-Joseph Peine*, Allgemeines Verwaltungsrecht, Rdnr. 173.

Verwaltungsaktes auf der Grundlage anderer Regeln beantwortet werden als die Frage nach der Wirksamkeit des Verwaltungsaktes."[82] Existenz des Verwaltungsaktes ist nach *Franz-Joseph Peine* lediglich eine von mehreren Bedingungen für seine Wirksamkeit[83].

Demnach ist nur eine Deutung des § 124 AO dahingehend, dass ein bereits existierender Verwaltungsakt durch seine Bekanntgabe wirksam wird, mit allgemeinen Grundsätzen der Rechtslehre zu vereinbaren. Die Existenz beginnt mit der Ausfertigung und der Aufgabe zur Post.

Andernfalls würde die Bekanntgabe nach § 122 AO selbst zum Tatbestandsmerkmal des Verwaltungsaktes, denn an sie knüpft § 124 Abs. 1 AO das Wirksamwerden. Allerdings - was insofern nur folgerichtig wäre - handelt kein Lehrbuch zum Steuerrecht die Bekanntgabe im Rahmen der Tatbestandsmerkmale des Verwaltungsaktes ab. Es lassen sich jedoch genügend Äußerungen ausfindig machen, die gerade diese Folgerung der Sache nach tatsächlich ziehen. „Vor der Bekanntgabe an mindestens einen Betroffenen ist der Verwaltungsakt noch nicht entstanden, liegt noch gar kein Verwaltungsakt vor[84]", heißt es etwa bei *Roman Seer*[85]. Bei *Ax/Große/Melchior* liest man, dass „ein Verwaltungsakt erst in dem Zeitpunkt nach außen wirksam wird, in dem er bekannt gegeben wird. Erst dann entfaltet er seine Regelungswirkung. Bis dahin existiert ein reines Internum."[86] In seinem Lehrbuch zum Verwaltungsrecht spricht *Hartmut Maurer* davon, dass „der (noch) nicht bekannt gegebene Verwaltungsakt (noch) kein Verwaltungsakt ist"[87] und *Wolff/Bachof/Stober* sind der Ansicht, ein Verwaltungsakt sei im Rechtssinne erst dann vorhanden, wenn er dem Adressaten bekannt gegeben worden sei; bis dahin handele es sich nur um einen „beabsichtigten Verwaltungsakt", um einen „Entwurf".[88]

Mit dieser Konsequenz gerät die herrschende Lehre nicht nur in ein Spannungsverhältnis zu § 124 AO, sondern auch zu § 118 AO und folglich zur gesetzlichen Systematik überhaupt. Denn ob eine behördliche Äußerung ein Verwaltungsakt ist,

---

82 *Franz-Joseph Peine*, Allgemeines Verwaltungsrecht, Rdnr. 173.

83 *Franz-Joseph Peine*, Allgemeines Verwaltungsrecht, Rdnr. 173. Allerdings sieht auch *Franz-Joseph Peine*, was insoweit widersprüchlich erscheint, die Frage der Existenz in § 43 Abs. 1 VwVfG geregelt, der jedoch gerade von der Wirksamkeit handelt. Diese äußere Wirksamkeit sieht *Franz-Joseph Peine* nämlich an anderer Stelle (Rdnr. 247) gerade - für sich genommen zutreffend - als die Rechtsbeständigkeit des Verwaltungsaktes als Staatsakt an.

84 So auch *Klaus Tipke*, in: Tipke/Kruse, AO, § 124 Rdnr. 1.

85 *Roman Seer*, in: Tipke/Lang, Steuerrecht, § 21 Rdnr. 59.

86 *Ax/Große/Melchior*, Abgabenordnung und Finanzgerichtsordnung, Rdnr. 1272.

87 *Hartmut Maurer*, Allgemeines Verwaltungsrecht, § 9 Rdnr. 64.

88 *Wolff/Bachof/Stober*, Verwaltungsrecht, Band 2, § 48 Rdnr. 2.

regelt § 118 AO. Bei ihm sucht man nach der Tatbestandsvoraussetzung einer Bekanntgabe vergeblich. Zwar verlangt die Vorschrift, dass die behördliche Maßnahme, um ein Verwaltungsakt zu sein, auf eine unmittelbare Außenwirkung „gerichtet“, also ihrem objektiven Sinngehalt nach dazu bestimmt sein muss, gegenüber einem im Außenverhältnis Betroffenen eine Rechtsfolgesetzung zu bewirken[89]. Dieses Merkmal betrifft unmittelbar aber nur den Inhalt der Regelung und nicht deren Übermittlung.[90] Demnach kann § 118 Abs. 1 AO nicht bereits „das Wirksamwerden nach außen einschließen“[91].

Ein Verwaltungsakt kann als eine typisch nach außen gerichtete Regelung nicht entstanden sein, solange er - bildlich gesprochen - noch in der Behördenschublade liegt. Dies ergibt sich zwar nicht ausdrücklich aus den Tatbestandsmerkmalen des § 118 AO, erschließt sich aber immanent aus dem Rechtscharakter des Verwaltungsaktes, der eine behördliche Willenserklärung[92] ist.

Von einem Verwaltungsakt kann nur gesprochen werden, wenn das Internum nicht mehr nach Belieben in Frage gestellt werden kann, wenn die Finanzbehörde es als verbindlich will und dies hinreichend dokumentiert. Von einer unverbindlichen (Vor-) Überlegung zu einem Verwaltungsakt und damit zugleich zu einer rechtlich relevanten Willenserklärung wird eine Maßnahme im Sinne des § 118 AO erst mit ihrer Entäußerung[93].

---

89 *BVerwG*, Urteil vom 22. Mai 1980 - 2 C 30.78, BVerwGE 60, 144 (145); *Peter Weides*, Verwaltungsverfahren und Widerspruchsverfahren, S. 27; *Paul Stelkens/Ulrich Stelkens*, in: Stelkens/Bonk/Sachs, VwVfG, § 35 Rdnr. 85 m. w. N..

90 *Reimund Schmidt-De Caluwe*, Die Wirksamkeit des Verwaltungsakts, VerwArch. 90 (1999), 49 (59).

91 *Gunther Schwerdtfeger*, Öffentliches Recht in der Fallbearbeitung, Rdnr. 47 m. w. H.. Vgl. auch *BVerwG*, Urteil vom 22. Mai 1980 - 2 C 30.78, BVerwGE 60, 144 (145 und 147) (im Zusammenhang mit der beamtenrechtlichen Umsetzung) und auch *BVerwG*, Urteil vom 20. Mai 1987 - G 7 C 83.84, BVerwGE 77, 268 (273 f).

92 *Hans-Uwe Erichsen*, in: Erichsen/Ehlers, Allgemeines Verwaltungsrecht, § 12 Rdnr. 26, § 22 Rdnr. 2 je m. w. N.; *Hartmut Maurer*, Allgemeines Verwaltungsrecht, § 9 Rdnr. 69; *Wilfried Wolff*, Allgemeines Verwaltungsrecht, S. 228; *Joachim Martens*, Die Praxis des Verwaltungsverfahrens, Rdnr. 316.

93 Insofern kann § 130 BGB als allgemeiner Rechtsgrundsatz angesehen werden; vgl. *Joachim Martens*, Die Praxis des Verwaltungsverfahrens, Rdnr. 316. So ist unter einer verwaltungsrechtlichen Willenserklärung ganz allgemein die von der Verwaltung oder dem Bürger abgegebene, auf die unmittelbare Herbeiführung einer Rechtsfolge auf dem Gebiet des Verwaltungsrechts gerichtete Erklärung zu verstehen; vgl. *Hans-Uwe Erichsen*, in: Erichsen/Ehlers, Allgemeines Verwaltungsrecht, § 13 Rdnr. 1; *Winfried Kluth*, Rechtsfragen der verwaltungsrechtlichen Willenserklärung, NVwZ 1990, 608 (609); *Peter Krause*, Die Willenserklärungen des Bürgers im Bereich des Öffentlichen Rechts, VerwArch. 61 (1970), 297 (297 ff.).

Die Abgabenordnung enthält keine Legaldefinition des steuerlichen Verwaltungsverfahrens.[94] Insoweit lässt sich jedoch in Anlehnung an § 9 VwVfG formulieren, dass das Besteuerungsverfahren die nach außen wirkende Tätigkeit der Finanzbehörden ist, die auf Erlass eines Steuerverwaltungsaktes oder eines öffentlich-rechtlichen Vertrages (vgl. § 224a AO) zum Zwecke der Verwirklichung eines Anspruchs aus dem Steuerschuldverhältnis gerichtet ist (vgl. auch § 78 Nr. 2, Nr. 3 AO).[95]

Welche Tätigkeit im Einzelnen den Beginn des Verwaltungsverfahrens auslöst oder im weiteren Verlauf zum Verwaltungsverfahren zählt, ist umstritten. Zwar ist der Beginn des Verwaltungsverfahrens von einer Willensentscheidung der Behörde abhängig[96], diese muss aber als Voraussetzung des Beginns nicht notwendigerweise dem betroffenen Bürger erkennbar sein.[97] Maßgebend ist auch hier die Außenwirkung der Verfahrenshandlung[98].

Der Begriff „Außenwirkung" ist umstritten. Einerseits wird diese Wirkung jeglicher behördeninternen und behördenexternen Tätigkeit zugeschrieben, die als unmittelbar nach außen wirkende Maßnahme vom Beginn des Verwaltungsverfahrens im Zusammenhang mit diesem Verwaltungsverfahren bis zu dessen Ende vorgenommen wird.[99] Andererseits sind nach Ansicht von *Ferdinand O. Kopp*[100] darunter nur die Handlungen zu verstehen, die im Ergebnis unmittelbar auf rechtlich geschützte Rechtspositionen des Bürgers wirken.

Wortlaut und Sinn des § 9 VwVfG legen nach *Paul Stelkens* und *Herbert Schmitz* folgende Auslegung nahe: Tätigkeit mit Außenwirkung im Sinne des § 9 VwVfG ist - im zeitlichen und inhaltlichen Zusammenhang mit einem Verfahrensrechtsverhältnis[101] - zunächst jede unmittelbar aus dem Bereich der Verwaltung in die Sphäre des Bürgers hineinwirkende Tätigkeit der Behörde, die den Beginn des Verfahrens einleitende Tätigkeit inbegriffen.[102] Die in den §§ 13 Abs. 2, 25, 28, 29 VwVfG angespro-

---

94 *Dieter Birk*, Steuerrecht, Rdnr. 330.

95 *Dieter Birk*, Steuerrecht, Rdnr. 330.

96 *Paul Stelkens/Herbert Schmitz*, in: Stelkens/Bonk/Sachs, VwVfG, § 9 Rdnr. 95.

97 *Paul Stelkens/Herbert Schmitz*, in: Stelkens/Bonk/Sachs, VwVfG, § 9 Rdnr. 105; a. A. wohl *Hermann Borgs-Maciejewski*, in: Meyer/Borgs-Maciejewski, VwVfG, § 9 Rdnrn. 9 ff.; *Gerd Engelhardt*, in: Obermayer, VwVfG, § 22 Rdnr. 8; *Kopp/Ramsauer*, VwVfG, § 22 Rdnr. 19; *Joachim Martens*, Die Praxis des Verwaltungsverfahrens, Rdnr. 102.

98 *Paul Stelkens/Herbert Schmitz*, in: Stelkens/Bonk/Sachs, VwVfG, § 9 Rdnrn. 105, 113.

99 So *Hermann Borgs-Maciejewski*, in: Meyer/Borgs-Maciejewski, VwVfG, § 9 Rdnr. 5.

100 *Ferdinand O. Kopp*, VwVfG, § 9 Rdnr. 4; *VGH München*, Urteil vom 10. Dezember 1991 - 22 B 91.368, NVwZ 1993, 495 (496).

101 *Paul Stelkens/Herbert Schmitz*, in: Stelkens/Bonk/Sachs, VwVfG, § 9 Rdnr. 104.

102 *Paul Stelkens/Herbert Schmitz*, in: Stelkens/Bonk/Sachs, VwVfG, § 9 Rdnr. 107; wie dort *Ule/ Laubinger*, Verwaltungsverfahrensrecht, § 19 Rdnr. 10, anders nur für die Maßnahme, die den Beginn auslöst, siehe Rdnr. 105; wohl auch *Wolfgang Clausen*, in: Knack, VwVfG, § 9 Rdnr. 14.

chenen Tätigkeiten sind Beispiele.[103] Im Unterschied zu § 35 VwVfG fehlt in § 9 VwVfG aber das Merkmal „Unmittelbarkeit".[104] Auf die Tatsache, dass die Handlung den Bereich der Behörde verlässt, insbesondere dem Betroffenen oder den Beteiligten bekannt wird, kann es daher nicht ankommen.[105]

Maßgebend kann nur sein - so *Paul Stelkens* und *Herbert Schmitz* -, ob die Tätigkeit der Behörde die Sachentscheidung beeinflussen kann, mag sie auch nur im Bereich der Behörde stattfinden, z. B. Anforderung von Stellungnahmen anderer behördeninterner Ämter.[106] Diese Auslegung wird dem Sinn eines Verfahrens eher gerecht: Das Verwaltungsverfahren als Entscheidungsprozess[107] kann nicht in einzelne Handlungen aufgesplittet werden, jede einzelne Handlung ist in das Entscheidungssystem eingebettet.[108]

Demgegenüber vertreten *Carl Hermann Ule* und *Hans-Werner Laubinger* die Auffassung, dass das Verwaltungsverfahrensgesetz zwischen dem Erlass eines Verwaltungsaktes und seiner Bekanntgabe unterscheidet.[109] Mit dem Erlass des Verwaltungsaktes findet das Verwaltungsverfahren seinen Abschluss (§ 9 VwVfG).[110] Aber erst mit der Bekanntgabe des Verwaltungsaktes an den, für den er bestimmt ist oder der von ihm betroffen wird, wird der Verwaltungsakt wirksam (§ 43 Abs. 1 S. 1 VwVfG).[111] Der Verwaltungsakt ist also eine empfangsbedürftige öffentlich-rechtliche Willenserklärung.[112] Diese Rechtslage entspricht der für empfangsbedürftige privatrechtliche Willenserklärungen nach § 130 Abs. 1 und 2 BGB.[113] Auch § 130 BGB unterscheidet zwischen der Abgabe einer Willenserklärung und dem Eintritt ihrer Wirksamkeit.[114] Der Abgabe der Willenserklärung entspricht der Erlass des Verwaltungsaktes[115].

---

[103] *Paul Stelkens/Herbert Schmitz*, in: Stelkens/Bonk/Sachs, VwVfG, § 9 Rdnr. 107.
[104] *Paul Stelkens/Herbert Schmitz*, in: Stelkens/Bonk/Sachs, VwVfG, § 9 Rdnr. 107.
[105] *Paul Stelkens/Herbert Schmitz*, in: Stelkens/Bonk/Sachs, VwVfG, § 9 Rdnr. 107.
[106] *Paul Stelkens/Herbert Schmitz*, in: Stelkens/Bonk/Sachs, VwVfG, § 9 Rdnr. 108.
[107] *Paul Stelkens/Herbert Schmitz*, in: Stelkens/Bonk/Sachs, VwVfG, § 9 Rdnr. 90.
[108] *Hermann Hill*, Verwaltungshandeln durch Verträge und Absprachen, S. 197.
[109] *Ule/Laubinger*, Verwaltungsverfahrensrecht, § 53 Rdnr. 1.
[110] *Ule/Laubinger*, Verwaltungsverfahrensrecht, § 53 Rdnr. 1.
[111] *Ule/Laubinger*, Verwaltungsverfahrensrecht, § 53 Rdnr. 1.
[112] *Ule/Laubinger*, Verwaltungsverfahrensrecht, § 53 Rdnr. 1.
[113] *Ule/Laubinger*, Verwaltungsverfahrensrecht, § 53 Rdnr. 1.
[114] *Ule/Laubinger*, Verwaltungsverfahrensrecht, § 53 Rdnr. 1.
[115] Eingehend dazu *Hans-Werner Laubinger*, Der Verwaltungsakt mit Doppelwirkung, Göttingen 1967, S. 91 ff.; *ders.*, Der EVerwVerfG 1973, JA 1975, Öffentliches Recht, 241 (248). Zustimmend *Klaus Jachmann*, Die Berichtigung offenbar unrichtiger Verwaltungsakte gemäß § 42 Verwaltungsverfahrensgesetz, Diss. Regensburg 1993, S. 86 f., S. 92 f.

Erlassen ist der Verwaltungsakt daher bereits vor seiner Bekanntgabe[116]. Bei einem mündlich erlassenen Verwaltungsakt (§ 37 Abs. 2 VwVfG) fallen allerdings der Erlass des Verwaltungsaktes und seine Bekanntgabe an den, für den er bestimmt ist oder der von ihm betroffen wird, zusammen.[117] Dagegen ist der schriftlich erlassene Verwaltungsakt in dem Zeitpunkt erlassen, in dem er von einem Beamten oder Angestellten der Behörde unterschrieben worden ist und durch Aufgabe zur Post oder auf andere Weise den Bereich der Behörde verlassen hat.[118] Vorher ist der schriftliche Verwaltungsakt nur ein Entwurf, der zurückgehalten oder geändert werden kann[119]. Wird der schriftliche Verwaltungsakt vorweg telefonisch mitgeteilt, so ist er, abgesehen von den faktischen Wirkungen der Mitteilung, erst nach dem Eingang des schriftlichen Verwaltungsaktes bekannt gegeben.[120]

Auch *Hartmut Maurer* ist der Ansicht, dass es zur Wirksamkeit des Verwaltungsaktes eines weiteren Schrittes bedarf, da Willensbildung und Willensäußerung sich im behördeninternen Bereich vollziehen: der Bekanntgabe an den Adressaten (§ 124 Abs. 1 S. 1 AO).[121] Die Bekanntgabe ist die notwendige Voraussetzung für die Existenz und die Wirksamkeit des Verwaltungsaktes[122].

Während die Rechtsnorm sich an die Allgemeinheit richtet und darum dieser bekannt gemacht werden muss, richtet sich der Verwaltungsakt an den Einzelnen, sodass die Bekanntgabe an diesen erforderlich ist, aber auch ausreicht.[123] Darum wird der Verwaltungsakt nicht wie eine Rechtsnorm durch (allgemeine) Verkündung wirksam, sondern durch Bekanntgabe an denjenigen, für den sein Inhalt bestimmt ist oder der von ihm betroffen wird (§ 124 Abs. 1 S. 1 AO).[124]

---

116 Vgl. § 37 Abs. 2 S. 1, Abs. 4 VwVfG und § 39 Abs. 2 Nr. 3 VwVfG. A. A. *Kopp/Ramsauer*, VwVfG, § 41 Rdnr. 1, nach deren Auffassung vor der Bekanntgabe an zumindest einen Betroffenen ein Verwaltungsakt noch nicht erlassen ist, und *Paul Stelkens/Ulrich Stelkens*, in: Stelkens/Bonk/Sachs, VwVfG, § 41 Rdnr. 2; *ders./Michael Sachs*, a. a. O., § 53 Rdnr. 26a, die den Erlass des Verwaltungsaktes an seine Bekanntgabe binden.

117 *Ule/Laubinger*, Verwaltungsverfahrensrecht, § 53 Rdnr. 2.

118 *Ule/Laubinger*, Verwaltungsverfahrensrecht, § 53 Rdnr. 2.

119 *BVerwG*, Urteil vom 01. Februar 1978 - 6 C 9.77, DVBl. 1978, 628 (629).

120 *Ule/Laubinger*, Verwaltungsverfahrensrecht, § 53 Rdnr. 2.

121 *Hartmut Maurer*, Allgemeines Verwaltungsrecht, § 9 Rdnr. 64; *Heinrich Wilhelm Kruse*, Lehrbuch des Steuerrechts, Band I, § 13 II 3 a).

122 *Hartmut Maurer*, Allgemeines Verwaltungsrecht, § 9 Rdnr. 64; *Klaus Tipke*, in: Tipke/Kruse, AO, § 124 Rdnr. 3; a. A. noch *BFH*, Urteil vom 29. Januar 1981 - V R 47/77, BFHE 132, 219 (221); ohne Stellungnahme *BFH*, Urteil vom 27. Juni 1986 - VI R 23/83, BFHE 147, 205 (207); *Heinrich Wilhelm Kruse*, Lehrbuch des Steuerrechts, Band I, § 13 II 3 a).

123 *Heinrich Wilhelm Kruse*, Lehrbuch des Steuerrechts, Band I, § 13 II 3 a).

124 *Heinrich Wilhelm Kruse*, Lehrbuch des Steuerrechts, Band I, § 13 II 3 a).

Fehlt es an der Willensbildung und Willensäußerung des Amtsträgers, so erzeugt die Bekanntgabe lediglich den Rechtsschein eines Verwaltungsaktes.[125] Allein durch die Bekanntgabe entsteht kein Verwaltungsakt.[126] Das kommt in der Praxis allerdings nur selten vor. Dagegen sind Übertragungsfehler bei der Ausfertigung des gebildeten und geäußerten Willens in der Praxis verhältnismäßig häufig. Infolge solcher Übertragungsfehler weicht das bekannt Gegebene von der bei den Akten befindlichen „Vorform" des Verwaltungsaktes ab.[127] Die Frage, was maßgebend sein soll, das von der Behörde Gewollte und Geäußerte oder das dem Adressaten bekannt Gegebene, beantwortet § 124 Abs. 1 S. 2 AO: Der Verwaltungsakt wird mit dem Inhalt wirksam, mit dem er bekannt gegeben wird. Damit folgt das Gesetz der so genannten Erklärungstheorie, die auf das Interesse des Erklärungsempfängers abstellt.[128]

Der Verwaltungsakt muss dem Adressaten amtlich bekannt gegeben werden.[129] Erst mit der Bekanntgabe wird das Verwaltungsverfahren abgeschlossen und erlangt der Verwaltungsakt rechtliche Existenz.[130] Der (noch) nicht bekannt gegebene Verwaltungsakt ist (noch) kein Verwaltungsakt.[131] Die Bekanntgabe ist nicht nur Rechtmäßigkeitsvoraussetzung, sondern Existenzvoraussetzung.[132] So wie das Gesetz erst mit der Verkündung im Gesetzblatt zustande kommt (vgl. für Bundesgesetze Art. 82 GG), wird auch der Verwaltungsakt erst mit der Bekanntgabe rechtlich existent.[133]

Wenn ein Verwaltungsakt mehrere Personen rechtlich betrifft - sei es, dass er an verschiedene Personen adressiert ist, sei es, dass er als Verwaltungsakt mit Drittwirkung die Rechte weiterer Personen berührt -, dann ist er allen Betroffenen bekannt zu geben (§ 122 Abs. 1 AO).[134] Er wird in diesen Fällen für den Einzelnen nur und erst zu dem Zeitpunkt wirksam, zu dem er ihm selbst bekannt gegeben worden ist (§ 124 Abs. 1 AO).[135] Deshalb ist es durchaus möglich, dass ein Verwaltungsakt für die Betroffenen zu unterschiedlichen Zeitpunkten oder sogar nur für einen Teil der Betroffenen wirksam wird.[136] Das kann in der Praxis zu Schwierigkeiten führen, ist

[125] *Heinrich Wilhelm Kruse*, Lehrbuch des Steuerrechts, Band I, § 13 II 3 a).
[126] *Heinrich Wilhelm Kruse*, Lehrbuch des Steuerrechts, Band I, § 13 II 3 a).
[127] *Heinrich Wilhelm Kruse*, Lehrbuch des Steuerrechts, Band I, § 13 II 3 a).
[128] *Heinrich Wilhelm Kruse*, Lehrbuch des Steuerrechts, Band I, § 13 II 3 a).
[129] *Hartmut Maurer*, Allgemeines Verwaltungsrecht, § 9 Rdnr. 64.
[130] *Hartmut Maurer*, Allgemeines Verwaltungsrecht, § 9 Rdnr. 64.
[131] *Hartmut Maurer*, Allgemeines Verwaltungsrecht, § 9 Rdnr. 64.
[132] *Hartmut Maurer*, Allgemeines Verwaltungsrecht, § 9 Rdnr. 64.
[133] *Hartmut Maurer*, Allgemeines Verwaltungsrecht, § 9 Rdnr. 64.
[134] *Hartmut Maurer*, Allgemeines Verwaltungsrecht, § 9 Rdnr. 65.
[135] *Hartmut Maurer*, Allgemeines Verwaltungsrecht, § 9 Rdnr. 65.
[136] *Hartmut Maurer*, Allgemeines Verwaltungsrecht, § 9 Rdnr. 65.

aber unerlässlich, weil es rechtsstaatlich nicht angeht, dass jemand durch einen ihm überhaupt nicht bekannt gegebenen Verwaltungsakt verpflichtet wird.[137]

Begrifflich ist zwischen rechtlicher Existenz, äußerer Wirksamkeit und innerer Wirksamkeit zu unterscheiden, wenngleich sie in der Praxis meistens zusammenfallen werden.[138] Der Verwaltungsakt wird rechtlich existent, wenn er auch nur einer Person bekannt gegeben wird, wobei allerdings zu fordern ist, dass es sich um einen Hauptbeteiligten handelt.[139] Äußere Wirksamkeit bedeutet, dass der Verwaltungsakt als solcher für den Betroffenen maßgeblich ist: Sie tritt mit der jeweiligen Bekanntgabe ein.[140] Innere Wirksamkeit bedeutet, dass die durch den Verwaltungsakt ausgesprochene Regelung verbindlich wird.[141] Äußere und innere Wirksamkeit können zu verschiedenen Zeitpunkten eintreten, so etwa bei aufschiebend befristeten oder aufschiebend bedingten Verwaltungsakten.[142]

Demnach beginnt die Existenz nach der hier vertretenen Ansicht mit der Ausfertigung und der Aufgabe zur Post.

Eine Willenserklärung, die nicht erklärt, nicht - im Wortsinne - abgegeben wird, ist keine solche. Deshalb ist auch eine behördliche Maßnahme, selbst wenn sie ihrem Inhalt nach die Merkmale des § 118 AO aufweist, vor ihrer bewussten Entäußerung noch kein Verwaltungsakt, als solcher noch nicht rechtlich existent.

Eine verbindliche Entäußerung in diesem Sinne und eine Bekanntgabe im Sinne des § 122 AO sind nun aber keineswegs zwingend identisch. Unter Anwesenden werden die Entäußerung und der Empfang regelmäßig unu actu erfolgen. Unter Abwesenden bedingt die Einschaltung von Zustellungsboten, Post oder sonstiger Übermittlung, dass die Entäußerung und die Bekanntgabe regelmäßig auseinanderfallen werden - soweit moderne Medien (Telefax, E-Mail, Teletext) zunächst ausgeklammert bleiben.

Mit Blick auf die allgemeine und paradigmatische Regel des § 130 BGB lässt sich durchaus differenzieren zwischen der Abgabe und dem Zugang der Willenserklärung. Diese Differenzierung muss auch bezüglich der behördlichen Willenserklärung des Verwaltungsaktes vorgenommen werden. Zu unterscheiden ist zwischen dem Erlass des Verwaltungsaktes (Ausfertigung und Absendung), der mit der Abgabe der Willens-

137 *Hartmut Maurer*, Allgemeines Verwaltungsrecht, § 9 Rdnr. 65.
138 *Hartmut Maurer*, Allgemeines Verwaltungsrecht, § 9 Rdnr. 66.
139 *Hartmut Maurer*, Allgemeines Verwaltungsrecht, § 9 Rdnr. 66.
140 *Hartmut Maurer*, Allgemeines Verwaltungsrecht, § 9 Rdnr. 66.
141 *Hartmut Maurer*, Allgemeines Verwaltungsrecht, § 9 Rdnr. 66.
142 *Hartmut Maurer*, Allgemeines Verwaltungsrecht, § 9 Rdnr. 66.

erklärung gleichzusetzen ist, und der Bekanntgabe als ihrem Zugang. Existent wird der Verwaltungsakt danach mit seinem Erlass, wirksam mit seiner Bekanntgabe[143].

Das Existentwerden des Verwaltungsaktes lässt sich damit ohne rechtskonstruktive Brüche aus dem Regelungsbereich des § 124 AO ausschließen.

Demnach ist die Entstehung des Verwaltungsaktes von seinem Wirksamwerden zu unterscheiden. § 124 AO regelt allein das Wirksamwerden eines bereits existierenden Verwaltungsaktes.

2. Keine Rehabilitierung der Willenstheorie

Ist die Geltung der Erklärungstheorie heute unbestritten, so stellt sich die grundsätzliche Frage, ob die Trennung von Entstehung und Wirksamwerden von Verwaltungsakten nicht die mit dem Gesetz nicht zu vereinbarende Willenstheorie konserviert.

Die Frage ist zu verneinen. Es ist zwar ohne weiteres einsichtig, dass die Heranziehung der Willenstheorie zu einer Unterscheidung zwischen Existenz und Wirksamkeit zwingt. Denn setzt ein Verwaltungsakt eine bestimmte Regelung voraus und soll für diese allein der Wille der Finanzbehörde maßgeblich sein, so muss, damit sich dieser Wille durchsetzt, der Verwaltungsakt mit dem Abschluss der Willensäußerung, dem so genannten „Abwerfen" des Vorgangs, existent geworden sein. Diese Erkenntnis darf nun aber nicht zu dem voreiligen Schluss führen, dass bei Anwendung der Erklärungstheorie zwangsläufig Entstehung und Wirksamwerden zusammenfallen müssten, mithin der Verwaltungsakt erst und nur mit seiner Bekanntgabe entstehe.[144] Dies kann aus § 124 AO genauso wenig hergeleitet werden wie aus § 43 VwVfG. Der einzig zutreffende Schluss, der aus der nunmehrigen Geltung der Erklärungstheorie im Steuerverfahrensrecht gezogen werden kann, ist der, dass der Steuerverwaltungsakt nicht mehr

---

143 Diesen Schritt macht allerdings *Wilfried Wolff*, Allgemeines Verwaltungsrecht, S. 228, nicht mehr, was hinsichtlich seiner Ausführungen die Frage aufwirft, weshalb mit dem Erlass das Verwaltungsverfahren beendet sein soll, wenn der Verwaltungsakt erst mit der Bekanntgabe existent wird.

144 *Hans Spanner*, in: Hübschmann/Hepp/Spitaler, AO, § 124 Rdnr. 5; *Klaus Tipke*, in: Tipke/Kruse, AO, § 124 Rdnr. 9; *Kühn/Hofmann*, AO, § 124 Anm. 2; *Heinrich Wilhelm Kruse*, Lehrbuch des Steuerrechts, Band I, § 13 II 3; *Roman Seer*, in: Tipke/Lang, Steuerrecht, § 21 Rdnr. 59. Im Ergebnis auch *Dieter Birk*, Steuerrecht I, § 13 Rdnr. 12, obwohl er zugesteht, dass § 124 AO nur die Wirksamkeit und nicht das Entstehen des Verwaltungsaktes regele; seine auf § 118 AO verweisende Argumentation kann jedoch ebenso wenig überzeugen, wie eine entsprechende Herleitung aus § 35 VwVfG.

allein durch das behördeninterne „Abwerfen“ des Vorgangs existent werden kann. Bei einer Divergenz zwischen Akteninhalt und bekannt gegebenem Entscheidungsinhalt hätte das nämlich zur Folge, dass ein Verwaltungsakt mit einem Regelungsinhalt wirksam werden könnte, den er gar nicht hat[145]. Die gesetzliche Anordnung, dass der Verwaltungsakt mit dem erklärten Inhalt wirksam wird, hindert indes nicht, wie zum Teil angenommen wird[146], zwischen Existenz und Wirksamkeit zu unterscheiden[147]. Ausgeschlossen ist auch nicht, die Entstehung des Verwaltungsaktes an den Erlass im hier verstandenen Sinne, d. h. an die Ausfertigung und die Absendung zu knüpfen[148].

Nach dem hier entwickelten Verständnis ist die entscheidende Zäsur nicht an der Stelle vorzunehmen, an welcher der behördeninterne Willensbildungsprozess abgeschlossen ist, sondern an dem Punkt, an welchem die behördliche Verfügung als Willenserklärung abgegeben, auf den Weg gebracht wird und so den Bereich der erlassenden Behörde verlässt. Deshalb kann es eine inhaltliche Divergenz zwischen dem entstandenen und dem bekannt gegebenen Verwaltungsakt nicht geben. Mit der Bekanntgabe wird also der Verwaltungsakt mit dem Inhalt wirksam, mit welchem er regelmäßig[149] bereits zuvor existierte. Zutreffend unterteilt nunmehr auch *Klaus Tipke* den Entstehungsprozess des Steuerverwaltungsaktes in vier statt zuvor nur in drei Phasen, in dem er zwischen der internen Willensäußerung des Entscheiders und der Bekanntgabe die Phase der Absendung des Verwaltungsaktes einfügt[150]; allerdings

---

[145] Dies übersieht *Hans Georg Raatz*, Die Entstehung des schriftlichen Steuerverwaltungsakts – insbesondere des Steuerbescheids - nach der AO 1977, DB 1976, 2176 (2177 f.), der auch auf Grundlage der AO 1977 mit einem doch sehr körperlichen Verwaltungsaktsverständnis, im Ergebnis übereinstimmend mit der überholten Willenstheorie, daran festhalten will, dass der Verwaltungsakt mit der behördeninternen Unterzeichnung des Vorgangs entstanden sei. Verwaltungsakt sei nur diese bei der Behörde befindliche „Urschrift“ und niemals die bekannt gegebene „Ausfertigung“.

[146] *Hans Spanner*, in: Hübschmann/Hepp/Spitaler, AO, § 124 Rdnr. 9; *Klaus Tipke*, in: Tipke/Kruse, AO, § 124 Rdnr. 9.

[147] Diese Differenzierung wird heute noch im Steuerverfahrensrecht vorgenommen – wenn es sich dabei auch um eine Mindermeinung handelt; vgl. etwa *Reinhard Nothnagel*, Bestandsschutz für den bekannt gegebenen Inhalt von Steuerverwaltungsakten?, StuW 1984, 60 (61); *Kühn/ Hofmann*, AO, § 124 Anm. 2. a. E. (wenn auch etwas widersprüchlich zu Anm. 2. a. A.).

[148] Vgl. auch hierzu *Kühn/Hofmann*, AO, § 124 Anm. 2 a. E., die etwa formulieren, der Verwaltungsakt verliert seine Eigenschaft eines behördeninternen Aktes, wenn die Behörde die Bekanntgabe des Verwaltungsaktes an den oder die Betroffenen in die Wege leite.

[149] Auch im Steuerverwaltungsrecht kann es mündliche Verwaltungsakte geben, bei denen Existentwerden und Wirksamwerden zeitlich zusammenfallen; für den Steuerbescheid gilt dies indes nicht (§ 157 Abs. 1 AO).

[150] *Klaus Tipke*, in: Tipke/Kruse, AO, § 124 Rdnr. 8.

bleibt diese in ihrer weiteren Erläuterung ohne irgendeine dogmatische Einordnung[151]. Genau hiermit ist aber der Verwaltungsakt entstanden.

Wenn im steuerrechtlichen Schrifttum diese Lösung zumeist überhaupt nicht in den Blick gerät, so dürfte das drei Gründe haben.

Zunächst einmal dominiert die Orientierung an der zu § 43 VwVfG etablierten herrschenden Meinung im allgemeinen Verwaltungsrecht, nachdem § 124 AO mit dieser Norm identisch formuliert wurde[152]. Maßgeblich ist zum Zweiten wohl die Frontstellung gegen die zu § 91 RAO vorherrschende Ansicht, welche einer Entweder-Oder-Perspektive Vorschub leistet, die den Erlass als alternativen Anknüpfungspunkt der Existenz des Verwaltungsaktes ausblendet. Zum Dritten dürfte zudem die vermeintlich fehlende Praxisrelevanz einer solchen Differenzierung dazu beitragen. Denn der Übergang von der Willens- zur Erklärungstheorie wird fast ausschließlich vor dem Problemhintergrund der Divergenz von Akteninhalt und bekannt gegebenem Inhalt des Steuerverwaltungsaktes und ihrer Bewältigung im Rahmen einer Massenverwaltung diskutiert.

Genau vor diesem Hintergrund ist auch die Vorschrift des § 155 Abs. 1 S. 2 AO zu betrachten. Sie stellt nochmals klar, dass gerade auch für den Steuerbescheid nicht der Akteninhalt, also die beim Finanzamt verbleibende Abschrift oder Berechnungsunterlage, für den Betroffenen maßgeblich ist, sondern das bekannt Gegebene den Verwaltungsakt bildet[153] als dem heute regelmäßig EDV-mäßig erlassenen, typischen Verwaltungsakt der Massenverwaltung. Im Divergenzfall muss die Behörde deshalb zur Änderung auf die allgemeinen Korrekturvorschriften zurückgreifen, nach gemeinhin vertretener Auffassung also vorwiegend auf § 129 AO[154]. Hingegen kann dem § 155 Abs. 1 S. 2 AO keine gesetzliche Regelung dahingehend entnommen werden, dass im Steuerverfahrensrecht ein Verwaltungsakt zwingend erst mit seiner Bekanntgabe exis-

151 Auch bei *Roman Seer*, in: Tipke/Lang, Steuerrecht, § 21 Rdnrn. 57 ff., der ebenfalls dieses Vier-Phasen-Modell darstellt, findet sich neben der selbstverständlichen Bemerkung, dass der Verwaltungsakt nicht bereits mit der Absendung wirksam werde, nur der Hinweis, die Absendung löse die im § 122 Abs. 2 Nr. 1 und 2 AO enthaltenen gesetzlichen Zugangsvermutungen aus.

152 Vgl. besonders deutlich bei *Hans Spanner*, in: Hübschmann/Hepp/Spitaler, AO, § 124 Rdnr. 5.

153 Auf diese Klarstellungsfunktion weist auch die Gesetzesbegründung hin; vgl. hierzu *Mittelsteiner/Schaumburg*, AO 1977, § 155, Begründung Regierungsentwurf.

154 Gerade hierin sehen etwa *Boldt-Nieskens/Nieskens*, AO, § 155 Rdnr. 2, den Zweck des § 155 Abs. 1 S. 2 AO.

tent wird[155]. Hiergegen spricht schon die Gesetzesbegründung[156] und zutreffend bemerkt *Klaus Tipke*[157], dass auch der Gesetzeswortlaut des § 155 Abs. 1 S. 2 AO deutlich für eine Interpretation spreche, derzufolge es um die Bekanntgabe eines bereits entstandenen Verwaltungsaktes gehe. Wenn er sich dennoch gegen den Wortlaut dafür ausspricht, den Verwaltungsakt erst mit seiner Bekanntgabe existent werden zu lassen, so nur aufgrund der verfehlten Schlussfolgerung, dass es sonst zulässig sein müsste, „bei einer Divergenz zwischen Verwaltungsakt und bekannt Gegebenem die Bekanntgabe zu korrigieren". Diese deutlich gegen die aufgrund der Willenstheorie erreichten Ergebnisse gerichtete Argumentation, ist wie gezeigt nicht mehr stichhaltig, wenn man das Zustandekommen des Verwaltungsaktes an den Erlass im hier verstandenen Sinne, d. h. an die Ausfertigung und die Absendung knüpft.

Damit ist aufgezeigt, dass die hier verfolgte dogmatische Linie, die eine Unterscheidung von Existenz und Wirksamkeit des Verwaltungsaktes favorisiert, keine Rehabilitierung der überholten, weil auf der Willenstheorie basierenden Dogmatik sein kann.

III. Die Vereinbarkeit der Trennung von Entstehung und Wirksamwerden mit der Erklärungstheorie

Fraglich ist, ob die Unterscheidung zwischen der Entstehung des Steuerverwaltungsaktes und seinem Wirksamwerden mit der Erklärungstheorie zu vereinbaren ist.

Nach dem hier entwickelten Verständnis ist die entscheidende Zäsur an der Stelle vorzunehmen, an welcher die behördliche Verfügung als Willenserklärung abgegeben, „auf-den-Weg-gebracht" wird und so den Bereich der erlassenden Behörde verlässt. Deshalb kann es eine inhaltliche Divergenz zwischen dem entstandenen und dem bekannt gegebenen Verwaltungsakt nicht geben. Mit der Bekanntgabe wird also der Verwaltungsakt mit dem Inhalt wirksam, mit welchem er regelmäßig bereits zuvor

[155] So aber offensichtlich der 5. Senat des Bundesfinanzhofes in seiner Entscheidung vom 29. Januar 1981 (V R 47/77, BFHE 132, 219 (221)); vgl. auch *Hans Spanner*, in: Hübschmann/Hepp/Spitaler, AO, § 124 Rdnr. 9. Hingegen hat es der 6. Senat des Bundesfinanzhofes in seiner Entscheidung vom 27. Juni 1986 (VI R 23/83, BFHE 147, 205 (208) ausdrücklich offengelassen, ob ein Steuerbescheid „erst mit dessen Bekanntgabe existent wird ... oder ob der Verwaltungsakt bereits vor der Bekanntgabe entsteht und mit dieser nur noch Wirksamkeit erlangt".

[156] So spricht die Begründung zu § 136 des Regierungsentwurfs (= § 155 AO) von „dem Entstehen und dem Wirksamwerden eines Verwaltungsaktes"; vgl. *Mittelsteiner/Schaumburg*, AO 1977, § 155, Begründung Regierungsentwurf, 3. Absatz.

[157] *Klaus Tipke*, in: Tipke/Kruse, AO, § 155 Rdnr. 17.

existierte. Allerdings kann es im Steuerrecht mündliche Verwaltungsakte geben, bei denen Existentwerden und Wirksamwerden zeitlich zusammenfallen. Für den Steuerbescheid gilt dies indes nicht (§ 157 Abs. 1 AO).

Auf dem Weg zum Adressaten können inhaltliche Veränderungen nicht mehr stattfinden, wenn ausreichende Sicherheitsanforderungen erfüllt werden. Bei Briefen ist das ohnehin kaum denkbar. Bei elektronischer „Post" lassen sich Veränderungen durch nicht autorisierte Eingriffe - etwa im Bereich des Netzanbieters - durch geeignete Verfahren der Authentisierung, der Verschlüsselung etc. weithin ausschließen.

Demnach lässt sich die hier vertretene Trennung problemlos mit der geltenden Erklärungstheorie vereinbaren.

Zwischenergebnis

Die Abgabenordnung bestimmt in § 124 Abs. 1 AO den Zeitpunkt des Wirksamwerdens von Verwaltungsakten. Über ihre Entstehung trifft er keine Aussage. Ein Verwaltungsakt entsteht in dem Zeitpunkt, in dem er den Bereich der erlassenden Behörde verlässt.

Zweiter Teil

Das Wirksamwerden von Steuerverwaltungsakten

Nach § 124 Abs. 1 AO wird ein Verwaltungsakt in dem Zeitpunkt wirksam, in dem er bekannt gegeben wird. Der zuvor entstandene Verwaltungsakt wird also mit seiner Bekanntgabe wirksam. Demzufolge ist die Bekanntgabe Wirksamkeitsvoraussetzung. Die Wirksamkeit beschränkt sich auf das Verhältnis zum Erklärungsadressaten[158]. Gegenüber diesem wird der Verwaltungsakt durch die Bekanntgabe wirksam, auch wenn er einem Drittbetroffenen noch nicht bekannt gegeben worden ist.[159]

Die Wirksamkeit besteht darin, dass der Verwaltungsakt für das Einzelsteuerrechtsverhältnis ab dem Zeitpunkt seines Wirksamwerdens und für die Dauer seines Wirksamseins Rechtswirkungen entfaltet.[160] Zu unterscheiden ist zwischen dem Ob des Wirksamwerdens und dem Wie der Wirksamkeit, d. h. den inhaltlichen Wirkungen[161].

An dieser Stelle gilt es, den Zeitpunkt zu bestimmen, ab welchem der Verwaltungsakt Rechtswirkungen entfaltet.

Nach dem hier entwickelten Verständnis kann nur ein zuvor entstandener Verwaltungsakt bekannt gegeben werden. Deshalb stellt sich zunächst die Frage, ab wann der Verwaltungsakt entstanden ist. Anschließend gilt es, den Zeitpunkt seiner Bekanntgabe festzulegen.

---

158 Zum Begriff „Erklärungsadressat" siehe beispielsweise *Klaus Tipke*, in: Tipke/Kruse, AO, § 122 Rdnrn. 15 ff., § 124 Rdnr. 1.

159 *Martin Förster*, in: Koch/Scholtz, AO, § 124 Rdnr. 5; *Klaus Tipke*, in: Tipke/Kruse, AO, § 122 Rdnr. 22, § 124 Rdnr. 1.

160 *Klaus Tipke*, in: Tipke/Kruse, AO, § 124 Rdnr. 1.

161 Siehe Dritter Teil „Das Wirksamwerden mit dem bekannt gegebenen Inhalt".

Erstes Kapitel

Der Zeitpunkt der Entstehung von Steuerverwaltungsakten

I. Die Absendung des Steuerverwaltungsaktes mit Bekanntgabewillen

1. Die Absendung des Steuerverwaltungsaktes

Entsprechend den Erkenntnissen des ersten Teiles ist die entscheidende Zäsur nicht an der Stelle vorzunehmen, an welcher der behördeninterne Willensbildungsprozess abgeschlossen ist, sondern an dem Punkt, an welchem die behördliche Verfügung als Willenserklärung ausgefertigt, auf den Weg gebracht wird und anschließend den Bereich der erlassenden Behörde verlässt.

Nach hier vertretener Ansicht ist der Verwaltungsakt in dem Zeitpunkt entstanden, in dem er von dem zuständigen Beamten abgesandt worden ist.

2. Der Bekanntgabewille

a) Der Bekanntgabewille als Voraussetzung für die Entstehung von Steuerverwaltungsakten

Eine Maßnahme im Sinne des § 118 S. 1 AO ist jedes willentliche Verhalten (Tun, Dulden, Unterlassen) eines Amtsträgers (§ 7 AO).[162] Als Maßnahme im Sinne des § 118 S. 1 AO bedarf der Steuerverwaltungsakt demnach eines Bekanntgabewillens, damit er entstehen kann. Zwar kommt es auf die interne Zuständigkeit des Amtsträgers nicht an[163], jedoch kann der Wille nicht wirksam von einem externen Amtsanmaßer ge-

162 *Klaus Tipke*, in: Tipke/Kruse, AO, § 118 Rdnr. 10.

163 *BFH*, Urteil vom 07. Juli 1978 - VI R 211/75, BStBl. II 1978, 575 (577); Urteil vom 29. Januar 1981 - V R 47/77, BStBl. II 1981, 404 (405); Urteil vom 13. Mai 1987 - II R 140/84, BStBl. II 1987, 592 (593); Urteil vom 16. Dezember 1987 - I R 238/83, BStBl. II 1988, 233 (234).

bildet werden.[164] Der Wille muss sich auf den Erlass einer nach außen gerichteten Entscheidung oder Verfügung beziehen.[165] Um eine willentliche Maßnahme handelt es sich auch, wenn die Behörde sich für die weitere Abwicklung der EDV-Hilfe bedient, denn das Programm wird durch einen Amtsträger eingegeben.[166]

Der Bekanntgabewille muss sich grundsätzlich auf das Ob und das Wie (die Form und den Inhalt) der Bekanntgabe erstrecken.[167] Der Verwaltungsakt darf die Behörde nicht ohne oder gegen den Willen des Amtsträgers verlassen haben[168]. Der Bekanntgabewille kommt vor allem zum Ausdruck in der abschließenden Zeichnung des Textes, der bekannt gegeben werden soll.[169] Diese befindet sich im Steuerverwaltungsrecht oft nur auf der abschließenden Verfügung, nicht auf dem Ausdruck des Bescheides, den der Steuerpflichtige erhält. Um Zweifel auszuschließen, wird auf die Ausfertigung ohne Unterschrift oder Beglaubigung durch Geschäftsstellenpersonal gemeinhin ausdrücklich hingewiesen, vgl. § 119 Abs. 4 AO. Repräsentiert wird die Behörde durch zeichnungsberechtigte Beamte.[170] Grundsätzlich zeichnungsberechtigt ist der Sachbearbeiter[171] oder Sachgebietsleiter[172].

Wird der Verwaltungsakt mit Bekanntgabewillen des zuständigen Sachbearbeiters abgesandt, gilt er nach dem hier entwickelten Verständnis als entstanden.

b) Die verfahrensrechtlichen Mängel bei der Willensbildung

Unter Willensbildung versteht man einen geistigen Vorgang, der sich auf konkrete steuerrechtlich relevante Punkte bezieht.[173] An den Willensbildungsprozess sind keine

164 *Klaus Tipke*, in: Tipke/Kruse, AO, § 118 Rdnr. 10.
165 *Klaus Tipke*, in: Tipke/Kruse, AO, § 118 Rdnr. 10.
166 *Klaus Tipke*, in: Tipke/Kruse, AO, § 118 Rdnr. 10.
167 *Klaus Tipke*, in: Tipke/Kruse, AO, § 122 Rdnr. 4.
168 *BFH*, Urteil vom 27. Juni 1986 - VI R 23/83, BStBl. II 1986, 832 (832 ff.); *Klaus Tipke*, in: Tipke/Kruse, AO, § 122 Rdnr. 4.
169 *Klaus Tipke*, in: Tipke/Kruse, AO, § 122 Rdnr. 4.
170 *Klaus Tipke*, in: Tipke/Kruse, AO, § 122 Rdnr. 4.
171 Siehe näher *Klaus Tipke*, in: Tipke/Kruse, AO, § 118 Rdnr. 30.
172 *BFH*, Urteil vom 27. Juni 1986 - VI R 23/83, BStBl. II 1986, 832 (833 f.); *Martin Förster*, in: Koch/Scholtz, AO, § 122 Rdnr. 3; *Klaus Tipke*, in: Tipke/Kruse, AO, § 122 Rdnr. 4.
Die amtsinterne Zuständigkeit richtet sich nach der durch gleichlautende Erlasse vom 02. Dezember 1985 der obersten Finanzbehörden der Länder neugefassten Geschäftsordnung für die Finanzämter (FAGO), BStBl. I 1985, 685 (685 ff).
173 *Thomas Große*, Probleme bei der Geburt von Steuerbescheiden, DStZ 1990, 348 (350).

großen Anforderungen zu stellen. Es reicht aus, wenn sich der Sachbearbeiter überhaupt „steuerliche Gedanken" über einen Fall gemacht hat.[174]

Als Fehler bei der Willensbildung kommen Ermittlungsfehler etwa in Form der unvollständigen Sachaufklärung oder Rechtsfehler aufgrund unvollständiger Subsumtion in Betracht. Sie können zur Rechtswidrigkeit oder gar zum Scheitern einer ordnungsgemäßen Bekanntgabe oder zur Nichtigkeit des Verwaltungsaktes führen.[175] Für das interne Entstehen des Steuerverwaltungsaktes sind sie jedoch ohne Belang.[176]

Gleiches gilt für die unvollständige Eingabe in interne Formulare und EDV-Programme. Auch sie wirkt sich als Fehler bei der Willensbildung nicht auf die Entstehung eines Steuerverwaltungsaktes aus.

II. Der fehlende Bekanntgabewille

1. Die Aufgabe des Bekanntgabewillens

Fraglich ist, wie es sich auswirkt, wenn der Bekanntgabewille vor der Absendung wieder aufgegeben, das Schriftstück aber gleichwohl abgesandt wird. Dieser Fall könnte dem eines externen Amtsanmaßers gleichstehen oder zur Anwendung des § 129 AO führen.

> Beispiel:
>
> Nach Zeichnung des so genannten Eingabewertbogens erkennt der zuständige Sachbearbeiter, dass ihm bei der Bearbeitung der Steuererklärung ein Fehler unterlaufen ist. Um zu verhindern, dass der unrichtige Bescheid ergeht, weist er seinen Mitarbeiter in einem Aktenvermerk an, den Bescheid nicht abzuschicken. Einen Tag später übersieht der Mitarbeiter den Vermerk und versendet routinemäßig den Steuerbescheid.

174 *Ax/Große/Melchior*, Abgabenordnung und Finanzgerichtsordnung, Rdnr. 1268.
175 *Thomas Große*, Probleme bei der Geburt von Steuerbescheiden, DStZ 1990, 348 (350).
176 *Thomas Große*, Probleme bei der Geburt von Steuerbescheiden, DStZ 1990, 348 (350).

a) Die Gleichstellung mit einem externen Amtsanmaßer

Grundsätzlich entsteht ein Verwaltungsakt nur, wenn er mit Bekanntgabewillen abgesendet worden ist. Die Absendung des Schriftstückes muss von dem Willen der Finanzbehörde, ihn bekannt zu geben, umfasst sein. Fehlt dem von der Behörde beauftragten Amtsträger im Zeitpunkt der Absendung des Verwaltungsaktes der Bekanntgabewille, dann muss die Bekanntgabe durch dazu generell nicht berufene Bedienstete fehlschlagen, der Verwaltungsakt kann keine Wirksamkeit entfalten[177]. Dies soll auch dann gelten, wenn der Amtsträger seinen ursprünglichen Bekanntgabewillen aufgibt, bevor der Verwaltungsakt den Herrschaftsbereich der Finanzbehörde verlassen hat[178], der Verwaltungsakt die Behörde aber gleichwohl verlässt.

In derartigen Fällen ist der Steuerbescheid trotz scheinbarer äußerlicher Makellosigkeit mangels Bekanntgabewillens der Finanzbehörde nicht existent und entfaltet keinerlei Wirkungen.

Folgt man dieser Auffassung, so entfiele die Wirksamkeit des Verwaltungsaktes, wenn nachträglich ein ursprünglich vorhandener Bekanntgabewille wieder entfällt.

b) Die Anwendung des § 129 AO

Für eine Anwendung des § 129 AO könnte sprechen, dass der Bekanntgabeadressat als Empfänger dem Verwaltungsakt - noch dazu wenn dieser nach § 119 Abs. 4 S. 1 AO ohne Unterschrift und Namenswiedergabe ergeht - den fehlenden Bekanntgabewillen nicht ansehen kann.[179]

Wie bisher die Vorschrift des § 92 RAO, wonach Schreibfehler, Rechenfehler und ähnliche offenbare Unrichtigkeiten auch nach der Bekanntgabe einer Verfügung berichtigt werden konnten, gibt auch der Wortlaut des § 129 AO, wonach die Finanzbehörde solche Fehler, „die beim Erlass eines Verwaltungsaktes unterlaufen sind",

---

177 *BFH*, Urteil vom 28. September 1984 - III R 58/83, BStBl. II 1985, 42 (43); Urteil vom 27. Juni 1986 - VI R 23/83, BStBl. II 1986, 832 (833 f.); Urteil vom 24. November 1988 - V R 123/83, BStBl. II 1989, 344 (345); Urteil vom 12. August 1996 - VI R 18/94, BStBl. II 1996, 627 (627 f.); siehe auch *Thomas Große*, Probleme der Geburt von Steuerbescheiden, DStZ 1990, 348 (348 ff).

178 *BFH*, Urteil vom 24. November 1988 - V R 123/83, BStBl. II 1989, 344 (345); Urteil vom 12. August 1996 - VI R 18/94, BStBl. II 1996, 627 (627 f.).

179 So auch *Roman Seer*, in: Tipke/Lang, Steuerrecht, § 21 Rdnr. 75; allerdings unter Anwendung der Erklärungstheorie.

jederzeit berichtigen kann, keine völlige Klarheit über die Tragweite der Bestimmung.[180] Insbesondere die eben genannte Ergänzung schafft nur neue Unklarheit[181].

Die Begründung zu § 133 EAO 1974[182] führt zu der angeführten neuen Klausel aus, dass diese weite Fassung der Vorschrift eindeutig klarstellen solle, dass alle offenbaren Unrichtigkeiten, die von der Bildung des Entscheidungswillens bis zur Bekanntgabe des Verwaltungsaktes unterlaufen sind, berichtigt werden können.[183] Dies sei insbesondere auch von Bedeutung für die mittels EDV durchgeführten Steuerfestsetzungen[184].

Durch den angeführten neuen Zusatz „Unrichtigkeiten, die beim Erlass eines Verwaltungsaktes unterlaufen sind", unterscheidet sich die Bestimmung von der im Übrigen gleichlautenden Vorschrift des § 42 VwVfG, die nur von der Berichtigung von Schreibfehlern, Rechenfehlern und ähnlichen offenbaren Unrichtigkeiten „in einem Verwaltungsakt" spricht.[185] Die Begründung zu § 129 AO[186] führt zu diesem Unterschied aus, dass diese Abweichung wegen der unterschiedlichen Vorschriften über die Aufhebung und Änderung von Verwaltungsakten sachlich gerechtfertigt sei und die unterschiedliche Rechtsprechung des Bundesverwaltungsgerichts und des Bundesfinanzhofes zum Begriff der offenbaren Unrichtigkeit bestätige.[187] Für das Besteuerungsverfahren als Massenverfahren sei es erforderlich und von der Rechtsprechung des Bundesfinanzhofes anerkannt, dass offenbare Unrichtigkeiten, die sich im Laufe der Entstehung des Verwaltungsaktes ergeben haben, berichtigt werden können, soweit der Fehler lediglich auf mechanische Versehen zurückzuführen und die Möglichkeit eines Rechtsirrtums ausgeschlossen ist.[188]

Von besonderer Bedeutung ist, dass die Berichtigung eines Verwaltungsaktes den materiellen Bestand des zu berichtigenden Verwaltungsaktes unberührt lässt.[189] Satz 3 macht deutlich, dass § 129 AO unter Berichtigung lediglich die Richtigstellung des Verwaltungsaktes unter Beibehaltung seiner mit der Bekanntgabe eingetretenen Wirkung (§ 124 Abs. 1 AO) im Übrigen versteht.[190] Der „Richtigstellung" steht nicht ent-

---

180 *Hans Spanner*, in: Hübschmann/Hepp/Spitaler, AO, § 129 Rdnr. 2.

181 Siehe *Hans Spanner*, in: Hübschmann/Hepp/Spitaler, AO, § 129 Rdnr. 39.

182 BT-Drucksache VI/1982.

183 *Hans Spanner*, in: Hübschmann/Hepp/Spitaler, AO, § 129 Rdnr. 2.

184 Siehe Dritter Teil „Das Wirksamwerden mit dem bekannt gegebenen Inhalt", Viertes Kapitel „Die Berichtigung offenbarer Unrichtigkeiten".

185 *Hans Spanner*, in: Hübschmann/Hepp/Spitaler, AO, § 129 Rdnr. 3.

186 BT-Drucksache 7/4292.

187 *Hans Spanner*, in: Hübschmann/Hepp/Spitaler, AO, § 129 Rdnr. 3.

188 *Hans Spanner*, in: Hübschmann/Hepp/Spitaler, AO, § 129 Rdnr. 3.

189 *Kühn/Hofmann*, AO, § 129 Anm. 1 b).

190 *Kühn/Hofmann*, AO, § 129 Anm. 1 b).

gegen, dass sich der Regelungsinhalt durch die Berichtigung in das Gegenteil verkehrt[191]. Die Fehlerberichtigung dient der Beseitigung der Diskrepanz zwischen dem erklärten (und in diesem Umfang durch Bekanntgabe wirksam gemachten, § 124 Abs. 2 S. 1 AO) und dem gewollten (aber insoweit nicht wirksam gewordenen) Regelungsinhalt des Verwaltungsaktes.[192] In Bezug auf die Herstellung der Deckungsgleichheit greift sie in den Bestand des wirksam Gewordenen ein, sei es einschränkend oder erweiternd.[193] Da solcherart die Fehlerberichtigung den gewollten Regelungsinhalt des Verwaltungsaktes unberührt lässt und nur äußerliche Ungereimtheiten, die das Wirksamwerden des gewollten Inhalts verhindert haben (§ 124 Abs. 1 S. 2 AO), beseitigt, ist sie ohne Rücksicht auf eventuelle gesetzliche Beschränkungen der Rücknahme, Aufhebung, Änderung oder des Widerrufs des konkreten Verwaltungsaktes (insbesondere der §§ 130, 131, 172 ff. AO) zulässig[194]. Der mit einem Fehler im Sinne des § 129 S. 1 AO behaftete Verwaltungsakt ist insoweit nicht rechtswidrig, weil als berichtigungsfähige Fehler weder Verstöße gegen das materielle Recht noch Fehler hinsichtlich der Vorschriften über die Form, das Verfahren und die Zuständigkeit in Frage kommen[195]. Die durch Art. 26 Nr. 18 StMBG[196] für den Bereich des § 177 AO gegebene Definition des materiellen Fehlers unter Einschluss offenbarer Unrichtigkeiten im Sinne des § 129 AO (vgl. § 177 Abs. 3 AO) hat insoweit auf das Wesen offenbarer Unrichtigkeiten keine Auswirkung.[197]

Wenn auch im weiteren (sprachlichen) Sinn eine Berichtigung eine Unterart der Änderung darstellt, ist die Berichtigung nach § 129 AO nicht als Änderung im Sinne der Begriffsbestimmung und des Sprachgebrauchs der Abgabenordnung anzusehen[198]. Dies ist auch aus § 169 Abs. 1 S. 2 AO ersichtlich.[199] Die Abgabenordnung bezeichnet als Änderung allein die Abänderung des Regelungsinhalts eines Verwaltungsaktes.[200]

Zusammenfassend ist entgegen der in AOAE Nr. 1 zu § 129 AO zum Ausdruck kommenden Verwaltungsauffassung festzustellen, dass die Regelung dem früheren Rechtszustand keineswegs voll entspricht.[201] Entscheidend ist, dass der Gesetzeswort-

191 *BFH*, Urteil vom 28. November 1985 - IV R 178/83, BStBl. II 1986, 293 (294 f.).
192 *Kühn/Hofmann*, AO, § 129 Anm. 1 b).
193 *Kühn/Hofmann*, AO, § 129 Anm. 1 b).
194 Vgl. *BFH*, Urteil vom 14. Februar 1992, BFH/NV 1993, 1.
195 Vgl. *Kühn/Hofmann*, AO, § 129 Anm. 2.
196 Art. 26 Nr. 18 StMBG vom 21. Dezember 1993, BGBl. I 2310.
197 *Kühn/Hofmann*, AO, § 129 Anm. 1 b).
198 Vgl. *Kühn/Hofmann*, AO, § 124 Anm. 4 a) aa).
199 *Kühn/Hofmann*, AO, § 129 Anm. 1 b).
200 *Kühn/Hofmann*, AO, § 129 Anm. 1 b).
201 *Kühn/Hofmann*, AO, § 129 Anm. 1 b).

laut unmissverständlich klärt, dass durch eine Berichtigung eines Fehlers im Sinne des Satzes 1 kein neuer (anderer) Verwaltungsakt erlassen wird, sondern der bisherige Verwaltungsakt nur äußerlich mit dem unverändert gebliebenen, nach außen jedoch fehlerhaft bekannt gegebenen Verwaltungsakt in Einklang gebracht wird.[202] Mit der Gegenmeinung ist Satz 3 nicht zu vereinbaren.[203] Bei der Auslegung und Anwendung der Vorschrift ist maßgeblicher Ausgangspunkt, dass die Behörde willentlich keinen mit Schreibfehlern, Rechenfehlern oder ähnlichen offenbaren Unrichtigkeiten behafteten Verwaltungsakt erlässt.[204] Ihr Wille ist auf den Erlass eines insoweit fehlerfreien Verwaltungsaktes gerichtet, sodass die Richtigstellung des entsprechenden Fehlers keine Änderung des Regelungswillens der Behörde (des maßgeblichen Inhalts des Verwaltungsaktes) insbesondere im Sinne der §§ 130, 131, 172 ff. AO bedeutet.[205] Die Rechtslage unterscheidet sich in keiner Weise von der nach § 107 FGO.[206] Auch dort wird durch die Berichtigung von Schreibfehlern usw. die dem Gericht beim Erlass eines Urteils unterlaufen sind, kein neues (anderes) Urteil - keine abweichende Entscheidung - gefällt.[207]

Für die Anwendung des § 129 AO und damit für ein Entstehen des Verwaltungsaktes trotz fehlendem Willen zur Bekanntgabe könnte sprechen, dass der Bürger diesen Umstand gemeinhin nicht erkennen kann. Ihm könnte daher zugestanden werden, dass er auf das ihm bekannt Gegebene vertrauen darf.

Folgt man dieser Auffassung, so könnte die Finanzbehörde die nach außen bekannt gegebene Entscheidung trotz Aufgabe des Bekanntgabewillens über § 129 AO korrigieren.

202 *Kühn/Hofmann*, AO, § 129 Anm. 1 b).
203 *Kühn/Hofmann*, AO, § 129 Anm. 1 b).
204 *Kühn/Hofmann*, AO, § 129 Anm. 1 b).
205 *Kühn/Hofmann*, AO, § 129 Anm. 1 b).
206 *Kühn/Hofmann*, AO, § 129 Anm. 1 b).
207 *Kühn/Hofmann*, AO, § 129 Anm. 1 b).

c) Kritik

§ 124 Abs. 1 S. 2 AO enthält einen allgemeinen Rechtsgedanken, der nicht nur für den Inhalt eines Verwaltungsaktes, sondern auch für dessen Existenz als Verwaltungsakt gilt.[208]

Nach § 124 Abs. 1 S. 2 AO wird er - Nebenbestimmungen wie z. B. der Vorläufigkeitsvermerk eingeschlossen[209] - mit dem Inhalt wirksam, mit dem er bekannt gegeben wird.[210] Bekannt gegeben ist er, wenn dem Empfänger die Kenntnisnahme möglich ist. Nun kann dieser sein Verhalten dem Inhalt des Verwaltungsaktes entsprechend einrichten. Allerdings kann sich der Empfänger nur auf den Verwaltungsakt einstellen, wenn er dessen Inhalt auch verstehen konnte. Bekannt gegebener Inhalt ist deshalb der Ausspruch, wie er vom Erklärungsempfänger aufgefasst werden musste.[211] Der Bürger kann nur zur Kenntnis nehmen, was ihm mitgeteilt wird.[212] Er kann und muss auf das vertrauen, sich auf das verlassen, was ihm bekannt gegeben wird.[213] Dabei ist nicht entscheidend, was die Behörde mit ihrer Erklärung gewollt hat, sondern wie der Steuerpflichtige, nach den ihm bekannten Umständen, den materiellen Gehalt der Erklärung unter Berücksichtigung von Treu und Glauben verstehen konnte.[214] Unklarheiten gehen zu Lasten der Finanzbehörde[215]. Damit entspricht § 124 Abs. 1 S. 2 AO den Erfordernissen der Rechtssicherheit.[216]

Der Erklärende - die Finanzbehörde - hat es in der Hand, hinreichend deutlich zu machen, was er will. Er muss bei der Abfassung der Erklärung die im Verkehr erforderliche Sorgfalt beachten. Allerdings ist er nicht verpflichtet, Rücksicht auf individuelle Verständnisschwierigkeiten zu nehmen.[217] Im Zweifel sind ihm diese ohnehin

[208] So auch *Roman Seer*, in: Tipke/Lang, Steuerrecht, § 21 Rdnr. 75; *Karl Wilhelm Schröder*, Anmerkung zum Urteil des *BFH* vom 28. September 1984 - III R 58/83, BStBl. II 1985, 42, SteuerStud 1985, 271 (271 f); *Hans E. Parzeller*, Zum Verwaltungshandeln unzuständiger Personen und Amtsträger, DStZ (A) 1978, 430 (430 ff.); allerdings unter Anwendung der Erklärungstheorie.

[209] *BFH*, Urteil vom 27. November 1996 - X R 20/95, BStBl. II 1997, 791 (792 f.).

[210] *Martin Förster*, in: Koch/Scholtz, AO, § 124 Rdnr. 6; *Klaus Tipke*, in: Tipke/Kruse, AO, § 124 Rdnr. 12.

[211] *Klaus Tipke*, in: Tipke/Kruse, AO § 124 Rdnr. 15.

[212] *Klaus Tipke*, in: Tipke/Kruse, AO, § 124 Rdnr. 12.

[213] *Klaus Tipke*, in: Tipke/Kruse, AO, § 124 Rdnr. 12.

[214] *Martin Förster*, in: Koch/Scholtz, AO, § 124 Rdnr. 6.

[215] *BFH*, Urteil vom 26. August 1982 - IV R 31/82, BStBl. II 1983, 23 (24); Urteil vom 28. November 1985 - IV R 178/83, BStBl. II 1986, 293 (293 ff.); Beschluss vom 25. August 1981 - VII B 3/81, BStBl. II 1982, 34 (35).

[216] *Klaus Tipke*, in: Tipke/Kruse, AO, § 124 Rdnr. 12.

[217] *Klaus Tipke*, in: Tipke/Kruse, AO, § 124 Rdnr. 15.

nicht bekannt. Es genügt, wenn seine Erklärung auf den durchschnittlich verständigen Empfänger abstellt.[218] Die Maßgeblichkeit des Empfängerhorizontes für die Inhaltsbestimmung einer Willenserklärung ist heute allgemeines Gedankengut der deutschen Rechtsordnung und gilt gleichermaßen für das Zivilrecht[219] wie für das Öffentliche Recht[220].

Damit entspricht die Regel des § 124 Abs. 1 S. 2 AO der des § 130 Abs. 1 BGB. Der Inhalt des Verwaltungsaktes ergibt sich aus seinem verfügenden Teil.[221] Der Gesetzgeber stellt somit auf die Maßgeblichkeit des (mit Bekanntgabewillen) Erklärten, nicht auf die Maßgeblichkeit des Gewollten ab.[222] Er hat sich somit gegen die Willens- und für die Erklärungstheorie entschieden.[223] Mit anderen Worten: Wenn das von der Behörde - repräsentiert durch den handelnden Amtsträger[224] - Gewollte und das von ihr Erklärte auseinanderfallen, gilt nicht das Gewollte, sondern das - durch Bekanntgabe - Erklärte[225]. Maßgebend für den wirksam gewordenen Inhalt des Verwaltungsaktes ist deshalb nicht die bei der Finanzbehörde befindliche Aktenverfügung, sondern die Ausfertigung, die der Adressat des Verwaltungsaktes erhalten hat[226].

Ob der bekannt gegebene Inhalt auch wirklich gewollt ist, kann der Bürger nicht wissen, nicht erkennen.[227] Das bloß Gewollte, aber nicht Erklärte ist daher nicht maßgeblich.[228] Gibt die Behörde etwas bekannt, was sie nicht oder so nicht gewollt hat, so ist dieser Mangel ihr zuzurechnen.[229] Sie muss ihn gegen sich gelten lassen[230]. Dies gilt jedoch nicht, wenn interne Zuständigkeitsanordnungen grob verletzt worden sind (Rei-

---

218 Vgl. etwa *Klaus Tipke*, in: Tipke/Kruse, AO, § 129 Rdnr. 10; *Hermann Dilcher*, in: von Staudinger, BGB, § 133 Rdnr. 30; *Helmut Heinrichs*, in: Palandt, BGB, § 133 Rdnr. 12.

219 Siehe *Hermann Dilcher*, in: von Staudinger, BGB, § 133 Rdnr. 30 m. w. N.; *Helmut Heinrichs*, Palandt, BGB, § 133 Rdnr. 9; *Theo Mayer-Maly/Jan Busche*, in: Münchener Kommentar, BGB, § 133 Rdnr. 10, allerdings in Rdnrn. 12 ff. für bestimmte - hier nicht relevante - Fälle differenzierend.

220 Siehe z. B. *Klaus Tipke*, in: Tipke/Kruse, AO, § 129 Rdnr. 10 und *Hans Meyer*, in: Meyer/Borgs-Maciejewski, VwVfG, § 43 Rdnr. 17.

221 *Martin Förster*, in: Koch/Scholtz, AO, § 124 Rdnr. 6.

222 *Klaus Tipke*, in: Tipke/Kruse, AO, § 124 Rdnr. 12.

223 *Martin Förster*, in: Koch/Scholtz, AO, § 124 Rdnr. 6; *Klaus Tipke*, in: Tipke/Kruse, AO, § 124 Rdnr. 12.

224 *Klaus Tipke*, in: Tipke/Kruse, AO, § 122 Rdnrn. 2 ff..

225 *Klaus Tipke*, in: Tipke/Kruse, AO, § 124 Rdnrn. 8 ff., 12.

226 *BFH*, Urteil vom 24. April 1979 - VIII R 16/77, BStBl. II 1979, 606; *Martin Förster*, in: Koch/ Scholtz, AO, § 124 Rdnr. 6.

227 *Klaus Tipke*, in: Tipke/Kruse, AO, § 124 Rdnr. 12.

228 *Klaus Tipke*, in: Tipke/Kruse, AO, § 124 Rdnr. 12.

229 *Klaus Tipke*, in: Tipke/Kruse, AO, § 124 Rdnr. 12.

230 Siehe auch *BFH*, Urteil vom 24. Oktober 1984 - II R 30/81, BStBl. II 1985, 218 (219 ff.); *Klaus Tipke*, in: Tipke/Kruse, AO, § 124 Rdnr. 12.

nigungskräfte etc.)[231]. Dann liegt nach der hier vertretenen Ansicht ein Scheinverwaltungsakt vor. Ein Verwaltungsakt, der bei richtiger Handhabung durch den dafür zuständigen Bearbeiter hätte bekannt gegeben werden können, existiert in derartigen Fällen nicht.

Der Grundsatz, dass es auf das Erklärte (bekannt Gegebene) ankommt, gilt auch zu Lasten des Steuerpflichtigen.[232] Wird zum Beispiel ein Steuerbescheid unter Vorbehalt der Nachprüfung bekannt gegeben, so ist der Vorbehalt auch dann gültig, wenn die Akten-Urschrift einen Endgültigkeitsvermerk trägt[233] oder keinen Vorbehalt.[234]

Des Weiteren können die Gründe für die Geltung der Erklärungstheorie im Zivilrecht als Argumente für die Maßgeblichkeit des Empfängerhorizontes im Steuerverwaltungsrecht angeführt werden. Da im Zivilrecht das Risiko einer Bindung des Erklärenden an das Erklärte nicht selten viel größer ist und sein Wohl und Wehe davon abhängen kann, muss die wertende Verteilung der Risiken auf Erklärenden und Erklärungsempfänger erst recht im Steuerrecht gelten.

Aus § 124 Abs. 1 AO folgt demnach nicht nur, dass der Verwaltungsakt dann wirksam wird, wenn er zugegangen ist, sondern auch, dass er so wirksam wird, wie er seinem objektiv verstehbaren Gehalt nach zugegangen ist. Das Finanzamt muss folglich das als verbindlich gegen sich gelten lassen, was es dem Adressaten erklärt hat.

Die Wirksamkeit eines Verwaltungsaktes würde danach nicht von der rein internen Willensbildung des Zeichnungsberechtigten, sondern von dem im Empfängerhorizont wahrnehmbaren Erscheinungsbild abhängen.[235] Das Erklärungsrisiko für die von ihr als Organisationseinheit hervorgerufenen Handlungen würde somit grundsätzlich die Finanzbehörde tragen und nicht der Bekanntgabeadressat.[236] Diese Risikoverteilung würde sich allenfalls dann ändern, wenn die nach außen hin als Verwaltungsakt erscheinende Erklärung der Finanzbehörde schlechthin nicht mehr zugerechnet werden

---

[231] Siehe *Klaus Tipke*, in: Tipke/Kruse, AO, § 124 Rdnr. 12, § 122 Rdnrn. 2 ff zur Zurechnung; *ders.*, in: a. a. O., FVG, § 17 Rdnr. 5; *BFH*, Urteil vom 29. Januar 1981 - V R 47/77, BStBl. II 1981, 404 (405); *FG München*, Urteil vom 04. Mai 1983 - III 19/79 U, UStR 1983, 215 (216); a. A. *BFH*, Urteil vom 28. September 1984 - III R 58/83, BStBl. II 1985, 42 (43).

[232] *Klaus Tipke*, in: Tipke/Kruse, AO, § 124 Rdnr. 12.

[233] *BFH*, Urteil vom 14. September 1993 - VIII R 9/93, BStBl. II 1995, 2 (4).

[234] *Klaus Tipke*, in: Tipke/Kruse, AO, § 124 Rdnr. 12.

[235] So auch *Roman Seer*, in: Tipke/Lang, Steuerrecht, § 21 Rdnr. 75; *Karl Wilhelm Schröder*, Anmerkung zum Urteil des *BFH* vom 28. September 1984 - III R 58/83, BStBl. II 1985, 42, SteuerStud 1985, 271 (271 f); *Hans E. Parzeller*, Zum Verwaltungshandeln unzuständiger Personen und Amtsträger, DStZ (A) 1978, 430 (430 ff.); allerdings unter Anwendung der Erklärungstheorie.

[236] So auch *Roman Seer*, in: Tipke/Lang, Steuerrecht, § 21 Rdnr. 75; allerdings unter Anwendung der Erklärungstheorie.

kann, etwa weil eine zu Verfahrenshandlungen in keiner Weise beauftragte Person (z. B. Hausmeister, Telefonistin, Reinigungskraft) die Bekanntgabe verursacht hat[237].

Deshalb ist der Fall, das der Bekanntgabewille nachträglich entfällt weder als ein Unterfall des bereits ursprünglich fehlenden Bekanntgabewillens anzusehen noch über § 129 AO korrigierbar. Im Sinne der Rechtssicherheit und des Vertrauensschutzes (§ 124 Abs. 1 S. 2 AO) bleibt der Verwaltungsakt solange wirksam, bis er entweder widerrufen oder zurückgenommen worden ist.

2. Die Übersendung einer Zweitschrift

Die Übersendung einer Zweitschrift zur Kenntnisnahme hat in der Regel nur nachrichtlichen Charakter. Ein Regelungswille der Behörde liegt in diesem Falle nicht vor.

Die Übersendung einer Zweitschrift kann zum Entstehen des Verwaltungsaktes führen, wenn die Erstausfertigung nicht zugegangen ist. Bestehen Zweifel, ob der Verwaltungsakt zugegangen ist, so empfiehlt sich die erneute Bekanntgabe, nicht die Übersendung einer Zweitschrift.[238]

---

[237] Vgl. auch *Reinhard Nothnagel*, Die Bekanntgabe von Verwaltungsakten im Steuerrechtsverhältnis, Diss. Köln 1983, S. 179 ff.; *Roman Seer*, in: Tipke/Lang, Steuerrecht, § 21 Rdnr. 75; allerdings unter Anwendung der Erklärungstheorie.

[238] *Klaus Tipke*, in: Tipke/Kruse, AO, § 122 Rdnr. 5.

Zweites Kapitel
Der Zeitpunkt der Bekanntgabe von Steuerverwaltungsakten

Der mit seiner Absendung mit Bekanntgabewillen entstandene Verwaltungsakt, wird nach § 124 Abs. 1 S. 1 AO in dem Zeitpunkt wirksam, in dem er dem Steuerpflichtigen bekannt wird. Demnach ist die Bekanntgabe Voraussetzung dafür, dass der entstandene Verwaltungsakt Rechtswirkungen entfalten kann. Fraglich ist, wann der Verwaltungsakt als wirksam bekannt gegeben gilt.

Das Abstellen des Gesetzgebers auf die Maßgeblichkeit des Erklärten und nicht des Gewollten in § 124 Abs. 1 S. 2 AO legt für die Bestimmung des Zeitpunktes des Bekannt- und damit Wirksamwerdens den Schluss nahe, dass der Verwaltungsakt erst in dem Moment als bekannt gegeben gelten kann, in dem der Inhaltsadressat oder der sonst Betroffene bzw. der für ihn Handlungsbefugte von seinem Inhalt Kenntnis nehmen kann. In diesem Zusammenhang ist die tatsächliche Kenntnisnahme von der Möglichkeit zur Kenntnisnahme zu unterscheiden. Um die Möglichkeit zur Kenntnisnahme der Kenntnisnahme gleichzustellen, muss man dem Inhaltsadressaten das Kenntnisnahmerisiko aufbürden können.

Entscheidend für die Bestimmung des Zeitpunktes der Bekanntgabe ist demzufolge die adäquate Verteilung des Übermittlungsrisikos.

I. Der Zeitpunkt der Bekanntgabe von schriftlichen Steuerverwaltungsakten

Da Verwaltungsakte empfangsbedürftige, nicht jedoch annahmebedürftige Willenserklärungen sind, ist § 130 Abs. 1 BGB auf schriftliche Verwaltungsakte analog anzuwenden.

Zweifelhaft ist, welche Umstände und welche Verhältnisse für die Frage, ob dem Adressaten die Möglichkeit der Kenntnisnahme eingeräumt worden ist, zu berücksichtigen sind. Es könnte auf die individuellen Verhältnisse des jeweiligen Adressaten ankommen oder darauf, ob ein durchschnittlicher Adressat unter gewöhnlichen Umständen von der Erklärung Kenntnis nehmen kann.[239] Überwiegend stellt man - meist ohne eine nähere Begründung - auf die objektive Möglichkeit der Kenntnisnahme ab[240]. Außergewöhnliche Umstände, die sich aus der Person oder dem Verhalten des Adressaten ergeben und die Kenntnisnahme hindern, wie z. B. Schlaf, Bewusstlosigkeit oder die Abwesenheit des Adressaten von seiner Wohnung, sollen außer Betracht bleiben.[241]

Eine Rechtfertigung für diese von den individuellen Umständen des Adressaten abstrahierende Betrachtungsweise könnte sich aus der dem § 130 Abs. 1 BGB zugrunde liegenden Risikoverteilung ergeben.[242] Bei § 130 Abs. 1 BGB handelt es sich um eine Regelung der Gefahrtragung.[243] Es geht um die Gefahren, denen die Willenserklärung auf ihrer Reise von der Abgabe bis zur Kenntnisnahme durch den Adressaten ausgesetzt ist. Diese Risiken verteilt § 130 Abs. 1 BGB nach Einwirkungsbereichen[244]. Eine solche Risikoverteilung ist vom Gesetzgeber nicht ausdrücklich ausgesprochen worden. Jedoch folgt sie aus der Empfangstheorie, von der § 130 Abs. 1 BGB ausgeht.[245] Danach obliegt dem Erklärenden der Transport der Willenserklärung zum Adressaten.[246] Der Erklärende hat also die Gefahr zu tragen, dass die Erklärung während des Transports verloren geht, verstümmelt wird oder verspätet beim Adressaten ankommt.[247] Diese Gefahrtragung rechtfertigt sich daraus, dass die Erklärung während des Transports zur Disposition des Erklärenden steht und dieser oder die von ihm beauftragte Beförderungsperson auch die tatsächliche Einwirkungsmöglichkeit hat, während der Adressat überhaupt keinen Einfluss auf die Erklärung nehmen kann. Sobald die Erklärung beim Adressaten angelangt ist, verhält es sich genau umgekehrt. Der Adressat hat nunmehr die Möglichkeit der Einwirkung. Der Erklärende hat demgegenüber jeden Einfluss auf die im Bereich des Adressaten befindliche Erklärung verloren. Das ist der Zeitpunkt, in dem auch das Risiko des Verlustes der Erklärung und der verspäteten Kenntnisnahme billigerweise auf den Adressaten übergehen

---

239 *Franz-Josef Brinkmann*, Der Zugang von Willenserklärungen, S. 36.

240 Vgl. *Franz-Josef Brinkmann*, Der Zugang von Willenserklärungen, S. 24 ff.

241 *Franz-Josef Brinkmann*, Der Zugang von Willenserklärungen, S. 36.

242 *Franz-Josef Brinkmann*, Der Zugang von Willenserklärungen, S. 36.

243 *Franz-Josef Brinkmann*, Der Zugang von Willenserklärungen, S. 36.

244 Grundlegend *Rudolf Müller-Erzbach*, Gefährdungshaftung und Gefahrtragung, AcP 106 (1910), 309 (431); vgl. auch *Hermann Dilcher*, Der Zugang von Willenserklärungen, AcP 154 (1955), 120 (124 f.); *Enneccerus/Nipperdey*, Allgemeiner Teil des Bürgerlichen Rechts, 2. Halbband, § 158 II A 1 e; *Peter Marburger*, Absichtliche Falschübermittlung und Zurechnung von Willenserklärungen, AcP 173 (1973), 137 (142); *Dorothee Einsele*, in: Münchener Kommentar, BGB, § 130 Rdnr. 16; *Wolfgang Hefermehl*, in: Soergel, BGB, § 130 Rdnr. 2; *Konrad Zweigert*, Anmerkung zu *OLG Stuttgart*, Urteil vom 29. März 1950 – 1 U 254/49, DRZ 1950, 470 (471).

245 *Franz-Josef Brinkmann*, Der Zugang von Willenserklärungen, S. 36.

246 *Franz-Josef Brinkmann*, Der Zugang von Willenserklärungen, S. 36.

247 *Franz-Josef Brinkmann*, Der Zugang von Willenserklärungen, S. 36.

muss.[248] Mit dem Eintritt des Zugangs und dem Wirksamwerden der Willenserklärung erfolgt diese Risikoverlagerung. Nach der Empfangstheorie wird also immer dem Beteiligten, der jeweils typischerweise am ehesten in der Lage ist, die auftretenden Gefahren zu beherrschen, das Verlust- und Verspätungsrisiko aufgebürdet[249].

Es entspricht dieser Risikoverteilung, wenn außergewöhnliche Umstände, die in der Person oder im Verhalten des Adressaten ihren Grund haben und die alsbaldige Kenntnisnahme hindern, zu Lasten des Adressaten gehen[250]. Denn solche Hindernisse stammen aus seiner Sphäre, und schon allein deshalb ist dem Adressaten die Übernahme des Risikos eher zuzumuten als dem Erklärenden.

Deswegen ist die Erklärung nicht erst mit der tatsächlich erfolgten Wahrnehmung durch den Empfänger zugegangen.[251] Es kommt nicht darauf an, wann und ob der Empfänger von der in seinen Einwirkungsbereich gelangten Erklärung Kenntnis nimmt.[252] Gebräuchlich ist die Formel, dass eine Erklärung zugegangen ist, wenn seitens des Empfängers Kenntnisnahme möglich und nach den Umständen zu erwarten ist.[253] Wesentliche Voraussetzung für die Möglichkeit der Kenntnisnahme ist eine zuverlässige und abrufbare Speicherung der Erklärung beim Empfänger.[254] Zugang immer schon dann anzunehmen, wenn die Erklärung objektiv in den Einwirkungsbereich des Empfängers gelangt ist und lediglich für die Frage der Rechtzeitigkeit einer

---

248 *Franz-Josef Brinkmann*, Der Zugang von Willenserklärungen, S. 36.

249 Vgl. *Peter Marburger*, Absichtliche Falschübermittlung und Zurechnung von Willenserklärungen, AcP 173 (1973), 137 (142); *Rudolf Müller-Erzbach*, Gefährdungshaftung und Gefahrtragung, AcP 106 (1910), 309 (431).

250 Vgl. *Konrad Zweigert*, Anmerkung zu *OLG Stuttgart*, Urteil vom 29. März 1950 - 1 U 254/49, DRZ 1950, 470 (471).

251 *Dorothee Einsele*, in: Münchener Kommentar, BGB, § 130 Rdnr. 16.

252 *RG*, Urteil vom 24. Februar 1932 - V 342/31, RGZ 135 (1932), 247 (248 f.); *BGH*, Urteil vom 30. Oktober 1974 - IV ZR 172/73, NJW 1975, 382 (384); *BAG*, Urteil vom 16. Januar 1976 – 2 AZR 619/74, DB 1976, 1018 (1018); *Ernst Wolf*, Allgemeiner Teil des bürgerlichen Rechts, § 7 D III c 4.

253 *RG*, Urteil vom 14. August 1920 - I 275/19, RGZ 99 (1920), 20 (23); *BGH*, Urteil vom 13. Februar 1980 - VIII ZR 5/79, NJW 1980, 990 (990 f.); *BAG*, Urteil vom 16. März 1988, NJW 1989, 606 (606 f.) m. w. N.; *Enneccerus/Nipperdey*, Allgemeiner Teil des Bürgerlichen Rechts, § 158 II A 1; *Larenz/Wolf*, Allgemeiner Teil des Bürgerlichen Rechts, § 21 II b; *Ernst Wolf*, Allgemeiner Teil des bürgerlichen Rechts, § 7 D III c 3; *Hermann Dilcher*, in: von Staudinger, BGB, § 130 Rdnr. 21.

254 *Uwe John*, Grundsätzliches zum Wirksamwerden empfangsbedürftiger Willenserklärungen, AcP 184 (1994), 385 (403 ff).

Erklärung auf den üblichen Zeitpunkt einer Kenntnisnahme abzustellen,[255] wird den Erfordernissen des Verkehrs nicht gerecht.[256] Wird eine Erklärung früher als nach den Umständen erwartet schon zur Kenntnis genommen, so ist damit jedenfalls der Zugangstatbestand erfüllt.[257] Der Empfänger kann andererseits eine verspätete Erklärung gelten lassen, die dann auch den Erklärenden bindet[258].

1. Die Definition des Zugangs

§ 130 Abs. 1 S. 1 BGB bestimmt für verkörperte empfangsbedürftige Willenserklärungen den Wirksamkeitseintritt: Maßgeblich ist der Zugang der Erklärung. Damit folgt das Bürgerliche Gesetzbuch der Empfangs- oder Zugangstheorie[259], die schon in Art. 319 ff ADHGB enthalten war.[260]

a) Die Kenntnisnahmemöglichkeit

Da im Bürgerlichen Gesetzbuch keine Einzelheiten des Zugangs geregelt sind, hatten sich die Rechtsprechung und die Literatur mit der Tatbestandsbildung zu beschäftigen. Um eine adäquate Verteilung des Übermittlungsrisikos zwischen den Adressaten und den Absendern von Willenserklärungen zu gewährleisten, ging man davon aus, dass - da der Zugang die von der tatsächlichen Kenntnisnahme unabhängige Bezeich-

---

255 So *Werner Flume*, Allgemeiner Teil des Bürgerlichen Rechts, 2. Band, Das Rechtsgeschäft, § 14, 3 b; *Wolfgang Hefermehl*, in: Soergel, BGB, § 130 Rdnr. 8; vgl. dazu *Dieter Medicus*, Bürgerliches Recht, § 4 I; *Uwe John*, Grundsätzliches zum Wirksamwerden empfangsbedürftiger Willenserklärungen, AcP 184 (1994), 385 (408).

256 *Dorothee Einsele*, in: Münchener Kommentar, BGB, § 130 Rdnr. 16.

257 *Dieter Medicus*, Allgemeiner Teil des Bürgerlichen Gesetzbuches, Rdnr. 276; *Dorothee Einsele*, in: Münchener Kommentar, BGB, § 130 Rdnr. 16.

258 *Werner Flume*, Allgemeiner Teil des Bürgerlichen Rechts, 2. Band, Das Rechtsgeschäft, § 14, 3 b.

259 Siehe *Enneccerus/Nipperdey*, Allgemeiner Teil des Bürgerlichen Rechts, Band I 2, § 158 II A.

260 *Wolfgang Hefermehl*, in: Soergel, BGB § 130 Rdnrn. 2, 3.
Abgelehnt wurde von den Verfassern des Bürgerlichen Gesetzbuches die Äußerungstheorie, welche es für den Wirksamkeitseintritt bereits genügen lassen wollte, dass die Erklärung äußerlich Gestalt gewonnen hatte; abgelehnt wurde ferner die Entäußerungs- oder Übermittlungstheorie, welche die Wirksamkeit auch der empfangsbedürftigen Willenserklärung mit ihrer Abgabe eintreten lassen wollte. Verworfen wurde andererseits die Vernehmungstheorie, nach welcher die Wirksamkeit empfangsbedürftiger Willenserklärungen erst mit der Kenntnisnahme durch den Adressaten eintreten sollte (*Werner Flume*, Allgemeiner Teil des Bürgerlichen Rechts, 2. Band, Das Rechtsgeschäft, § 14 1).

nung der Risikogrenze darstellt - für den Adressaten zumindest die Möglichkeit einer Kenntnisnahme bestehen muss, um ihm das Kenntnisnahmerisiko aufzubürden[261]. Deshalb geht die in Rechtsprechung und Literatur allgemein anerkannte Formulierung dahin, dass eine Erklärung zugeht, sobald die Kenntnisnahme dem Empfänger möglich ist und nach der Regel des Lebens von ihm erwartet werden kann[262].

b) Die Empfangsvorkehrungen

In weiterer Konkretisierung des Tatbestandselementes, dass die Kenntnisnahme vom Empfänger nach der Verkehrsanschauung erwartet werden kann, ist auf die vom Empfänger getroffenen Empfangsvorkehrungen abzustellen: Zumutbar ist die Kenntnisnahme für den Adressaten immer dann, wenn eine Erklärungsverkörperung die von ihm für den Empfang verkörperter Willenserklärungen generell oder im Einzelfall[263] getroffenen Empfangseinrichtungen erreicht hat.[264] Wenn die Erklärung eine Empfangseinrichtung erreicht hat, soll dem Adressaten die Kenntnisnahme zumutbar sein.[265] Auch unter dem Gesichtspunkt einer Risikoverteilung nach Einflussbereichen soll es angemessen sein, dass der Adressat von diesem Zeitpunkt an das Risiko des Erklärungsverlustes und einer verspäteten Kenntnisnahme trägt[266]. Wenn allerdings die Erklärung zur Unzeit in die Empfangseinrichtung gelangt, dann soll der Zugang erst zu dem Zeitpunkt eintreten, in dem die Überprüfung der Empfangseinrichtung durch den Adressaten erwartet werden kann[267], also erst, wenn unter normalen Umständen die Kenntnisnahme nach der Verkehrsanschauung erwartet werden kann.

---

261 Vgl. *RG*, Urteil vom 13. Juli 1904 - V 48/04, RGZ 58, 406.

262 *RG*, Urteil vom 14. April 1920 - I 275/19, RGZ 99, 21 (23); Urteil vom 10. November 1933 - VII 192/33, RGZ 142, 402 (407); *LAG Hamm*, Urteil vom 08. Juni 1967 - 2 Sa 742/66, DB 1967, 1272; *LG Wiesbaden*, Urteil vom 06. Januar 1975 - 1 S 118/74, JZ 1975, 668; *Wolfgang Hefermehl*, in: Soergel, BGB, § 130 Rdnr. 8; *Larenz/Wolf*, Allgemeiner Teil des Bürgerlichen Rechts, § 26 II 3 b; *Lehmann/Hübner*, Allgemeiner Teil des Bürgerlichen Rechts, § 32 II 2; *Enneccerus/Nipperdey*, Allgemeiner Teil des Bürgerlichen Rechts, Band I 2, § 158 II A 1; *Ernst Klingmüller*, Zugang von Willenserklärungen bei verwaister Wohnung, VersR 1967, 1109 (1110); *Hermann Dilcher*, in: von Staudinger, BGB, § 130 Rdnr. 21.

263 Eine im Einzelfall bereitgestellte Empfangseinrichtung kann z. B. der Raum unter der Fußmatte vor der Wohnungstür sein, wenn der Antragende darum gebeten hat, ein Annahmeschreiben unter die Fußmatte vor die Tür zu legen.

264 *Hermann Dilcher*, in: von Staudinger, BGB, § 130 Rdnr. 22.

265 *Hermann Dilcher*, in: von Staudinger, BGB, § 130 Rdnr. 22; *ders.*, Der Zugang von Willenserklärungen, AcP 154 (1955), 120 (128 ff.).

266 *Hermann Dilcher*, in: von Staudinger, BGB, § 130 Rdnr. 22; *ders.*, Der Zugang von Willenserklärungen, AcP 154 (1955), 120 (128 ff.).

267 *Hermann Dilcher*, in: von Staudinger, BGB, § 130 Rdnr. 25.

c) Die Empfangsvertreter und die Empfangsboten

Zu den Empfangsvorkehrungen, welche ein Adressat hinsichtlich der an ihn zu richtenden Willenserklärungen treffen kann, gehören nicht nur technische Maßnahmen, wie das Anbringen eines Briefkastens oder das Mieten eines Postfaches[268], sondern auch ein bestimmter Personenkreis. Mit dem Eintreffen beim Empfangsvertreter[269] oder beim Empfangsboten[270] des Adressaten tritt der Erklärungszugang mit Wirkung auch gegenüber dem Adressaten ein.[271]

d) Der Zugangszeitpunkt

Wenn eine Erklärung die Empfangsvorkehrungen des Adressaten zu einer Zeit erreicht, zu welcher der Absender keine Überprüfung dieser Vorkehrungen erwarten kann, insbesondere bei einem Briefeinwurf zur Nachtzeit, tritt der Erklärungszugang erst mit dem Zeitpunkt ein, in welchem die Überprüfung der Empfangsvorkehrungen erwartet werden konnte, also am nächsten Morgen[272]. Dementsprechend trägt der Absender das Risiko einer bis dahin unterbleibenden tatsächlichen Kenntnisnahme weiterhin. Dem Empfänger kann zur Unzeit das Kenntnisnahmerisiko nicht aufgebürdet werden.[273]

Demnach ist der schriftliche Verwaltungsakt als empfangsbedürftige, nicht annahmebedürftige Willenserklärung analog § 130 BGB bekannt gegeben, wenn er in den Machtbereich des Empfängers (Briefkasten, Wohnung, Postschließfach, Geschäft usw.) gelangt ist und dieser bei gewöhnlichem Verlauf und unter normalen Umständen die Möglichkeit hat, von ihm Kenntnis zu nehmen, und dies nach den Gepflogenheiten

268 Vgl. dazu *Hermann Dilcher*, in: von Staudinger, BGB, § 130 Rdnr. 31.
269 *Hermann Dilcher*, in: von Staudinger, BGB, § 164 Rdnrn. 20 ff.
270 Vgl. *Hermann Dilcher*, in: von Staudinger, BGB, § 164 Vorbem. 73 ff.
271 *Hermann Dilcher*, in: von Staudinger, BGB, § 130 Rdnr. 24.
272 Vgl. *RG*, Urteil vom 10. November 1933 - VII 192/33, RGZ 142, 402 (407); *Larenz/Wolf*, Allgemeiner Teil des Bürgerlichen Rechts, § 26 II 3 b; *Dieter Medicus*, Allgemeiner Teil des BGB, Rdnrn. 257 ff; *Hans Brox*, Allgemeiner Teil des BGB, Rdnr. 150.
273 *Hermann Dilcher*, in: von Staudinger, BGB, § 130 Rdnr. 25.

des Rechtsverkehrs auch erwartet werden konnte[274]. Ein solcher Zugang des Verwaltungsaktes genügt demnach, ist aber auch notwendig[275] und muss gegebenenfalls von der Behörde bewiesen werden.

2. Die Bekanntgabeformen

Aus der Anordnung, dass bestimmte Verwaltungsakte schriftlich ergehen müssen, darf nicht gefolgert werden, dass sie entsprechend § 122 Abs. 2 AO bekannt zu geben sind. Ferner wird von § 122 Abs. 2 AO nicht angeordnet, dass schriftliche Verwaltungsakte zwingend durch die Post zu übermitteln sind.

Schriftliche Verwaltungsakte können auch an eine Amtsstelle übergeben, durch Boten überbracht[276] oder durch Telefax übermittelt[277] werden. Eine fernmündliche Bekanntgabe schriftlicher Verwaltungsakte ist nicht zulässig[278]. Die öffentliche Bekanntmachung (§ 122 Abs. 3 AO) und die Zustellung (§ 122 Abs. 5 AO) sind im Steuerverwaltungsrecht Ausnahmen.

[274] *RG*, Urteil vom 08. Februar 1902 - I 348/01, RGZ 50, 191 (194); Urteil vom 10. November 1933 - VII 192/33, RGZ 142, 402 (407); *BFH*, Urteil vom 05. Dezember 1974 - V R 111/74, BStBl. II 1975, 286 (287); Urteil vom 14. August 1975 - IV R 150/71, BStBl. II 1976, 764 (765 f.); Urteil vom 14. März 1990 - X R 104/88, BStBl. II 1990, 612 (615); Urteil vom 13. Oktober 1994 - IV R 100/93, BStBl. II 1995, 484 (485); Urteil vom 29. März 1990 – V R 19/85, BFH/NV 1992, 783; Beschluss vom 27. Februar 1998 - IX B 29/96, BFH/NV 1998, 1064 (1065).

[275] *BayVGH*, Beschluss vom 30. Dezember 1986 - Nr. 9 B - 1851/79 - rechtskräftig, BayVBl. 1987, 693 (694); siehe auch *Paul Stelkens/Ulrich Stelkens*, in: Stelkens/Bonk/Sachs, VwVfG, § 41 Rdnrn. 4a, 14 ff.

[276] *FG des Saarlandes*, Urteil vom 19. August 1992 - 1 K 87/92 - rechtskräftig, EFG 1993, 196 (198): Außenprüfer als Bote.

[277] *BFH*, Urteil vom 08. Juli 1998 - I R 17/96, BFH/NV 1999, 242 (243 f.); *FG Baden-Württemberg*, Urteil vom 26. November 1991 - 4 K 100/91 - rechtskräftig, EFG 1992, 705; *FG Hamburg*, Urteil vom 11. Dezember 1995 - V 60/95, EFG 1996, 511 (515); *OFD Nürnberg*, Verfügung vom 03. November 1992 - S 0284 - 121/St 24, DStR 1993, 205.

[278] Unzutreffend *BFH*, Urteil vom 18. Oktober 1988 - VII R 123/85, BStBl. II 1989, 76 (78).

3. Der Zugangszeitpunkt bei verschiedenen Formen der Bekanntgabe

a) Der Brief

Ein Brief ist dem Bekanntgabeadressaten zugegangen, wenn er durch behördlichen Akt[279] oder durch private Weiterleitung[280] in dessen Machtbereich gelangt ist.[281] Ob der Bekanntgabeadressat dann tatsächlich Kenntnis nimmt oder nicht (etwa weil der Brief verlegt wird oder der Adressat die Annahme unberechtigt verweigert oder weil der Adressat sich weigert, den Brief zu öffnen), ist unerheblich.[282] Selbst bei einer urlaubsbedingten Abwesenheit geht der schriftliche Verwaltungsakt zu.[283]

Eine Zugangsvereitelung ist anzunehmen, wenn der Empfänger nicht erst die Kenntnisnahme der ihm zugegangenen Erklärung unterlässt, sondern bereits den Zugang verhindert oder durch Maßnahmen, mit denen der Absender nicht zu rechnen brauchte, erheblich verzögert oder erschwert.[284]

> Beispiele:
>
> Verhindern könnte der Empfänger den Zugang dadurch, dass er seine Wohnung aufgibt, ohne seine neue Anschrift bekannt zu geben oder bei der Post die Nachsendung zu beantragen; verzögern könnte er ihn dadurch, dass er in diesem Fall einen Nachsendeantrag stellt, statt dem Absender die neue Anschrift mitzuteilen, oder, wenn er verreist, jemanden beauftragt, ihm die Post nachzusenden, statt einen Vertreter zu bestellen, der für ihn handeln kann.

Bei Verweigerung der Annahme eines dem Empfänger tatsächlich dargebotenen Schreibens ohne triftigen Grund, ist ihm dieses gleichwohl zugegangen, weil er tatsächlich in die Lage versetzt war, sich die Kenntnis zu verschaffen und die Kenntnisnahme unter normalen Umständen auch von ihm erwartet werden konnte[285]. Dabei

---

[279] Siehe *Klaus Tipke*, in: Tipke/Kruse, AO, § 122 Rdnr. 2.

[280] Ausführlich unter I. 3. h) „Die fehlerhafte Übermittlung".

[281] *Klaus Tipke*, in: Tipke/Kruse, AO, § 122 Rdnr. 8.

[282] *Klaus Tipke*, in: Tipke/Kruse, AO, § 122 Rdnr. 8.

[283] *Klaus Tipke*, in: Tipke/Kruse, AO, § 122 Rdnr. 8; eventuell kommt Wiedereinsetzung in Betracht (*Klaus Tipke*, in: Tipke/Kruse, AO, § 110 Rdnrn. 14 ff.).

[284] *Larenz/Wolf*, Allgemeiner Teil des Bürgerlichen Rechts, § 26 Rdnr. 38.

[285] Anders freilich RGZ 110, 34 (36). Wie hier *Andreas von Tuhr*, Der Allgemeine Teil des Deutschen Bürgerlichen Rechts, Band II, 1. Hälfte, zu § 61 zu Anm. 89; *Enneccerus/Nipperdey*, Allgemeiner Teil des Bürgerlichen Rechts, § 158; *Ernst Wolf*, Allgemeiner Teil des bürgerlichen Rechts, S. 335.

kommt es nicht auf die gescheiterte Besitzerlangung an.[286] Ein triftiger Grund für die Annahmeverweigerung wäre gegeben, wenn der überreichte Brief nicht ausreichend frankiert ist und der Empfänger dafür Nachporto zahlen soll.[287]

b) Das Telefax

Ein schriftlicher Verwaltungsakt kann auch durch Telefax zugehen[288]. Fraglich ist, wann bei einer Telefaxsendung der Zugang stattfindet. Den „Lebenszyklus" einer Willenserklärung[289], die mittels Telefax versendet wird vollzieht sich - ohne auf technische Einzelheiten einzugehen[290] - in zehn Schritten.

1. Zunächst wird die Erklärung gedanklich erstellt.
2. Sodann wird sie niedergeschrieben und unterschrieben.
3. Anschließend wird sie zur Abgabe vorbereitet, d. h. in das Sendegerät eingelegt und der Empfänger angewählt.
4. Die Erklärung wird sukzessive eingelesen, in elektrische Signale umgewandelt (moduliert) und gesendet.
5. Die Signale werden auf dem Telefonnetz übertragen.
6. Die Signale erreichen die Schnittstelle zwischen öffentlichem Telefonnetz und Empfangsgerät.
7. Die Signale überschreiten diese Schnittstelle und treten in das Empfangsgerät ein.
8. Die Signale werden vom Empfangsgerät demoduliert und je nach Gerätetyp direkt ausgedruckt oder elektronisch zwischengespeichert.
9. Nunmehr kann die Erklärung abgerufen, d. h. (ausgedruckt und) dem Gerät entnommen werden. Erst wenn all dies gelingt, ist dem Empfänger die Kenntnisnahme der Erklärung möglich.

---

286 *Larenz/Wolf*, Allgemeiner Teil des Bürgerlichen Rechts, § 26 Rdnr. 40.

287 *Larenz/Wolf*, Allgemeiner Teil des Bürgerlichen Rechts, § 26 Rdnr. 40.

288 Siehe *BFH*, Urteil vom 08. Juli 1998 - I R 17/96, BStBl. II 1999, 48 (49 f.); Beschluss vom 13. März 1998 - I S 8/97, BFH/NV 98, 1318 (1319 f.); Urteil vom 08. Juli 1998 - I R 17/96, BFH/NV 1999, 242 (243 f.); zu Telefaxproblemen auch *Peter Ebnet*, Rechtsprobleme bei der Verwendung von Telefax, NJW 1992, 2985 (2985 ff.); *ders.*, Die Entwicklung des Telefax-Rechts seit 1992, JZ 1996, 507 (507 ff.).

289 Vgl. auch *Rudolf Clemens*, Die elektronische Willenserklärung - Chancen und Gefahren, NJW 1985, 1998 (1998 f).

290 Siehe dazu Deutsche Bundespost Telekom, Technische Richtlinie FTZ 18 TR 53 (Januar 1994), Anforderungen an Endeinrichtungen der Gruppe 3 (Telefaxdienst).

10. Der Empfänger nimmt die Erklärung zur Kenntnis.

Da allein auf die Möglichkeit der Kenntnisnahme abzustellen ist, ist das Erreichen des achten Schrittes (direkter Ausdruck) notwendig, um den Zugang zu bejahen.

Steht die Absendung durch Telefax fest, so ist aufgrund Anscheinsbeweises davon auszugehen, dass das Abgesandte auch zugegangen ist[291], sofern der Absender über ein Eingangsprotokoll verfügt, das den fehlerfreien Versand dokumentiert. Mit dem Ausdruck des Sendeprotokolls beim Absender und dem auf diesem vermerkten Zusatz „Übertragung OK“, wie dies moderne Telefaxgeräte üblicherweise vermerken, wird der fehlerfreie Versand und damit die Speicherung des Telefax in ausdruckfähiger Qualität im Empfängergerät dokumentiert. In diesen Fällen hat der Empfänger des Telefax dafür einzustehen, dass das Gesendete ordnungsgemäß ausgedruckt wird. Dem Absender verbleibt das Risiko bis zur demodulierten Speicherung im Empfangsgerät.

Zwar kann das Sendeprotokoll keinen Vollbeweis, jedoch einen Anscheinsbeweis darüber führen, dass das Abgesandte zugegangen ist. Zumindest ist es ein Indiz für den Zugang des Steuerverwaltungsaktes.

Demnach erfolgt der Zugang mit der Abrufmöglichkeit. Die Drei-Tage-Regelung, die bei Briefen Anwendung findet, kommt nicht in Betracht.

Da die Willenserklärung so in den Machtbereich des Adressaten gelangt sein muss, dass dieser sich unter normalen Umständen die Kenntnis des Erklärungsinhalts verschaffen kann[292], muss das Gerät in seinem Herrschaftsbereich, also in der Wohnung oder in dem Büro des Adressaten stehen.

c) Das Postfach

In ein Postfach eingelegte Sendungen sind in dem Zeitpunkt zugegangen, in welchem das Postfach normalerweise geleert zu werden pflegt.[293] Dabei ist unerheblich, wann

[291] *OLG München*, Urteil vom 26. Juni 1992 - 23 2229/92, NJW 1994, 527; *Klaus Tipke*, in: Tipke/Kruse, AO, § 122 Rdnr. 7.

[292] *Helmut Heinrichs*, in: Palandt, BGB, § 130 Rdnr. 5; *Heinz Palm*, in: Erman, BGB, § 130 Rdnr. 6; *Enneccerus/Nipperdey*, Allgemeiner Teil des Bürgerlichen Rechts, 2. Halbband, § 158 II A 1; *Dieter Medicus*, Allgemeiner Teil des Bürgerlichen Gesetzbuches, Rdnr. 274; *Franz-Josef Brinkmann*, Der Zugang von Willenserklärungen, S. 25.

[293] *Klaus Tipke*, in: Tipke/Kruse, AO, § 122 Rdnr. 7.

und ob das Postfach tatsächlich geleert wird[294].

d) Der Empfangsbote

Zugegangen ist der Verwaltungsakt auch, wenn er an einen Empfangsboten übergeben wird.

Der Verwaltungsakt ist dem Adressaten zu dem Zeitpunkt zugegangen, zu dem regelmäßig die Weitergabe an den Empfänger zu erwarten ist[295]. Übermittelt also der Empfangsbote den Verwaltungsakt falsch, verspätet oder überhaupt nicht an den Erklärungsempfänger, so geht das zu dessen Lasten[296]. Empfangsbote ist, wer vom Empfänger zur Entgegennahme von Erklärungen bestellt worden ist oder nach der Verkehrsanschauung als dazu bestellt und geeignet anzusehen ist.[297]

Als Empfangsboten kommen z. B. Familienangehörige, Hausangestellte und Angestellte im Gewerbebetrieb[298] in Betracht.[299] Bei einer Übermittlung des schriftlichen Verwaltungsaktes als einfache Briefsendung durch die Post kann das Schriftstück an den bezeichneten Empfänger, den Ehegatten des Empfängers oder seinen Postbevollmächtigten übergeben werden.[300] Es ist ebenfalls zulässig, die Sendung an in der Wohnung oder im Geschäft des Adressaten angestellte Personen, an den Inhaber oder Vermieter der in der Anschrift angegebenen Wohnung oder an sonstige Hausbewohner oder Hausnachbarn zu übergeben, sofern keine der vorgenannten Personen angetroffen wird.[301] Bei Einschreibesendungen ist die Übermittlung an andere Hausbewohner oder Hausnachbarn nicht zulässig.[302]

---

294 *BFH*, Urteil vom 14. August 1975 - IV R 150/71, BStBl. II 1976, 764 (765 ff); Urteil vom 05. Juli 1978 - I R 96/77, BStBl. II 1978, 648 (649); Urteil vom 13. Oktober 1994 - IV R 100/93, BStBl. II 1995, 484 (485); Beschluss vom 12. August 1998 - IV B 145/97, BFH/NV 1999, 286 (286 f.); *Klaus Tipke*, in: Tipke/Kruse, AO, § 122 Rdnr. 7.

295 *BGH*, Urteil vom 27. Januar 1965 - VIII ZR 11/63, NJW 1965, 965 (966); Urteil vom 15. März 1989 - VIII ZR 303/87, NJW-RR 1989, 757 (758 f.); *Heinz Palm*, in: Erman, BGB, § 130 Rdnr. 12.

296 *OLG Hamm*, VersR 1980, 1164; *OLG Saarbrücken*, Urteil vom 23. Februar 1988 - 7 U 92/86, WM 1988, 1227 (1228).

297 *Heinz Palm*, in: Erman, BGB, § 130 Rdnr. 12.

298 *BFH*, Urteil vom 18. Oktober 1988 - VII R 123/85, BStBl. II 1989, 76 (78): die Sekretärin.

299 *Klaus Tipke*, in: Tipke/Kruse, AO, § 122 Rdnr. 9.

300 *Klaus Tipke*, in: Tipke/Kruse, AO, § 122 Rdnr. 9.

301 *Klaus Tipke*, in: Tipke/Kruse, AO, § 122 Rdnr. 9.

302 *Klaus Tipke*, in: Tipke/Kruse, AO, § 122 Rdnr. 9.

Bei der Bekanntgabe an einen Empfangsboten bzw. Ersatzempfänger kommt es auf die tatsächliche Kenntnisnahme durch den Empfänger (Bekanntgabeadressaten) an.[303] Hat der Empfangsbote die Weiterleitung versäumt, ist das Schriftstück nicht zugegangen[304].

e) Die Missachtung der getroffenen Empfangsvorkehrungen

Die Niederlegung auf der Kellertreppe oder auf der Fensterbank oder an einem anderen Ort, an dem nicht mit der Kenntnisnahme gerechnet werden kann, bewirkt keinen Zugang, selbst wenn dieser Ort zum Machtbereich des Bekanntgabeadressaten gehört[305]. Sollte der Empfänger in einem solchen Fall den Brief dennoch auffinden, gilt er im Augenblick des Auffindens als zugegangen.[306] Dies kann aus § 9 Abs. 1 VwZG analog hergeleitet werden.[307] Die für die förmliche Zustellung vorgesehene Heilungsmöglichkeit muss erst recht für das formschwächere Verfahren gelten.[308]

f) Die Änderung der Anschrift

Fraglich ist, wie sich die Zugangsvermutung bei einer Änderung der Anschrift auswirkt.

Das *Finanzgericht Münster*[309] hat Bekanntgabe in einem Fall angenommen, in dem der Bescheid in die frühere Ehewohnung zugestellt worden war, der Ehemann aber bereits dauernd getrennt lebte und sich nicht mehr in der gemeinsamen Ehewohnung aufhielt.[310] Das *Finanzgericht Münster*[311] hat den Ehemann für verpflichtet gehalten, der Post und dem Finanzamt seine neue Anschrift mitzuteilen.[312] Für Privatpersonen

---

303 *Klaus Tipke*, in: Tipke/Kruse, AO, § 122 Rdnr. 9.

304 *BFH*, Urteil vom 25. Januar 1994 - VIII R 45/9, BStBl. II 1994, 603 (605); *Klaus Tipke*, in: Tipke/Kruse, AO, § 122 Rdnr. 9.

305 Siehe *BFH*, Urteil vom 05. Dezember 1974 - V R 111/74, BStBl. II 1975, 286 (287); *Klaus Tipke*, in: Tipke/Kruse, AO, § 122 Rdnr. 10; a. A. *FG Baden-Württemberg*, Urteil vom 21. Mai 1981 - III 280/79 - rechtskräftig, EFG 1981, 604 (605 f.).

306 *Klaus Tipke*, in: Tipke/Kruse, AO, § 122 Rdnr. 10.

307 *Klaus Tipke*, in: Tipke/Kruse, AO, § 122 Rdnr. 10.

308 *Klaus Tipke*, in: Tipke/Kruse, AO, § 122 Rdnr. 10.

309 *FG Münster*, Urteil vom 27. Mai 1966 - I a 327/65 - rechtskräftig, EFG 1966, 580 (581).

310 *Klaus Tipke*, in: Tipke/Kruse, AO, § 122 Rdnr. 11.

311 *FG Münster*, Urteil vom 27. Mai 1966 - I a 327/65 - rechtskräftig, EFG 1966, 580 (581).

312 *Klaus Tipke*, in: Tipke/Kruse, AO, § 122 Rdnr. 11.

begründet die Abgabenordnung aber keine Verpflichtung, dem Finanzamt Adressenänderungen mitzuteilen[313]. Die Annahme, der Steuerbescheid sei aufgrund der Zugangsvermutung bekannt gegeben, überzeugt demnach nicht.

Der wirkliche Zugang kann auch bei einem Organisationsverschulden des Bekanntgabeadressaten nicht durch eine Zugangsfiktion ersetzt werden[314].

Versucht sich der Adressat der Bekanntgabe zu entziehen, indem er keine Postempfangsvorrichtungen (Briefkasten, Postfach) bereithält oder indem er umzieht, ohne die Änderung seiner Adresse mitzuteilen, muss die Finanzbehörde die Möglichkeiten der Bekanntgabe nach den Vorschriften des Verwaltungszustellungsgesetzes (VwZG) ausschöpfen (z. B. Zustellung durch Übergabe nach §§ 3 ff. VwZG oder öffentliche Zustellung nach § 15 VwZG).[315] Praktisch sind dann keine Fälle denkbar, in denen Bekanntgabe technisch nicht möglich wäre.[316]

Das *Finanzgericht München*[317] nimmt zu Recht Bekanntgabe an, wenn der Betroffene die Bekanntgabe eigens durch Wohnungswechsel arglistig zu vereiteln versucht hat.[318]

g) Die erneute Bekanntgabe bei Zweifeln am Zugang des „ursprünglichen" Steuerverwaltungsaktes

Bestehen Zweifel, ob der Verwaltungsakt zugegangen ist, und gibt die Behörde daraufhin nochmals einen inhaltsgleichen Verwaltungsakt bekannt, so tritt die Wirksamkeit erst mit dessen Zugang ein.[319] Stellt sich allerdings später sicher heraus, dass die Zweifel unbegründet waren, dass also bereits der „ursprüngliche" Verwaltungsakt zugegangen war, so kommt es auf diesen Zugang, nicht auf den Zugang des wiederholten Verwaltungsaktes an - mit allen Folgen für Rechtsbehelfsfristen, Verjährung, Verzinsung usw..[320]

---

313 Siehe *Klaus Tipke*, in: Tipke/Kruse, AO, zu § 136, § 122 Rdnr. 11.

314 Siehe auch *FG München*, Urteil vom 16. Februar 1987 - XIII 314/84 E - rechtskräftig, EFG 1987, 333 (333 f.); *Klaus Tipke*, in: Tipke/Kruse, AO, § 122 Rdnr. 11; Ausnahme öffentliche Zustellung nach § 15 VwZG.

315 *Klaus Tipke*, in: Tipke/Kruse, AO, § 122 Rdnr. 11.

316 *Klaus Tipke*, in: Tipke/Kruse, AO, § 122 Rdnr. 11.

317 *FG München*, Urteil vom 16. Februar 1987 - XIII 314/84 E - rechtskräftig, EFG 1987, 333 (333 f.).

318 *Klaus Tipke*, in: Tipke/Kruse, AO, § 122 Rdnr. 11.

319 *Klaus Tipke*, in: Tipke/Kruse, AO, § 124 Rdnr. 11.

320 *Klaus Tipke*, in: Tipke/Kruse, AO, § 124 Rdnr. 11.

h) Die fehlerhafte Übermittlung

Die Bekanntgabe eines Verwaltungsaktes ist nur wirksam, wenn dieser dem richtigen Bekanntgabeadressaten zugeht.

Die bisher herrschende Meinung nahm an, dass der Verwaltungsakt auf unmittelbarem Weg an den richtigen Empfänger gelangen müsse.[321] Hiervon ist die Rechtsprechung nunmehr abgerückt. In zutreffender Anwendung des allgemeinen Rechtsgedankens aus § 9 Abs. 1 VwZG hält sie es nunmehr für ausreichend, wenn der Verwaltungsakt erst auf einem Umweg (mittelbar) dem richtigen Bekanntgabeadressaten tatsächlich zugeht[322]. Denn § 9 Abs. 1 VwZG beruht auf der Überlegung, dass der Vorgang der Zustellung keinem Selbstzweck dient.[323] Was sogar für die förmliche Zustellung nach dem Verwaltungszustellungsgesetz gilt, muss erst recht für die einfache Bekanntgabe genügen.[324]

> Beispiel:
>
> Der Postbote wirft den an A adressierten Steuerbescheid versehentlich in den Briefkasten des Nachbarn B. Zehn Tage später händigt B den Brief an A aus. Mit dem tatsächlichen Zugang bei A wird der Bekanntgabemangel in Anwendung des allgemeinen Rechtsgedankens des § 9 Abs. 1 VwZG geheilt und der Bescheid wirksam. Erst von diesem Zeitpunkt an beginnt die Rechtsbehelfsfrist für A zu laufen.

i) Ein inhaltsgleicher Steuerverwaltungsakt wird gegenüber mehreren Beteiligten zu unterschiedlichen Zeitpunkten bekannt gegeben

Wird ein inhaltsgleicher Verwaltungsakt gegenüber mehreren Beteiligten erlassen, so kann es sich ergeben, dass der Verwaltungsakt den einzelnen Beteiligten zu unter-

---

321 So auch noch Bekanntgabeerlass vom 08. April 1991, BStBl. I 1991, 413, zu 4, 3; *Martin Förster*, in: Koch/Scholtz, AO, § 122 Rdnr. 3.

322 *BFH*, Urteil vom 08. Dezember 1988 - IV R 24/87, BStBl. II 1989, 346 (347); Urteil vom 01. Februar 1990 - V R 74/85, BFH/NV 1991, 2; Beschluss vom 14. Dezember 1989 - III R 49/89, BFH/NV 1991, 288 (289); siehe auch *FG Hamburg*, Urteil vom 17. Oktober 1986 – II 198/86, EFG 1987, 157 (157 f.); ebenso *Thomas Große*, Probleme der Geburt von Steuerbescheiden, DStZ 1990, 348 (352); *Hans-Peter Kortschak*, Adressierung und Bekanntgabe von Steuerverwaltungsakten, SteuerStud 1990, 125 (127); *Klaus Tipke*, in: Tipke/Kruse, AO, § 122 Rdnr. 6; *Roman Seer*, in: Tipke/Lang, Steuerrecht, § 21 Rdnr. 76.

323 *Roman Seer*, in: Tipke/Lang, Steuerrecht, § 21 Rdnr. 76.

324 *Roman Seer*, in: Tipke/Lang, Steuerrecht, § 21 Rdnr. 76.

schiedlichen Zeitpunkten bekannt gegeben wird. Das führt dazu, dass der Verwaltungsakt gegenüber den Beteiligten zu unterschiedlichen Zeitpunkten wirksam wird und dass die Rechtsbehelfsfrist für jeden Beteiligten zu unterschiedlichen Zeitpunkten beginnt (siehe § 355 Abs. 1 AO). Die Wirkung der Bindung der Behörde an den Inhalt tritt bereits mit der Bekanntgabe an einen Beteiligten ein[325].

So wird ein einheitlicher Feststellungsbescheid zwar erst durch die Bekanntgabe an alle Feststellungsbeteiligten allen gegenüber wirksam, allerdings wird er durch die Bekanntgabe an einzelne Beteiligte diesen gegenüber bereits wirksam[326]. Liegen die tatsächlichen oder rechtlichen Voraussetzungen für eine Änderung des erst an einzelne Beteiligte bekannt gegebenen Verwaltungsaktes vor, ist das Finanzamt nicht verpflichtet, den Verwaltungsakt vor seiner Änderung auch den anderen Beteiligten bekannt zu geben[327]. Wird der Verwaltungsakt nicht von allen dazu Befugten angefochten (§ 352 AO, § 48 FGO), so wird die Einheitlichkeit der Entscheidung durch Hinzuziehung (§ 360 AO) oder Beiladung (§ 60 FGO) erreicht[328]. Allerdings lässt sich eine unterbliebene Bekanntgabe nicht durch Hinzuziehung oder Beiladung ersetzen[329], vielmehr muss die Bekanntgabe nachgeholt werden. Ob die Anfechtung durch einen Beteiligten ausreicht, um den Bescheid insgesamt nicht bestandskräftig werden zu lassen, ist im Einzelnen zu untersuchen. Denkbar ist auch, dass der Verwaltungsakt bestandskräftig gegenüber Einzelnen ist.

Ein Drittbetroffener[330] kann den Verwaltungsakt bereits anfechten, sobald er dem eigentlichen Adressaten[331] bekannt gegeben worden ist[332]. Der Drittbetroffene kann auch Bekanntgabe an sich selbst verlangen und nach Bekanntgabe an ihn (den Drittbetroffenen) anfechten.[333] Weiß er von der Existenz eines Verwaltungsaktes, der nur dem Inhaltsadressaten, nicht ihm selbst bekannt geworden war, so kann er das Anfechtungsrecht verwirken, wenn er nichts unternimmt[334].

325 *BFH*, Urteil vom 31. Mai 1978 - I R 76/76, BStBl. II 1978, 600 (602); *Hans Meyer*, in: Meyer/Borgs-Maciejewski, VwVfG, § 43 Rdnr. 27.

326 *BFH*, Urteil vom 25. November 1987 - II R 227/84, BStBl. II 1988, 410 (411).

327 Siehe auch *BFH*, Urteil vom 31. Mai 1978 - I R 76/76, BStBl. II 1978, 600 (602).

328 *BFH*, Urteil vom 30. März 1978 - IV R 72/74, BStBl. II 1978, 503 (505); siehe auch *Peter Brandis*, in: Tipke/Kruse, FGO, § 60 Rdnr. 24.

329 Insoweit zutreffend *BFH*, Urteil vom 24. Juni 1966 - III 47/63, BStBl. III 1966, 520 (521).

330 *Klaus Tipke*, in: Tipke/Kruse, AO, § 122 Rdnr. 22.

331 *Klaus Tipke*, in: Tipke/Kruse, AO, § 122 Rdnr. 15.

332 Siehe *Klaus Tipke*, in: Tipke/Kruse, AO, § 122 Rdnr. 22.

333 *Klaus Tipke*, in: Tipke/Kruse, AO, § 124 Rdnr. 11.

334 *Kopp/Ramsauer*, VwVfG, § 43 Rdnr. 11; *Klaus Tipke*, in: Tipke/Kruse, AO, § 124 Rdnr. 11.

4. Die Bekanntgabe durch Postübermittlung

a) Der Dreitagezeitraum

Der § 122 Abs. 2 Nr. 1 AO stellt die Regel auf, dass ein schriftlicher Verwaltungsakt, der durch die Post im Geltungsbereich der Abgabenordnung übermittelt wird, mit dem dritten Tage nach der Aufgabe zur Post als bekannt gegeben gilt, außer wenn er nicht oder zu einem späteren Zeitpunkt zugegangen ist.[335] Dabei wird der Tag der Aufgabe nicht mitgerechnet.[336]

b) Die Aufgabe zur Post

Die Aufgabe zur Post geschieht durch das Einwerfen in einen Postbriefkasten oder durch die Einlieferung bei der Postanstalt[337]. Bei Einwurf in einen Straßenbriefkasten gilt der Tag des Poststempels als Tag der Aufgabe zur Post.[338] In der Telefaxübermittlung sieht man keine Aufgabe zur Post, dennoch ist sie eine zulässige Art der Bekanntgabe, allerdings nicht der förmlichen Zustellung.[339]

c) Die Geltung des Dreitagezeitraumes

Ein schriftlicher Verwaltungsakt gilt grundsätzlich mit dem dritten Tag nach der Aufgabe zur Post als bekannt gegeben. Diese gesetzliche Vermutung gilt nicht, wenn die Behörde die Zustellung angeordnet hat.[340]

Der Dreitagezeitraum[341] gilt unabhängig davon, ob der Adressat am Ort der Behörde wohnt oder nicht[342]. Sollte das Schriftstück tatsächlich vor dem Ablauf der drei

335 *Klaus Tipke*, in: Tipke/Kruse, AO, § 122 Rdnr. 48.
336 *Klaus Tipke*, in: Tipke/Kruse, AO, § 122 Rdnr. 48.
337 AEAO zu § 122 Nr. 3 S. 1.
338 *Klaus Tipke*, in: Tipke/Kruse, AO, § 122 Rdnr. 50.
339 *Klaus Tipke*, in: Tipke/Kruse, AO, § 122 Rdnr. 50.
340 *FG Hamburg*, Urteil vom 12. August 1986 - II 96/86 - rechtskräftig, EFG 1987, 99; Urteil vom 22. Juli 1989 - II 97/88, EFG 1989, 550 (550).
341 Es handelt sich nicht um eine eigentliche Frist, *Klaus Tipke*, in: Tipke/Kruse, AO, § 122 Rdnr. 51.
342 *Klaus Tipke*, in: Tipke/Kruse, AO, § 122 Rdnr. 52.
Allerdings nicht bei Auslandszustellung, siehe insoweit §§ 122 Abs. 2 Nr. 2, 123 AO und § 14 VwZG.

Tage angekommen sein, gilt die gesetzliche Vermutung des § 122 Abs. 2 AO gleichwohl; sie ist unwiderleglich.[343] Der Dreitagezeitraum ist keine Frist im Sinne der §§ 193, 108 Abs. 3 BGB.

Demnach könnte ein Verwaltungsakt auch als am dritten Tage nach der Aufgabe zur Post als bekannt gegeben gelten, wenn der dritte Tag ein Sonnabend, Sonn- oder Feiertag sein sollte.[344] Ob sich die Fiktion selbst dann auf den Ablauf des dritten Tages bezieht, ist allerdings umstritten.[345] Die weite Fassung des § 108 Abs. 3 AO ist nicht auf eine Frist im engeren Sinn beschränkt und deckt auch diesen Fall, ist zumindest entsprechend heranzuziehen.[346] Das hier vertretene Ergebnis entspricht eher dem Sinn der Regelung und führt zu praktikableren Ergebnissen als die Fiktion einer Bekanntgabe an einem Sonntag, Feiertag oder Sonnabend.[347] Die Drei-Tage-Regelung ist Gesetz geworden, weil sie der üblichen Postlaufzeit im Geltungsbereich der Norm mit einem Sicherheitszuschlag von einem Tag entspricht.[348] Sie weicht damit kaum von der regelmäßigen Postlaufzeit ab, da der tatsächliche Postlauf ebenfalls durch die Tage am Wochenende und durch Feiertage verzögert ist.[349] Mithin wird in diesen Fällen die Bekanntgabe ohnehin in der Regel an dem Tag nach den genannten Tagen aufgrund berechtigter Zweifel[350] angenommen werden müssen.[351] Deshalb wäre es sinnvoll, wenn der Gesetzgeber den vom Ergebnis her nutzlosen Streit durch eine einfache Bezugnahme auf § 108 Abs. 3 AO beenden würde.[352] Solange dies aber nicht ge-

---

343 *Klaus Tipke*, in: Tipke/Kruse, AO, § 122 Rdnr. 53.

344 *BFH*, Urteil vom 21. Januar 1971 - IV 93/65, BStBl. II 1971, 286 (286 f.); Urteil vom 18. Januar 1974 - VI R 252/70, BStBl. II 1974, 226 (227); Urteil vom 07. Oktober 1976 - VIII R 76/72, BStBl. II 1977, 133 (134); Urteil vom 05. März 1986 - II R 5/84, BStBl. II 1986, 462 (463 f.); Urteil vom 13. März 1991 - I R 39/90, BFH/NV 1992, 146 (147); *FG Rheinland-Pfalz*, Zwischenurteil vom 19. April 1993 - 5 K 1926/92 - rechtskräftig, EFG 1993, 762 (763); *FG Hamburg*, Urteil vom 24. Januar 1985 - V 199/82, EFG 1985, 378 (378 f.); Urteil vom 26. Juni 1996 - X R 97/95, BFH/NV 1997, 90 (91); Beschluss vom 12. August 1998 - IV B 145/97, BFH/NV 1999, 286 (286 f.).

345 *Paul Stelkens/Ulrich Stelkens*, in: Stelkens/Bonk/Sachs, VwVfG, § 41 Rdnr. 66.

346 *Paul Stelkens/Dieter Kallerhoff*, in: Stelkens/Bonk/Sachs, VwVfG, § 31 Rdnr. 35; *Hans-Günter Henneke*, in: Knack, VwVfG, § 41 Rdnr. 19; *Hans Meyer*, in: Meyer/Borgs-Maciejewski, VwVfG, § 41 Rdnr. 14; a. A. *BFH*, Urteil vom 18. Januar 1974 - VI R 252/70, BStBl. II 1974, 226 (227); Urteil vom 07. Oktober 1976 - VIII R 76/72, BStBl. II 1977, 133 (134); für § 4 Abs. 1 VwZG, § 108 Abs. 3 AO; *VGH München*, Beschluss vom 23. Juli 1990 - Gr. S. 1/90 - 19 B 88.185, NJW 1991, 1250 (1251); *Pietzner/Ronellenfitsch*, Das Assessorexamen im Öffentlichen Recht, § 49 Rdnr. 10; *Kopp/Ramsauer*, VwVfG, § 41 Rdnr. 44; offen *BVerwG*, Urteil vom 27. Mai 1983 - 7 C 79/81, NJW 1983, 2344 (2345).

347 *Paul Stelkens/Ulrich Stelkens*, in: Stelkens/Bonk/Sachs, VwVfG, § 41 Rdnr. 66.

348 *Paul Stelkens/Ulrich Stelkens*, in: Stelkens/Bonk/Sachs, VwVfG, § 41 Rdnr. 66.

349 *Paul Stelkens/Ulrich Stelkens*, in: Stelkens/Bonk/Sachs, VwVfG, § 41 Rdnr. 66.

350 *Paul Stelkens/Ulrich Stelkens*, in: Stelkens/Bonk/Sachs, VwVfG, § 41 Rdnr. 67.

351 Ähnlich, *Engelhardt/App*, VwZG, § 4 Rdnr. 4.

352 *Paul Stelkens/Ulrich Stelkens*, in: Stelkens/Bonk/Sachs, VwVfG, § 41 Rdnr. 66.

schieht, sollte der Bürger die Unsicherheit bei der Rechtsanwendung berücksichtigen und nicht darauf vertrauen, dass die Behörde oder ein Gericht die ihm günstigere Norm des § 193 BGB bzw. des § 108 Abs. 3 AO akzeptiert.[353]

Sollten die drei Tage allerdings an einem Tag enden, an dem am Bestimmungsort keine Post ausgetragen wird, so ist das Vorbringen des Bekanntgabeadressaten bedeutsam, dass ihm das Schriftstück erst am nächsten Postzustellungstag zugegangen sei. Gelingt der Behörde nicht der Beweis des Gegenteils, so ist dem Vorbringen des Bekanntgabeadressaten zu folgen[354].

Auch die Vereinbarung zwischen einem Steuerberater und der Post, dass am Sonnabend eingehende Sendungen erst am folgenden Montag zugestellt werden sollen, ändert nichts an der Regelung des § 108 Abs. 3 AO, der entsprechend Anwendung findet[355].

Des Weiteren gilt die gesetzliche Vermutung des § 122 Abs. 2 AO bei einem Postnachsendeauftrag[356] des Bekanntgabeempfängers, wenn sich dieser postlagernd zustellen[357] lässt oder wenn er ein Postfach[358] (Postschließfach) unterhält. Bei Nachsendung von Briefen aufgrund Postnachsendeauftrags gilt erst die Zustellung am neuen Aufenthaltsort als Zugang[359]. Auf die Frist hat das keinen Einfluss. Wurde kein Nachsendeauftrag erteilt, so muss der Empfänger den Zugang am alten Ort gegen sich gelten lassen[360]. Die vom Empfänger dem Erklärenden angegebene neue Anschrift ist auch dann für den Zugang maßgebend, wenn er tatsächlich einen anderen Aufenthaltsort gewählt hat.[361]

Das gilt nicht, wenn der letzte Tag des Dreitagezeitraumes auf einen Sonntag, einen gesetzlichen Feiertag oder einen Sonnabend fällt und keine Möglichkeit zur Kenntnisnahme besteht. In diesen Fällen findet § 108 Abs. 3 AO entsprechend mit der

353 *Paul Stelkens/Ulrich Stelkens*, in: Stelkens/Bonk/Sachs, VwVfG, § 41 Rdnr. 66.

354 *BFH*, Urteil vom 11. Dezember 1962 - I 28/61 S, BStBl. III 1963, 105 (106); Urteil vom 07. Oktober 1976 - VIII R 76/72, BStBl. II 1977, 133 (134) (zu eng).

355 A. A. *Hessisches FG*, Urteil vom 26. Oktober 1994 - 2 K 2298/94, EFG 1996, 791 (791 f.).

356 Das gilt nach dem Wortlaut des Gesetzes nicht, wenn der Empfänger sich die Post ins Ausland nachsenden lässt. Dann gilt § 122 Abs. 2 Nr. 2 AO oder § 123 AO.

357 *BFH*, Urteil vom 23. September 1959 - VII 59/59 U, BStBl. III 1959, 456 (457); *FG Nürnberg*, Urteil vom 08. März 1983 - V 431/82 - rechtskräftig, EFG 1983, 434.

358 *BFH*, Urteil vom 07. Februar 1962 - II 137/60 U, BStBl. III 1962, 496 (496).

359 *Hermann Dilcher*, in: von Staudinger, BGB, § 130 Rdnr. 39; *Wolfgang Hefermehl*, in: Soergel, BGB, § 130 Rdnr. 12; a. M. *Werner Flume*, Allgemeiner Teil des Bürgerlichen Rechts, 2. Band, Das Rechtsgeschäft, § 14 3 e.

360 *Wolfgang Hefermehl*, in: Soergel, BGB, § 130 Rdnrn. 9, 12.

361 *Wolfgang Hefermehl*, in: Soergel, BGB, § 130 Rdnr. 12.

Folge Anwendung, dass die Frist mit dem Ablauf des nächstfolgenden Werktages endet.

d) Die Bekanntgabe im Ausland

Einige Staaten haben sich in Rechtshilfeverhandlungen bereit erklärt, eine direkte Zusendung von Verwaltungsakten durch die Post zuzulassen.[362] Es stellt eine wesentliche Verwaltungsvereinfachung dar, wenn in diesen Fällen statt des aufwendigen formellen Zustellungsverfahrens die Bekanntgabe durch einfachen Brief ermöglicht wird.[363]

Durch die Neuregelung im Rahmen des Steuerbereinigungsgesetzes wurden die bisherigen Bestimmungen über die Bekanntgabe im Inland mit Wirkung ab 01. Januar 1987 um eine ähnliche Zugangsfiktion bei Übermittlung von Verwaltungsakten durch die Post an Beteiligte, die sich außerhalb des Geltungsbereichs der Abgabenordnung aufhalten erweitert.[364] Wegen der längeren Postlaufzeiten sieht § 122 Abs. 2 Nr. 2 AO eine Monatsfrist bei diesen Sendungen vor.

Dazu muss sich der Beteiligte (nicht sein Bevollmächtigter) im Ausland aufhalten.[365] Allerdings soll die - vereinfachte - Bekanntgabe nach § 122 Abs. 2 AO bei Empfängern im Ausland nur zulässig sein, wenn der Staat, in dem der Empfänger ansässig ist, einverstanden ist.[366] Fehlt ein solches Einverständnis, ist die Bekanntgabe gleichwohl nicht unwirksam.[367] Demgemäß können schriftliche Verwaltungsakte an Adressaten in Belgien, Dänemark, Finnland, Frankreich, Großbritannien, Irland, Italien, Kanada, Luxemburg, Niederlande, Norwegen, Österreich, Schweden, Spanien und USA durch einfachen Brief bekannt gegeben werden.[368] Soweit der vereinfachten Bekanntgabe völkerrechtliche Hindernisse entgegenstehen, wird die Bekanntgabe oder förmliche Zustellung durch das Bundesamt für Finanzen oder die sonst dafür zuständigen Finanzbehörden mit Hilfe der deutschen auswärtigen Vertretungen oder zuständiger ausländischer Behörden vorgenommen[369].

---

362 *Bernhard Brockmeyer*, in: Klein, AO, § 122 Rdnr. 58.
363 *Bernhard Brockmeyer*, in: Klein, AO, § 122 Rdnr. 58.
364 *Bernhard Brockmeyer*, in: Klein, AO, § 122 Rdnr. 59.
365 *Klaus Tipke*, in: Tipke/Kruse, AO, § 122 Rdnr. 48.
366 *Klaus Tipke*, in: Tipke/Kruse, AO, § 122 Rdnr. 48.
367 *Klaus Tipke*, in: Tipke/Kruse, AO, § 122 Rdnr. 48.
368 AEAO zu § 122 Nr. 4 AO.
369 Zu den Anforderungen an den Inhalt eines Zustellungszeugnisses einer diplomatischen Vertretung im Ausland vgl. *FG Düsseldorf*, Urteil vom 15. Januar 1988 - 15 K 259/86 U, EFG 1988, 267; *Bernhard Brockmeyer*, in: Klein, AO, § 122 Rdnr. 60.

5. Die öffentliche Bekanntgabe in gesetzlich zugelassenen Ausnahmefällen

Die öffentliche Bekanntgabe zeichnet sich dadurch aus, dass sie nicht an bestimmte Adressaten oder - wie § 122 Abs. 3 S. 2 AO formuliert - an die Beteiligten, sondern an die Öffentlichkeit, also an jeden, der Kenntnis nehmen will, gerichtet ist.[370] Keine öffentliche Bekanntgabe ist eine Bekanntgabe, die an einen Adressaten gerichtet ist, aber auch von anderen wahrgenommen werden kann.[371] Da die Gefahr besteht, dass solche unspezifischen Bekanntgaben nicht zur Kenntnis derer gelangen, die sie angehen, ist die Zulässigkeit der öffentlichen Bekanntgabe beschränkt.[372]

a) Die Zulässigkeit der öffentlichen Bekanntgabe

aa) Bei allgemeinen Steuerverwaltungsakten

Nach § 122 Abs. 3 S. 1 AO ist die öffentliche Bekanntgabe bei allgemeinen Verwaltungsakten (§ 118 S. 1 AO) nur erlaubt, wenn es in einer Rechtsvorschrift vorgesehen ist.[373] Die Zulässigkeit kann sich also außer aus einer gesetzlichen Regelung auch aus Verordnungen oder Satzungen etc. ergeben.[374] Dasselbe gilt für eine Sammelverfügung, die eine Bündelung allgemeiner Verwaltungsakte ist[375]. Eine Verpflichtung zur öffentlichen Bekanntgabe nach § 122 Abs. 2 und Abs. 3 AO enthält die Vorschrift nicht.[376]

bb) Bei Allgemeinverfügungen

§ 122 Abs. 3 S. 2 AO ergänzt die nach anderen Rechtsvorschriften vorgesehenen Fälle zulässiger öffentlicher Bekanntgabe dahin, dass die Möglichkeit für Allgemeinverfü-

---

370 *Hans Meyer*, in: Meyer/Borgs-Maciejewski, VwVfG, § 41 Rdnr. 21.
371 *Hans Meyer*, in: Meyer/Borgs-Maciejewski, VwVfG, § 41 Rdnr. 21.
372 *Kopp/Ramsauer*, VwVfG, § 41 Rdnr. 46; *Hans Meyer*, in: Meyer/Borgs-Maciejewski, VwVfG, § 41 Rdnr. 21.
373 *Klaus Tipke*, in: Tipke/Kruse, AO, § 122 Rdnr. 65; *Kopp/Ramsauer*, VwVfG, § 41 Rdnr. 47; *Hans Meyer*, in: Meyer/Borgs-Maciejewski, VwVfG, § 41 Rdnr. 22.
374 *Hans Meyer*, in: Meyer/Borgs-Maciejewski, VwVfG, § 41 Rdnr. 22.
375 *Hans Meyer*, in: Meyer/Borgs-Maciejewski, VwVfG, § 35 Rdnr. 45, § 41 Rdnr. 22.
376 *Kopp/Ramsauer*, VwVfG, § 41 Rdnr. 46.

gungen (§ 118 S. 2 AO) allgemein auch dann eröffnet wird, wenn die (individuelle) Bekanntgabe an die Beteiligten untunlich ist.[377]

§ 118 S. 2 AO spricht wohl in erster Linie aus Gründen der Parallelität zu § 35 VwVfG von der Allgemeinverfügung. Die Allgemeinverfügung ist ein Gebilde zwischen Verwaltungsakt und Verordnung, die aber herkömmlicherweise und auch positivrechtlich als Verwaltungsakt qualifiziert wird.[378] Die Allgemeinverfügung wird als Verwaltungsakt bezeichnet, der sich an einen nach allgemeinen Merkmalen bestimmten oder bestimmbaren Personenkreis richtet oder - was für das Steuerrecht praktisch überhaupt nicht in Betracht kommt - die öffentlich-rechtliche Eigenschaft einer Sache oder ihre Benutzung durch die Allgemeinheit betrifft.[379] *Ernst Forsthoff*[380] spricht von der Regelung eines konkreten Tatbestands - richtig müsste es heißen: Sachverhalts -, an dem eine im Augenblick nicht feststellbare Zahl von Personen pflichtmäßig beteiligt ist. Die Anordnung ergehe unter genereller Kennzeichnung derer, an die sie sich richtet, die also nicht namentlich, sondern nach sachlichen Merkmalen kenntlich gemacht werden.[381]

Die Regelung des § 122 Abs. 3 S. 2 AO bestätigt zunächst, dass Allgemeinverfügungen, wie es ihrem Charakter als Rechtsquelle entspricht[382], nicht aus der Natur der Sache bekanntgabepflichtig sind[383]. Die Entscheidung für oder gegen eine öffentliche Bekanntgabe steht in dem durch den unbestimmten Begriff „untunlich" dirigierten Ermessen der Behörde[384]. Untunlich bedeutet, dass die individuelle Bekanntgabe wegen der Natur des in Frage stehenden Verwaltungsaktes nicht möglich oder mit erheblichen verwaltungstechnischen Schwierigkeiten verbunden wäre[385], etwa weil nicht mit Sicherheit feststellbar ist, wer betroffen ist, oder weil die Anschrift Betroffener nicht bekannt ist und nicht leicht ermittelt werden kann[386]. Nicht untunlich ist dagegen

---

377 *Kopp/Ramsauer*, VwVfG, § 41 Rdnr. 48; *Hans Meyer*, in: Meyer/Borgs-Maciejewski, VwVfG, § 41 Rdnr. 23.

378 *Hans Spanner*, in: Hübschmann/Hepp/Spitaler, AO, 124. Lfg. Juni 1988, § 118 Rdnr. 25.

379 *Hans Spanner*, in: Hübschmann/Hepp/Spitaler, AO, 124. Lfg. Juni 1988, § 118 Rdnr. 25.

380 *Ernst Forsthoff*, Lehrbuch des Verwaltungsrechts, Band 1, Allgemeiner Teil, § 11 Tz. 1.

381 *Hans Spanner*, in: Hübschmann/Hepp/Spitaler, AO, 124. Lfg. Juni 1988, § 118 Rdnr. 25.

382 Siehe *Hans Meyer*, in: Meyer/Borgs-Maciejewski, VwVfG, § 35 Rdnrn. 5, 62.

383 *Kopp/Ramsauer*, VwVfG, § 41 Rdnr. 46; siehe aber zur Notwendigkeit hinreichender Publizität bei dinglichen Verwaltungsakten, *ders.*, Der dingliche Verwaltungsakt, BayVBl. 1970, 232 (233); a. A. *Hans Meyer*, in: Meyer/Borgs-Maciejewski, VwVfG, § 41 Rdnr. 11; *Norbert Niehues*, Die Bekanntgabe dinglicher Verwaltungsakte, DVBl. 1982, 317 (321) zu dinglichen Verwaltungsakten wegen der hier gegebenen „Ringsumwirkung".

384 Siehe *Hans Meyer*, in: Meyer/Borgs-Maciejewski, VwVfG, § 40 Rdnr. 25.

385 *FG Mannheim*, Urteil vom 15. November 1988 - 10 S 751/88, NVwZ 1989, 979 (980).

386 *Hans-Günter Henneke*, in: Knack, VwVfG, § 41 Rdnr. 21; *Kopp/Ramsauer*, VwVfG § 41 Rdnr. 48; a. A. *Klaus Obermayer*, Das neue Verwaltungsverfahrensgesetz, RiA 1976, 101 (106).

die individuelle Bekanntgabe, wenn die Zahl der Beteiligten bzw. der Betroffenen so groß ist, dass sie einen erheblichen Verwaltungsaufwand verursachen würde.[387] Dafür spricht, dass es sich um eine Ausnahmevorschrift zu Lasten der Beteiligten handelt[388], deren Inanspruchnahme berechtigte Interessen der Beteiligten verletzen kann[389].

Bei der Allgemeinverfügung wird man jedenfalls dann „Untunlichkeit" annehmen können, wenn der Adressatenkreis für die Behörde zu schwer zu ermitteln ist oder wenn die Einzelbekanntgabe zu zeitraubend wäre und den Zweck des Verwaltungsaktes vereiteln oder nicht unerheblich beeinträchtigen würde[390], nicht dagegen, wenn die Zahl der Beteiligten bzw. Betroffenen zu groß ist und einen erheblichen Verwaltungsaufwand verursachen würde[391].

b) Die öffentliche Aufforderung zur Abgabe einer Steuererklärung

Fraglich ist, ob es sich bei der öffentlichen Aufforderung zur Abgabe einer Steuererklärung nach § 149 Abs. 1 S. 3 AO oder bei der öffentlichen Zahlungserinnerung nach § 259 S. 4 AO um eine Allgemeinverfügung und somit um einen Verwaltungsakt handelt.

aa) Die Steuererklärung

Die Steuererklärung ist Verfahrenshandlung (§ 79 AO).[392] Sie enthält Wissenserklärungen und Willenserklärungen[393]. Das eine sind Erklärungen über Tatsachen, über die der Steuerpflichtige ein Wissen hat, z. B. Familienstand, Art der Tätigkeit, Höhe der Einkünfte.[394] Das andere sind Erklärungen, die darauf gerichtet sind, eine bestimmte

---

387 *Kopp/Ramsauer*, VwVfG, § 41 Rdnr. 48; *Hans-Günter Henneke*, in: Knack, VwVfG, § 41 Rdnr. 21; im Ergebnis auch *Stefan Liebetanz*, in: Obermayer, VwVfG, § 41 Rdnr. 51; a. A. *Hans Meyer*, in: Meyer/Borgs-Maciejewski, VwVfG, § 41 Rdnr. 21.

388 A. A. *Hans Meyer*, in: Meyer/Borgs-Maciejewski, VwVfG, § 41 Rdnr. 21.

389 Vgl. auch *BayVGH*, VwRspr. 19, 542 (544).

390 *Hans Meyer*, in: Meyer/Borgs-Maciejewski, VwVfG, § 41 Rdnr. 26.

391 *Hans-Günter Henneke*, in: Knack, § 41 Rdnr. 21; *Kopp/Ramsauer*, VwVfG, § 41 Rdnr. 48; a. A. *Stefan Liebetanz*, in: Obermayer, VwVfG, § 41 Rdnr. 51; *Hans Meyer*, in: Meyer/Borgs-Maciejewski, VwVfG, § 41 Rdnr. 23.

392 *Heinrich Wilhelm Kruse*, Lehrbuch des Steuerrechts, Band I, § 16 IV.

393 *BFH*, Urteil vom 19. Dezember 1985 - V R 167/82, BFHE 145, 457 (460).

394 *Heinrich Wilhelm Kruse*, Lehrbuch des Steuerrechts, Band I, § 16 IV.

Rechtswirkung herbeizuführen.[395] Dazu gehören vor allem Anträge auf Steuerermäßigungen, z. B. wegen außergewöhnlicher Belastungen (§§ 33 Abs. 1, 33a Abs. 1 EStG), und die Ausübung von Wahlrechten, z. B. die Wahl zwischen getrennter Veranlagung und Zusammenveranlagung von Ehegatten (§ 26 Abs. 1 S. 1 EStG).[396]

Die Willenserklärungen binden den Steuerpflichtigen in den Fällen, in denen die erstrebte Rechtswirkung eintritt, ohne dass die Finanzbehörde einen Verwaltungsakt erlässt, sobald sie der Behörde zugegangen sind; § 130 BGB gilt entsprechend[397]. Tritt die Rechtswirkung jedoch erst durch einen Verwaltungsakt ein, so ist der Steuerpflichtige an seine Willenserklärung erst gebunden, wenn der Verwaltungsakt nicht mehr geändert werden kann.[398] Der Steuerpflichtige kann also einen bereits gestellten Antrag noch ändern, zurücknehmen oder auch erstmals einen Antrag stellen und ebenso mit der Ausübung seines Wahlrechts verfahren, solange der Verwaltungsakt noch oder schon wieder geändert werden kann.[399] So kann er im Rechtsbehelfsverfahren gegen den Verwaltungsakt (nicht aber mehr in der Revisionsinstanz)[400] oder auch vor oder nach Änderung des Steuerbescheides aufgrund nachträglich bekannt gewordener Tatsachen nach § 173 AO[401] oder aus anderen Rechtsgründen[402] erneut Anträge stellen, sein Wahlrecht ausüben usw..[403] Es gibt nur ganz wenige Vorschriften, die den Steuerpflichtigen in einem gewissen Umfang an seinen Antrag binden.[404]

So können Kleinunternehmer bis zur Unanfechtbarkeit der Steuerfestsetzung beantragen, wie Nichtunternehmer behandelt und damit von der Umsatzsteuer freige-

---

395 *Heinrich Wilhelm Kruse*, Lehrbuch des Steuerrechts, Band I, § 16 IV.

396 *Heinrich Wilhelm Kruse*, Lehrbuch des Steuerrechts, Band I, § 16 IV.

397 Dafür spricht vor allem § 130 Abs. 2 BGB, obwohl es sich in diesem Fall um Willenserklärungen des privaten Rechts handelt. Im Ergebnis ebenso *BFH*, Urteil vom 19. Dezember 1985 - V R 167/82, BFHE 145, 457 (460); *Klaus Tipke*, in: Tipke/Kruse, AO, Vor § 149 Rdnr. 5.

398 *Heinrich Wilhelm Kruse*, Lehrbuch des Steuerrechts, Band I, § 16 IV.

399 *Heinrich Wilhelm Kruse*, Lehrbuch des Steuerrechts, Band I, § 16 IV.

400 *BFH*, Urteil vom 01. Februar 1966 - I 275/62, BFHE 85 (1965,1966), 307 (312).

401 *BFH*, Urteil vom 30. September 1981 - II R 105/81, BFHE 134 (1981), 192 (193). Wird eine Tatsache nachträglich bekannt, so berechtigt dies zur Änderung des Steuerbescheides. Die Bestandskraft ist insoweit durchbrochen mit der Folge, dass der Steuerpflichtige insoweit auch neue Anträge stellen und gestellte Anträge ändern und Wahlrechte ausüben kann; der Antrag selbst oder die Ausübung des Wahlrechts sind keine Tatsachen im Sinne § 173 Abs. 1 AO (*BFH*, Urteil vom 28. September 1984 - VI R 48/82, BFHE 141 (1984), 532 (535); Urteil vom 09. August 1989 - X R 110/87, BFHE 158 (1989), 520 (524); jedenfalls ungenau, wenn nicht gar a. A. *BFH*, Urteil vom 21. Juli 1989 - III R 303/84, BFHE 157 (1989), 488 (491).

402 §§ 164 Abs. 2, 172, 174, 175 AO u. a..

403 *Heinrich Wilhelm Kruse*, Lehrbuch des Steuerrechts, Band I, § 16 IV.

404 *Heinrich Wilhelm Kruse*, Lehrbuch des Steuerrechts, Band I, § 16 IV.

stellt zu werden[405]. An diese Erklärung sind sie dann für mindestens fünf Jahre gebunden (§ 19 Abs. 2 S. 2 UStG)[406].

bb) Die Erklärungspflicht kraft behördlicher Aufforderung

aaa) Das Verhältnis von gesetzlicher Erklärungspflicht und Erklärungspflicht kraft behördlicher Aufforderung

In § 149 Abs. 1 AO wird zwischen der Erklärungspflicht kraft Gesetzes (§ 149 Abs. 1 S. 1 AO) und einer Erklärungspflicht kraft (verbindlicher) behördlicher Aufforderung (§ 149 Abs. 1 S. 2 AO) unterschieden.[407] Der *Bundesfinanzhof* hat angenommen, dass über § 149 Abs. 1 S. 2 AO lediglich der Personenkreis der nach § 149 Abs. 1 S. 1 AO gesetzlich Erklärungspflichtigen auf Personen ausgedehnt werde, die vom Finanzamt zur Abgabe einer Erklärung aufgefordert werden[408]. - Das ist eher unklar. Die Annahme, Satz 1 und Satz 2 von § 149 Abs. 1 AO beträfen unterschiedliche Gruppen von Erklärungspflichtigen[409], ist missverständlich.[410] Denn die gesetzliche Regelung der Erklärungspflicht wäre kaum einsichtig, wenn die Verwaltung losgelöst von der gesetzlichen Regelung eine Steuererklärung anfordern könnte.[411] Weil dem so ist, sind auch die gesetzlichen Erklärungsfristen im Rahmen einer behördlichen Aufforderung nach § 149 Abs. 1 S. 2 AO zu beachten[412]; das gilt ebenfalls für die allgemeinen Regeln über Form und Inhalt der Erklärung im Sinne von § 150 AO.[413] Die Ermächtigung aus § 149 Abs. 1 S. 2 AO macht nur für die Fälle Sinn, in denen der Steuerpflichtige entweder der Meinung ist, er sei nach dem Gesetz (§ 149 Abs. 1 S. 1 AO) nicht zur Abgabe einer Erklärung verpflichtet oder trotz Kenntnis der gesetzlichen Erklä-

---

405 § 19 UStG. Dadurch verlieren sie den Vorsteuerabzug und das Recht, die Umsatzsteuer in ihren Rechnungen offen auszuweisen.

406 Vgl. *Sölch/Ringleb*, UStG, § 19 Rdnr. 49.

407 *Christoph Trzaskalik*, in: Hübschmann/Hepp/Spitaler, AO, § 149 Rdnr. 14.

408 *BFH*, Urteil vom 16. Juli 1981 - V R 156/78, BStBl. II 1981, 720; Urteil vom 20. Oktober 1981 - VII R 13/80, BStBl. II 1982, 371; Urteil vom 18. November 1986 - VII S 16/86, BFH/NV 1987, 669.

409 So auch *Klaus Tipke*, Erwiderung auf die Ausführungen von Schuhmann (*Helmut Schuhmann*, Sind die Steuererklärungsfristen wirklich ohne Rechtsgrundlage?, BB 1978, 84 (84 f.)), BB 1978, 86; *Dumke*, in: Schwarz, AO, § 149 Rdnr. 8.

410 *Christoph Trzaskalik*, in: Hübschmann/Hepp/Spitaler, AO, § 149 Rdnr. 14.

411 *Christoph Trzaskalik*, in: Hübschmann/Hepp/Spitaler, AO, § 149 Rdnr. 14.

412 *Klaus Tipke*, Erwiderung auf die Ausführungen von Schuhmann (*Helmut Schuhmann*, Sind die Steuererklärungsfristen wirklich ohne Rechtsgrundlage?, BB 1978, 84 (84 f.)), BB 1978, 86.

413 *Christoph Trzaskalik*, in: Hübschmann/Hepp/Spitaler, AO, § 149 Rdnr. 14.

rungspflicht diese nicht erfüllt. Weil es Aufgabe des Finanzamtes ist, das Gesetz zu interpretieren und zu vollziehen, wird ihm die Möglichkeit eingeräumt, eine Erklärung anzufordern, wenn der Steuerpflichtige seine gesetzliche Pflicht nicht erfüllt hat.[414] Die Entscheidung der Finanzbehörde hat sich deshalb an den durch § 149 Abs. 1 S. 1 und Abs. 2 AO vorgegebenen Maßstäben zu orientieren.[415] Nur mit dieser Einschränkung ist es zutreffend, wenn gesagt wird, dass eine Steuererklärung angefordert werden könne, wenn das Finanzamt es für möglich halte, dass der Aufgeforderte steuerpflichtig sei[416]. In den Fällen, in denen ein Steuerschuldner nach dem Gesetz nicht erklärungspflichtig ist - z. B. der Nichtunternehmer im Sinne von § 14 Abs. 3 UStG -, erlangt das Finanzamt seine Informationen nicht über § 149 AO, sondern über § 93 AO[417]. Insgesamt: § 149 Abs. 1 S. 2 AO verleiht der Behörde gerade kein „Steuererklärungs-Erfindungsrecht“[418].

bbb) Die Voraussetzungen einer behördlichen Aufforderung

Die Aufforderung zur Abgabe einer Steuererklärung ist eine Ermessensentscheidung.[419] Das Ermessen ist Verfahrensermessen im Sinne von § 92 AO.[420] Es befreit folglich nicht von der Pflicht, die Steuern nach Maßgabe der Gesetze zu erheben (§ 85 AO).[421] Hat die Behörde konkrete Anhaltspunkte für die Notwendigkeit einer Veranlagung oder ist die Steuererklärung Folge eines Antrags (vgl. etwa § 56 Abs. 1 S. 2 EStDV), muss die Aufforderung ergehen.[422] Da die Aufforderung lediglich das Mittel ist, um sich Gewissheit zu verschaffen, ist nicht erforderlich, dass objektiv die Voraussetzungen einer Steuerschuld erfüllt sind.[423] Andererseits ist die Aufforderung zur Abgabe einer Steuererklärung kein Instrument einer allgemeinen Steueraufsicht[424]. Des-

---

[414] *Christoph Trzaskalik*, in: Hübschmann/Hepp/Spitaler, AO, § 149 Rdnr. 14.

[415] *Christoph Trzaskalik*, in: Hübschmann/Hepp/Spitaler, AO, § 149 Rdnr. 14.

[416] *BFH*, Urteil vom 05. Dezember 1963 - IV 375/60 U, BStBl. III 1964, 146; *Hansjörg Pflüger*, in: Herrmann/Heuer/Raupach, EStG, § 25 Rdnr. 66.

[417] *Christoph Trzaskalik*, in: Hübschmann/Hepp/Spitaler, AO, § 149 Rdnr. 14; a. A. *FG München*, vom 01. Juli 1986 - XIII [XIV] 100/84 U, EFG 1986, 635.

[418] *Christoph Trzaskalik*, in: Hübschmann/Hepp/Spitaler, AO, § 149 Rdnr. 14; dazu auch *Niedersächsisches FG*, vom 02. April 1987 - III 48/86, EFG 1987, 473.

[419] *Christoph Trzaskalik*, in: Hübschmann/Hepp/Spitaler, AO, § 149 Rdnr. 15.

[420] *Christoph Trzaskalik*, in: Hübschmann/Hepp/Spitaler, AO, § 149 Rdnr. 15.

[421] *Christoph Trzaskalik*, in: Hübschmann/Hepp/Spitaler, AO, § 149 Rdnr. 15.

[422] *Christoph Trzaskalik*, in: Hübschmann/Hepp/Spitaler, AO, § 149 Rdnr. 15.

[423] *Christoph Trzaskalik*, in: Hübschmann/Hepp/Spitaler, AO, § 149 Rdnr. 15.

[424] *Walter Schick*, Die Steuererklärung, StuW 1988, 301 (314).

halb müssen stets Anhaltspunkte im Hinblick auf die Person des Aufzufordernden vorhanden sein[425].

Mit der Steuererklärung wird das jeweilige Veranlagungsprogramm vollständig abgefragt.[426] Deshalb ist es zweifelhaft, ob das Verlangen nach Abgabe einer Steuererklärung auch dann gerechtfertigt (verhältnismäßig) ist, wenn die gesetzliche Steuererklärungspflicht lediglich wegen einzelner Punkte zweifelhaft ist.[427]

Beispiel:

Es ist unklar, ob eine Person beschränkt oder unbeschränkt einkommensteuerpflichtig oder Unternehmer im Sinne des Umsatzsteuergesetzes ist.

Nach Ansicht des *Bundesfinanzhofes* ist auch in derartigen Fällen das Verlangen nach Abgabe einer Steuererklärung gerechtfertigt, weil der Abgabenordnung ein allgemeines (gesondertes) Feststellungsverfahren über einzelne Besteuerungsmerkmale fremd ist[428].

Die Ansicht des *Bundesfinanzhofes* ist nach *Christoph Trzaskalik* unzutreffend[429], weil die Steuererklärung zwar Angaben zu Besteuerungsgrundlagen enthält, selbst aber keine Besteuerungsgrundlage im Sinne von § 157 Abs. 2 AO ist. Deshalb ist der Bescheid über die Aufforderung zur Abgabe einer Steuererklärung kein Steuerbescheid.[430] Und deshalb ist der Streit über das Bestehen der Erklärungspflicht unabhängig vom Streit über das Bestehen der Steuerschuld.[431] Verfahrensökonomische Überlegungen könnten nur über eine § 44a VwGO entsprechende Regel eingebracht werden.[432]

---

425 *Christoph Trzaskalik*, in: Hübschmann/Hepp/Spitaler, AO, § 149 Rdnrn. 14, 15.
426 *Christoph Trzaskalik*, in: Hübschmann/Hepp/Spitaler, AO, § 149 Rdnr. 16.
427 *Christoph Trzaskalik*, in: Hübschmann/Hepp/Spitaler, AO, § 149 Rdnr. 16.
428 *BFH*, Urteil vom 10. Oktober 1951 - IV 216/51 S, BStBl. III 1951, 209; Urteil vom 08. Juli 1964 - I 424/62; Urteil vom 18. Dezember 1974 - I R 161/73; vgl. auch *FG Bremen*, vom 05. April 1968 - I 38/66, EFG 1968, 425.
429 *Christoph Trzaskalik*, in: Hübschmann/Hepp/Spitaler, AO, § 149 Rdnr. 16.
430 *Christoph Trzaskalik*, in: Hübschmann/Hepp/Spitaler, AO, § 149 Rdnr. 16.
431 *Christoph Trzaskalik*, in: Hübschmann/Hepp/Spitaler, AO, § 149 Rdnr. 16.
432 *Christoph Trzaskalik*, in: Hübschmann/Hepp/Spitaler, AO, § 149 Rdnr. 16.

ccc) Die Rechtsnatur der Aufforderung

Die Aufforderung zur Abgabe einer Steuererklärung kann, muss aber nicht ein Verwaltungsakt sein.[433] Soweit allgemein angenommen wird, in der Zusendung eines Erklärungsvordrucks liege eine Aufforderung im Sinne von § 149 Abs. 1 S. 2 AO, ist das eher problematisch.[434] Die Zusendung der Vordrucke als solche ist Realakt und kein Verwaltungsakt.[435] Die Regelungswirkung kann sich allenfalls aus dem dem Vordruck beigefügten Anschreiben ergeben[436]. Soweit die Aufforderung in Form eines Verwaltungsaktes und nicht als bloße Erinnerung an die gesetzliche Pflicht ergeht, sind die allgemeinen Regeln über den Verwaltungsakt zu beachten.[437] Eine Ausnahme von der Begründungspflicht (§ 121 Abs. 2 AO) wird mit Rücksicht auf die Einzelfallbezogenheit der Entscheidung eher selten vorliegen.[438] Ergeht die Aufforderung in Form eines Verwaltungsaktes, ist der Einspruch (§ 347 AO) der statthafte Rechtsbehelf.[439] Mit Rücksicht auf § 149 Abs. 1 S. 4 AO erledigt sich der Rechtsbehelf nicht durch die Schätzung der Besteuerungsgrundlagen[440].

Nach § 149 Abs. 1 S. 3 AO kann die Aufforderung zur Abgabe einer Steuererklärung auch durch öffentliche Bekanntmachung erfolgen.[441] Die Vorschrift erweckt den Eindruck, als seien die individuelle Aufforderung und die Aufforderung durch öffentliche Bekanntmachung funktionsgleich.[442] Deshalb wird die Aufforderung durch öffentliche Bekanntmachung als Allgemeinverfügung (§ 118 S. 2 AO) und somit als Verwaltungsakt verstanden[443]. Das ist zweifelhaft. Die gleiche Frage stellt sich bei der öffentlichen Zahlungserinnerung nach § 259 S. 4 AO. Fraglich ist, ob es sich dabei um eine Allgemeinverfügung und somit um einen Verwaltungsakt handelt.

Während *Martin Förster*[444] dies bejaht, wird es im Kommentar von *Klaus Tipke* und *Heinrich Wilhelm Kruse* verneint[445]. Zur Begründung wird darauf hingewiesen,

---

433 *Christoph Trzaskalik*, in: Hübschmann/Hepp/Spitaler, AO, § 149 Rdnr. 17.
434 *Christoph Trzaskalik*, in: Hübschmann/Hepp/Spitaler, AO, § 149 Rdnr. 17.
435 *Christoph Trzaskalik*, in: Hübschmann/Hepp/Spitaler, AO, § 149 Rdnr. 17.
436 Vgl. im Übrigen *Christoph Trzaskalik*, in: Hübschmann/Hepp/Spitaler, AO, § 150 Rdnr. 9.
437 *Christoph Trzaskalik*, in: Hübschmann/Hepp/Spitaler, AO, § 149 Rdnr. 17.
438 *Christoph Trzaskalik*, in: Hübschmann/Hepp/Spitaler, AO, § 149 Rdnr. 17.
439 *Christoph Trzaskalik*, in: Hübschmann/Hepp/Spitaler, AO, § 149 Rdnr. 17.
440 Überholt *FG Bremen*, vom 05. April 1968 - I 38/66, EFG 1968, 425; *Christoph Trzaskalik*, in: Hübschmann/Hepp/Spitaler, AO, § 149 Rdnr. 17.
441 *Christoph Trzaskalik*, in: Hübschmann/Hepp/Spitaler, AO, § 149 Rdnr. 18.
442 *Christoph Trzaskalik*, in: Hübschmann/Hepp/Spitaler, AO, § 149 Rdnr. 18.
443 So *Hans Spanner*, in: Hübschmann/Hepp/Spitaler, AO, 124. Lfg. Juni 1988, § 118 Rdnr. 26; *Kühn/Hofmann*, AO, § 118 Anm. 11; *Martin Förster*, in: Koch/Scholtz, AO, § 118 Rdnr. 9.
444 *Martin Förster*, in: Koch/Scholtz, AO, § 118 Rdnr. 9.
445 *Klaus Tipke*, in: Tipke/Kruse, AO, § 118 Rdnr. 20.

dass bei diesen Maßnahmen der angesprochene Personenkreis so wenig bestimmbar ist, wie der vom Gesetz selbst angesprochene.[446] Richtig wird hervorgehoben, dass im Zweifel auf das Rechtsschutzbedürfnis abzustellen ist, weshalb eine Allgemeinverfügung, die ein anfechtbarer Akt ist, angenommen werden müsse, wenn sonst der Rechtsschutz verkürzt würde.[447] Unter diesem Gesichtspunkt erachtet es *Klaus Tipke* für vertretbar, die Aufforderung zur Abgabe von Steuererklärungen und die allgemeine Zahlungserinnerung nicht als Allgemeinverfügungen einzustufen.[448] Nach *Hans Spanner* wird man die in Rede stehenden Akte als Allgemeinverfügungen anerkennen müssen, da es sich eben nicht um eine abstrakte Regelung, sondern um die Regelung eines konkreten Sachverhalts handele, die sich allerdings an einen sehr unbestimmten Personenkreis wende und insofern sich der Verordnung annähere.[449] Für diese fehle es aber an der Abstraktheit der Anordnung.[450] Auch *Rolf Kühn* und *Ruth Hofmann* nennen die genannten Akte als Beispiele einer Allgemeinverfügung[451].

Das ist unrichtig[452]. Die öffentliche Bekanntmachung kann keine Erwägungen hinsichtlich des einzelnen Steuerpflichtigen enthalten.[453] Damit kann den prinzipiellen Anforderungen aus § 149 Abs. 1 S. 2 AO[454] nicht entsprochen werden. Die öffentliche Bekanntmachung enthält lediglich einen Hinweis auf die gesetzlichen Erklärungspflichtigen.[455] Ihre Bedeutung liegt in der Entkräftung des Einwands des Pflichtigen, er habe von seiner Erklärungspflicht nicht gewusst.[456]

Demnach handelt es sich bei der öffentlichen Aufforderung zur Abgabe einer Steuererklärung und bei der öffentlichen Zahlungserinnerung nicht um eine Allgemeinverfügung und somit nicht um einen Verwaltungsakt.

---

446 *Hans Spanner*, in: Hübschmann/Hepp/Spitaler, AO, 124. Lfg. Juni 1988, § 118 Rdnr. 26.
447 *Hans Spanner*, in: Hübschmann/Hepp/Spitaler, AO, 124. Lfg. Juni 1988, § 118 Rdnr. 26.
448 *Klaus Tipke*, in: Tipke/Kruse, AO, § 118 Rdnr. 20.
449 *Hans Spanner*, in: Hübschmann/Hepp/Spitaler, AO, 124. Lfg. Juni 1988, § 118 Rdnr. 26.
450 *Hans Spanner*, in: Hübschmann/Hepp/Spitaler, AO, 124. Lfg. Juni 1988, § 118 Rdnr. 26.
451 *Kühn/Hofmann*, AO, § 118 Anm. 11.
452 So auch *Christoph Trzaskalik*, in: Hübschmann/Hepp/Spitaler, AO, § 149 Rdnr. 18.
453 *Christoph Trzaskalik*, in: Hübschmann/Hepp/Spitaler, AO, § 149 Rdnr. 18.
454 *Christoph Trzaskalik*, in: Hübschmann/Hepp/Spitaler, AO, § 149 Rdnr. 18.
455 *Christoph Trzaskalik*, in: Hübschmann/Hepp/Spitaler, AO, § 149 Rdnr. 18.
456 *Christoph Trzaskalik*, in: Hübschmann/Hepp/Spitaler, AO, § 149 Rdnr. 18.

c) Das Verfahren bei der öffentlichen Bekanntgabe und die Form

aa) Die Form der öffentlichen Bekanntgabe

Die Form der öffentlichen Bekanntgabe richtet sich danach, ob für den Verwaltungsakt eine Form vorgeschrieben ist[457]. Ist dies nicht der Fall, dann kann die öffentliche Bekanntgabe in jeder denkbaren Form erfolgen, also auch mündlich (z. B. durch Rundfunk[458]), durch Zeichen[459] oder auch konkludent[460]. Für den Fall, dass schriftliche Bekanntgabe vorgeschrieben ist oder gewählt wird, legt § 122 Abs. 4 S. 1 und S. 2 AO Form und Inhalt fest: der verfügende Teil[461] und der Hinweis, wo der ganze Verwaltungsakt eingesehen werden kann, ist ortsüblich bekannt zu machen.[462]

Richtet sich der Verwaltungsakt, der öffentlich bekannt gemacht werden soll, nicht an individuell bestimmte Personen (Allgemeinverfügung), so ist der Kreis der Betroffenen zumindest generell so zu umschreiben, dass jedermann ohne größere Schwierigkeiten mit hinreichender Sicherheit feststellen kann, ob der Verwaltungsakt auch für ihn gilt oder nicht.[463] Ob eine nur generelle Bezeichnung der Betroffenen in dem Sinne zulässig ist und genügt oder eine konkret-individuelle, namentliche Bezeichnung der Betroffenen erforderlich ist, ist eine Frage des anzuwendenden Rechts.[464]

bb) Die ortsübliche Bekanntmachung

Was unter ortsüblicher Bekanntmachung (§ 122 Abs. 4 S. 1 AO) zu verstehen ist, ergibt sich primär aus den dafür maßgeblichen Rechtsvorschriften, grundsätzlich aus

---

457 Siehe § 119 Abs. 2 AO; *Hans Meyer*, in: Meyer/Borgs-Maciejewski, VwVfG, § 37 Rdnr. 13.

458 *BVerwG*, Urteil vom 28. Februar 1961 - I C 54.57, BVerwGE 12 (1961), 87 (91) - Verbot wegen angenommener Seuchengefahr, Endiviensalat zu verkaufen; allgemein *Hans Meyer*, in: Meyer/Borgs-Maciejewski, VwVfG, § 41 Rdnr. 27.

459 Z. B. Aufstellung eines Verkehrszeichens; dazu *Münster*, NJW 1990, 2830; siehe das Beispiel von *Hans Meyer*, in: Meyer/Borgs-Maciejewski, VwVfG, § 41 Rdnr. 24.

460 Z. B. durch Verkehrsübergabe einer Straße; *Kopp/Ramsauer*, VwVfG, § 41 Rdnr. 50.

461 D. h. der Entscheidungssatz mit dem vollen Wortlaut; streitig; *Hans Meyer*, in: Meyer/Borgs-Maciejewski, VwVfG, § 41 Rdnr. 29; *Paul Stelkens/Ulrich Stelkens*, in: Stelkens/Bonk/Sachs, VwVfG, § 41 Rdnr. 84; *Schwan*, in: Schwarz, AO; § 122 Rdnr. 33; *Kopp/Ramsauer*, VwVfG, § 41 Rdnr. 51; a. A. *BayVGH*, Urteil vom 23. Juni 1981 - Nr. 20 B 81 D.20 - nicht rechtskräftig, BayVBl. 1982, 242 (243 f.); *VG München*, 02. April 1980 - MF 05704 - 5 K.

462 *Hans Meyer*, in: Meyer/Borgs-Maciejewski, VwVfG, § 41 Rdnr. 27.

463 *Kopp/Ramsauer*, VwVfG, § 41 Rdnr. 53.

464 *Kopp/Ramsauer*, VwVfG, § 41 Rdnr. 53.

Vorschriften des Landesrechts[465], für Gemeinden meist aus den entsprechenden Satzungen[466], die in der Regel Veröffentlichung in bestimmten Amtsblättern oder Tageszeitungen und/oder Anschlag an Amtstafeln u. ä. vorschreiben[467]. Der Aushang an der Amtstafel muss unterschrieben sein[468]. Bei Fehlen besonderer Rechtsvorschriften wird die Ortsüblichkeit durch das Herkommen und die Art des bekannt zu machenden Verwaltungsaktes bestimmt, z. B. Bekanntgabe in Tageszeitungen, im Rundfunk[469] usw.. Unter Umständen sind auch mehrere Bekanntmachungsformen als ortsüblich anzusehen; dann müssen sie im Zweifel kumulativ angewendet werden.[470]

Der Ort oder die Art und Weise der Bekanntmachung ist entweder durch das Gesetz selbst oder indirekt durch Rekurs auf gemeindliches Bekanntmachungsrecht fixiert. Für die ortsübliche Bekanntmachung nach der Abgabenordnung wird man verlangen müssen, dass sie sich nach dem für die erlassende oder für die mit der Bekanntgabe beauftragte Behörde geltenden Bekanntmachungsrecht für Rechtsnormen richtet.[471] Alternativ genügt auch, dass die erlassende Behörde die Art der Bekanntmachung allgemein festgelegt hat und die ortsübliche Bekanntmachung sich dann danach richtet.[472] Dies verlangen die Bedeutung der Bekanntgabe eines Verwaltungsaktes und das Gebot der Rechtssicherheit.[473] Ob der wiederholte, gleichbleibende Gebrauch einer bestimmten Veröffentlichungsform ausreicht[474], erscheint zweifelhaft.

---

465 *BayVGH*, Urteil vom 21. Juli 1977 - Nr. 9 IX 75, DVBl. 1978, 181 (183); *Kopp/Ramsauer*, VwVfG, § 41 Rdnr. 52; *Hans Meyer*, in: Meyer/Borgs-Maciejewski, VwVfG, § 41 Rdnr. 28.

466 *BayVGH*, Urteil vom 21. Juli 1977 - Nr. 9 IX 75, DVBl. 1978, 181 (183); zweifelhaft wegen der fehlenden „Außenwirkung" einer Geschäftsordnung, *BayVGH*, Urteil vom 11. Februar 1977 - Nr. 93 III 76 - rechtskräftig, BayVBl. 1977, 465 (465 f.).

467 *Victor Henle*, Die Masse im Massenverfahren, BayVBl. 1981, 1 (3).

468 Diese Regelungen gelten aufgrund der Verweisung des § 122 Abs. 4 S. 1 AO auch hinsichtlich der ortsüblichen Form der öffentlichen Bekanntgabe von Verwaltungsakten anderer Behörden, z. B. der Landratsämter, soweit dafür nicht besondere Rechtsvorschriften bestehen (streitig). Vgl. *BGH*, Urteil vom 19. Mai 1981 - IX ZR 15/80, DÖV 1981, 722 (723).

469 Vgl. *BVerwG*, Urteil vom 28. Februar 1961 - I C 54.57, BVerwGE 12 (1961), 87 (91), siehe auch *Kopp/Ramsauer*, VwVfG, § 41 Rdnr. 52.

470 *Kopp/Ramsauer*, VwVfG, § 41 Rdnr. 52.

471 Vgl. *Hans Meyer*, in: Meyer/Borgs-Maciejewski, VwVfG, § 41 Rdnr. 28.

472 Vgl. *Hans Meyer*, in: Meyer/Borgs-Maciejewski, VwVfG, § 41 Rdnr. 28.

473 *Hans Meyer*, in: Meyer/Borgs-Maciejewski, VwVfG, § 41 Rdnr. 28.

474 Dahin tendiert *OVG Münster* in einer Entscheidung aus dem Jahre 1960, *Kottenberg-Rehn*, § 4 GO Nr. 14.

cc) Der Inhalt der Bekanntmachung

Die Bekanntmachung muss die Wiedergabe des verfügenden Teils des Verwaltungsaktes, also die Entscheidung im vollen Wortlaut, d. h. den gesamten, eine Regelung enthaltenden Text des Verwaltungsaktes sowie den Hinweis, wo der gesamte Verwaltungsakt eingesehen werden kann (§ 122 Abs. 4 S. 2 AO), enthalten.[475] Fehlt einer dieser Bestandteile, so ist die Bekanntgabe nicht wirksam.[476] Es handelt sich dabei nicht um einen unter Umständen unbeachtlichen Verfahrensfehler im Sinne des § 127 AO, sondern um die notwendige Bedingung einer wirksamen Bekanntgabe.[477]

In dieser Fallkonstellation könnte der Datenschutz problematisch sein. Da der Adressat des Verwaltungsaktes aber selbst für die Tatsache verantwortlich ist, dass er unter der bisher angegebenen Adresse nicht mehr erreichbar ist, wäre es nicht gerechtfertigt, an den datenschutzrechtlichen Schutzbestimmungen festzuhalten.

dd) Der Steuerverwaltungsakt ist zur Einsicht bereitzuhalten

Der Verwaltungsakt ist zur Einsicht bereitzuhalten (§ 122 Abs. 4 S. 2 AO), d. h. er muss nach der Bekanntmachung während der Dienstzeiten von jedermann, der ein berechtigtes Interesse nachweist, in Original oder Abschrift eingesehen werden können.[478] Das schließt das Recht zur Abschrift ein.[479] Da die Möglichkeit der Einsicht bei öffentlicher Bekanntgabe die Möglichkeit der Kenntnisnahme bei normaler Bekanntgabe ersetzt, ist Einsicht in den gesamten Verfügungsteil und Begründung umfassenden Verwaltungsakt zu gewähren.[480]

---

475 *Hans Meyer*, in: Meyer/Borgs-Maciejewski, VwVfG, § 41 Rdnr. 29.
476 *Hans Meyer*, in: Meyer/Borgs-Maciejewski, VwVfG, § 41 Rdnr. 29.
477 *Hans Meyer*, in: Meyer/Borgs-Maciejewski, VwVfG, § 41 Rdnr. 29.
478 *BVerwG*, Urteil vom 13. September 1985 - 4 C 64.80, BayVBl. 1986, 153 (153 f.); *Kopp/Ramsauer*, VwVfG, § 41 Rdnr. 55; *Hans Meyer*, in: Meyer/Borgs-Maciejewski, VwVfG, § 41 Rdnr. 30; a. A. *VGH Kassel*, VerwRspr. 20, 680: nicht ausreichend; vgl. auch *BayVGH*, Normenkontroll-Beschluss vom 19. April 1974 - Nr. 103 I 73, BayVBl. 1974, 532 (533): nur an vier Vormittagen in der Woche genügt nicht.
479 *Hans Meyer*, in: Meyer/Borgs-Maciejewski, VwVfG, § 41 Rdnr. 30.
480 *Hans Meyer*, in: Meyer/Borgs-Maciejewski, VwVfG, § 41 Rdnr. 30.

ee) Der Zeitpunkt der Bekanntgabe

Der Zeitpunkt der Bekanntgabe des Verwaltungsaktes und damit der Beginn seiner Wirksamkeit wird grundsätzlich durch den Ablauf von zwei Wochen nach der ortsüblichen Bekanntmachung bestimmt (§ 122 Abs. 4 S. 3 AO).[481] Es handelt sich dabei um eine unwiderlegliche gesetzliche Festlegung.[482] Die Zwei-Wochen-Frist beginnt mit dem Tage nach der Bekanntmachung.[483] Diese ist bei Bekanntmachung in einem Verkündungsblatt mit der Ausgabe dieses Blattes, bei Bekanntmachung durch Aushang mit dem Ende der Aushangfrist erfolgt.[484] Nach § 188 Abs. 2 BGB i. V. m. § 108 Abs. 1 AO endet die Frist mit dem Tage, der dem Bekanntmachungstag in seiner Bezeichnung entspricht.[485] Als Tag der Bekanntgabe gilt daher der nächstfolgende Tag.[486] Er ist für den Lauf der Rechtbehelfsfristen maßgebend.[487]

Hierbei wird besonders deutlich, dass das Existentwerden eines Verwaltungsaktes unabhängig vom Zugang an die einzelnen Betroffenen ist. Es ist evident, dass die behördliche Anordnung bereits mit der ortsüblichen Bekanntmachung zum Verwaltungsakt wird und nicht erst nach Ablauf der Zwei-Wochen-Frist. Demzufolge wird der Verwaltungsakt mit Bekanntmachung existent und entfaltet bei Fristablauf Wirksamkeit.

Bei einer schriftlichen Allgemeinverfügung, die öffentlich bekannt gegeben wird[488], kann die Behörde einen späteren als auch einen früheren Termin der Bekanntgabe wählen. Der frühest mögliche Termin ist der Tag nach der Bekanntmachung[489]. Allerdings ist die abweichende Bestimmung in die Allgemeinverfügung aufzunehmen und mit bekannt zu machen (§ 122 Abs. 4 S. 4 AO).[490]

Erfolgt die Bekanntmachung durch Veröffentlichung in mehreren Zeitungen, durch Aushang an mehren Orten u. ä., so ist für die Bestimmung des Zeitpunkts, an dem die Bekanntgabe als erfolgt gilt, der letzte Bekanntmachungsakt maßgeblich[491].

---

481 *Hans Meyer*, in: Meyer/Borgs-Maciejewski, VwVfG, § 41 Rdnr. 31.
482 *Hans Meyer*, in: Meyer/Borgs-Maciejewski, VwVfG, § 41 Rdnr. 31.
483 *Hans Meyer*, in: Meyer/Borgs-Maciejewski, VwVfG, § 41 Rdnr. 31.
484 *Hans Meyer*, in: Meyer/Borgs-Maciejewski, VwVfG, § 41 Rdnr. 31.
485 *Hans Meyer*, in: Meyer/Borgs-Maciejewski, VwVfG, § 41 Rdnr. 31.
486 *Hans Meyer*, in: Meyer/Borgs-Maciejewski, VwVfG, § 41 Rdnr. 31.
487 *Hans Meyer*, in: Meyer/Borgs-Maciejewski, VwVfG, § 41 Rdnr. 31.
488 *Hans Meyer*, in: Meyer/Borgs-Maciejewski, VwVfG, § 41 Rdnrn. 23 ff.
489 *Hans Meyer*, in: Meyer/Borgs-Maciejewski, VwVfG, § 41 Rdnrn. 31, 32.
490 *Hans Meyer*, in: Meyer/Borgs-Maciejewski, VwVfG, § 41 Rdnr. 32.
491 *Kopp/Ramsauer*, VwVfG, § 41 Rdnr. 56.

6. Die Zustellung von schriftlichen Steuerverwaltungsakten in Ausnahmefällen

Nach § 122 Abs. 5 S. 1 AO wird ein schriftlicher Verwaltungsakt förmlich zugestellt, wenn dies gesetzlich vorgeschrieben ist oder behördlich angeordnet wird. In der Abgabenordnung ist die Zustellung gesetzlich vorgesehen für Ladungen zur eidesstattlichen Versicherung des Vollstreckungsschuldners (§ 284 Abs. 5 S. 1 AO), für Pfändungsverfügungen (§§ 309 Abs. 2, 310 Abs. 2, 321 Abs. 2 AO) und für Arrestanordnungen (§§ 324 Abs. 2, 326 Abs. 4 AO). Für Steuerbescheide ist sie, selbst wenn ein angefochtener Bescheid vom Finanzamt während des Prozesses geändert wird, nicht vorgeschrieben[492].

Auch wenn es im Gesetz nicht vorgesehen ist, kann die Behörde nach ihrem Ermessen die Zustellung anordnen.[493] Sie wird dies tun, wenn es ihr aus Beweisgründen angezeigt erscheint[494], z. B. in Schätzungsfällen[495] oder in Fällen der Unzuverlässigkeit.[496] Der Dreitagezeitraum des § 122 Abs. 2 Nr. 1 AO gilt dann nicht[497].

Gemäß § 122 Abs. 5 S. 2 AO richtet sich die Zustellung nach den Vorschriften des Verwaltungszustellungsgesetzes. Nach § 2 VwZG besteht die Zustellung in der Übergabe eines Schriftstücks in Urschrift, Ausfertigung oder beglaubigter Abschrift oder im Vorlegen der Urschrift. Erfüllt eine Zustellung nicht die Anforderungen des Verwaltungszustellungsgesetzes, kann § 122 Abs. 2 AO nicht hilfsweise herangezogen werden, selbst wenn die Zustellung gesetzlich nicht vorgeschrieben war[498], vielmehr ist § 9 Abs. 1 AO anzuwenden[499]. Ebenso wenig ist § 80 Abs. 3 S. 3 AO anwendbar[500].

---

492 *BFH*, Urteil vom 05. Mai 1994 - VI R 98/93, BStBl. II 1994, 806 (807 f.).

493 *Klaus Tipke*, in: Tipke/Kruse, AO, § 122 Rdnr. 66.

494 *BFH*, Urteil vom 14. März 1990 - X R 104/88, BStBl. II 1990, 612 (615); Urteil vom 25. Januar 1994 - VIII R 45/92, BStBl. II 1994, 603 (604).

495 *BFH*, Urteil vom 12. Januar 1990 - VI R 137/86, BFHE 160, 103 (106); die Finanzbehörden ordnen für Schätzungsbescheide nicht selten die Zustellung an.

496 *Klaus Tipke*, in: Tipke/Kruse, AO, § 122 Rdnr. 66.

497 *BFH*, Urteil vom 19. Juni 1991 - I R 77/89, BStBl. II 1991, 826 (827 f.); *Klaus Tipke*, in: Tipke/Kruse, AO, § 122 Rdnr. 66.

498 *Franz Hellinger*, Ist die Bekanntgabe von Verwaltungsakten nach § 122 Abs. 2 AO 1977 eine Sonderart der Zustellung?, BB 1978, 496 (498).

499 *BFH*, Urteil vom 25. Januar 1994 - VIII R 45/92, BStBl. II 1994, 603 (606); Urteil vom 08. Juni 1995 - IV R 104/94, BStBl. II 1995, 681 (683).

500 *BFH*, Urteil vom 29. Juli 1987 - I R 367, 379/83, BStBl. II 1988, 242 (243 f.); *Klaus Tipke*, in: Tipke/Kruse, AO, § 122 Rdnr. 66.

7. Die beweisrechtliche Stellung der Finanzbehörde

Der Dreitagezeitraum gilt nicht, wenn das Schriftstück nachweisbar nicht oder später zugegangen ist.[501] Die Behörde hat den Zeitpunkt der Absendung im Zweifel nachzuweisen.[502]

a) Der Bekanntgabeadressat bestreitet den Zugang

Bestreitet der Bekanntgabeadressat, dass das Schriftstück überhaupt zugegangen ist, kann er in der Regel nicht substantiiert vortragen, warum das Schriftstück ihn nicht erreicht hat,[503] da das in der Natur der Sache liegt. In solchen Fällen genügt das bloße Bestreiten[504]. Die Finanzbehörde muss dann den Zugang nachweisen, wobei allerdings starke Indizien für den Zugang sprechen, da der Verlust einer Sendung selten ist[505]. Sie kann indessen in der Regel allenfalls den Tag der Aufgabe zur Post nachweisen.[506] Damit ist der Zugang selbst aber nicht erwiesen[507]. Den Zugangsnachweis nach den Grundsätzen des Anscheinsbeweises[508] hat der *Bundesfinanzhof*[509] nicht zugelassen und auf die allgemeinen Beweisregeln, insbesondere den Indizienbeweis[510] verwiesen[511]. Der Absendung und Nichtrückkunft eines Steuerbescheides kommt für dessen

---

501 *Klaus Tipke*, in: Tipke/Kruse, AO, § 122 Rdnr. 57.

502 *Klaus Tipke*, in: Tipke/Kruse, AO, § 122 Rdnr. 57.

503 *Klaus Tipke*, in: Tipke/Kruse, AO, § 122 Rdnr. 58.

504 *BFH*, Urteil vom 23. September 1966 - III 226/63, BStBl. III 1967, 99 (100); Urteil vom 28. November 1973 - I R 66/71, BStBl. II 1974, 70 (71); Urteil vom 05. Dezember 1974 – V R 111/74, BStBl. II 1975, 286 (287); Urteil vom 14. März 1989 - VII R 75/85, BStBl. II 1989, 534 (535 ff.); Urteil vom 15. September 1994 - XI R 31/94, BStBl. II 1995, 41 (42); *FG Hamburg*, Urteil des Einzelrichters (§ 6 FGO) vom 20. Februar 1995 - V 57/94, EFG 1995, 754 (754 f.); *OVG Münster*, Urteil vom 07. März 1994 - 22 A 1063/91, NVwZ 1995, 1228 (1229); siehe auch *Ernst Erhard Stöcker*, Anmerkung zum Urteil des *BFH* vom 12. August 1981 - I R 140/78, DStZ 1982, 458, DStZ 1982, 459 (459 f.); *Friedrich E. Harenberg*, Der Anscheinsbeweis und seine Bedeutung für den Nachweis des Zugangs von Verwaltungsakten, DStR 1990, 236 (238).

505 *Bernhard Brockmeyer*, in: Klein, AO, § 122 Rdnr. 55.

506 *Klaus Tipke*, in: Tipke/Kruse, AO, § 122 Rdnr. 58.

507 Siehe *Klaus Tipke*, in: Tipke/Kruse, AO, § 122 Rdnrn. 58, 59.

508 Siehe *Roman Seer*, in: Tipke/Kruse, FGO, § 96 Rdnr. 37.

509 *BFH*, Urteil vom 14. März 1989 - VII R 75/85, BStBl. II 1989, 534 (535 ff.).

510 Siehe *Roman Seer*, in: Tipke/Kruse, FGO, § 96 Rdnr. 36.

511 Dazu *Friedrich E. Harenberg*, Der Anscheinsbeweis und seine Bedeutung für den Nachweis des Zugangs von Verwaltungsakten, DStR 1990, 236 (238 f.).
Ebenso *BFH*, Urteil vom 03. März 1993 - II R 11/90, BFH/NV 1994, 141 (142); Beschluss vom 26. Oktober 1998 - X B 117/98, BFH/NV 1999, 450; Beschluss vom 28. Januar 1993 – X B 80/92, BFH/NV 1994, 108 (108 f.); Urteil vom 23. Februar 1994 - X R 27/92, BFH/NV 1994, 768 (769); *Klaus Tipke*, in: Tipke/Kruse, AO, § 122 Rdnr. 58.

Zugang jedenfalls dann durchgreifende Indizwirkung zu, wenn beim Adressaten des Bescheides Verhältnisse bestehen, die den dortigen Zugang von Postsendungen bei normalem Postlauf gewährleisten[512]. Um den ihm obliegenden Nachweis des Zugangs eines Verwaltungsaktes zu führen, darf das Finanzamt den Beteiligten auffordern, die Richtigkeit seiner Behauptung, er habe den Verwaltungsakt nicht erhalten, an Eides statt zu versichern.[513] Dabei muss es aber die Ermessensgrenze des § 95 Abs. 1 S. 2 AO beachten[514].

b) Der Bekanntgabeadressat bestreitet den fristgerechten Zugang

Bestreitet der Bekanntgabeadressat den fristgerechten Zugang (den Zugang innerhalb der Dreitagefrist), so muss er, um Zweifel hervorzurufen, durch substantiierte Erklärungen darlegen, dass er nicht rechtzeitig in den Besitz des Schriftstücks gelangt ist.[515] Aus seinem schlüssigen Vorbringen oder den Umständen des Falles müssen sich Zweifel ergeben[516], etwa durch Poststempel des Umschlags, Eingangsvermerk oder Zeugen[517].

c) Der Nachweis des Tages der Aufgabe zur Post

Die beweisrechtliche Stellung der Finanzbehörde ist relativ schwach.[518] Sie hat oft schon Schwierigkeiten, den Tag der Aufgabe zur Post exakt nachzuweisen.[519] Das Gesetz schreibt im Unterschied zu § 17 VwZG a. F. nicht vor, dass der Aufgabetag aktenkundig zu machen ist.[520] Um den Tag der Aufgabe zur Post nachzuweisen, pfle-

512 *FG des Saarlandes*, Urteil vom 19. Dezember 1991 - 2 K 270/86 - rechtskräftig, EFG 1992, 573 (574 f.); a. A. *BFH*, Urteil vom 15. September 1994 - XI R 31/94, BStBl. II 1995, 41 (42).

513 *Bernhard Brockmeyer*, in: Klein, AO, § 122 Rdnr. 55.

514 *BFH*, Beschluss vom 11. Dezember 1985 - II B 43/85, BFH/NV 1986, 591 (592).

515 *Bernhard Brockmeyer*, in: Klein, AO, § 122 Rdnr. 53; *Klaus Tipke*, in: Tipke/Kruse, AO, § 122 Rdnr. 59.

516 *BFH*, Urteil vom 07. Februar 1962 - II 137/60 U, BStBl. II 1962, 496 (496); Urteil vom 05. Dezember 1974 - V R 111/74, BStBl. II 1975, 286 (287); Urteil vom 07. November 1985 - V R 3/83, BFH/NV 1987, 274 (275); Beschluss vom 21. Januar 1992 - VII B 234/91, BFH/NV 1992, 578; Beschluss vom 20. August 1992 - VI B 99/91, BFH/NV 1993, 75 (75 f.).

517 *Bernhard Brockmeyer*, in: Klein, AO, § 122 Rdnr. 55; *Klaus Tipke*, in: Tipke/Kruse, AO, § 122 Rdnr. 59.

518 *Klaus Tipke*, in: Tipke/Kruse, AO, § 122 Rdnr. 59.

519 *Klaus Tipke*, in: Tipke/Kruse, AO, § 122 Rdnr. 59.

520 *Klaus Tipke*, in: Tipke/Kruse, AO, § 122 Rdnr. 59.

gen die Behörden sich auf den Postaufgabevermerk („Zur Post am ...“), Eintragungen des Tages der Aufgabe zur Post in Sammellisten oder in ein Posteinlieferungsbuch zu berufen, aber auch auf das Datum des Steuerbescheides oder auf das Datum des Poststempels auf dem Briefumschlag.[521] Da der Postaufgabevermerk und die Eintragung in der Sammelliste jedoch in der Regel nicht von der Poststelle der Behörde stammen, ist das Datum des Vermerks oder der Eintragung nicht notwendig das wirkliche Datum der Aufgabe zur Post[522]. Posteinlieferungsbücher pflegt die Poststelle im Allgemeinen nicht zu führen.[523] Das Datum des Steuerbescheides ist oft auch nicht mit dem Postaufgabedatum[524] identisch.[525] Bei maschineller Bescheidausfertigung soll das ausgedruckte Aufgabedatum in der Regel einen für die Zugangsvermutung ausreichenden Beweis erbringen[526]. Sollten sich das Datum des Verwaltungsaktes und das Datum des Postaufgabevermerks oder der Eintragung in das Postaufgabebuch nicht decken, ist als Tag der Aufgabe zur Post das jüngere Datum anzunehmen[527]. Fallen Datum des Absendevermerks und Poststempeldatum auseinander, so gilt das Datum des Poststempels[528]. Auch sonst ist bei Aufklärungsschwierigkeiten auf das Datum des Poststempels zurückzugreifen.[529]

---

521 *Klaus Tipke*, in: Tipke/Kruse, AO, § 122 Rdnr. 59.

522 Siehe auch den Fall *BFH*, Urteil vom 26. April 1989 - I R 86/88, BStBl. II 1989, 695 (696 f.); *Klaus Tipke*, in: Tipke/Kruse, AO, § 122 Rdnr. 59.

523 *Klaus Tipke*, in: Tipke/Kruse, AO, § 122 Rdnr. 59.

524 Dazu ausführlich *Gerhard Rößler*, Beginn der Rechtsbehelfsfrist bei nach § 122 Abs. 2 AO bekannt gegebenen Steuerbescheiden, DStZ (A) 1979, 451 (451 ff.); siehe auch *BFH*, Urteil vom 19. Dezember 1984 - I R 7/82, BStBl. II 1985, 485 (485 f.).

525 *Klaus Tipke*, in: Tipke/Kruse, AO, § 122 Rdnr. 59.

526 *FG Hamburg*, Urteil vom 28. September 1978 - I 48/78 (VI), EFG 1979, 159 (160); *FG Düsseldorf*, Urteil vom 08. Juni 1979 - I 424/78 - rechtskräftig, EFG 1979, 578 (578 f.); siehe aber *FG München*, Urteil vom 08. April 1987 - I 50/84 E, U, EFG 1987, 438 (438 f.) zum in Bayern praktizierten Verfahren; kritisch *Gerhard Rößler*, Beginn der Rechtsbehelfsfrist bei nach § 122 Abs. 2 AO bekannt gegebenen Steuerbescheiden, DStZ (A) 1979, 451 (452) rechte Spalte; *Klaus Tipke*, in: Tipke/Kruse, AO, § 122 Rdnr. 59.

527 *FG Nürnberg*, Urteil vom 27. April 1978 - III 156/76 - rechtskräftig, EFG 1978, 575; siehe auch *Wolfgang Seybold*, Formell fehlerhafte Steuerbescheide, DStR 1982, 275 (277); *Klaus Tipke*, in: Tipke/Kruse, AO, § 122 Rdnr. 59.

528 *BFH*, Urteil vom 04. März 1977 - VI R 242/74, BStBl. II 1977, 523 (523 f.); *Klaus Tipke*, in: Tipke/Kruse, AO, § 122 Rdnr. 59.

529 *Klaus Tipke*, in: Tipke/Kruse, AO, § 122 Rdnr. 59.

d) Die ins Ausland übermittelten Steuerverwaltungsakte

Die Zugangsvermutung, im Bestreitensfalle aber auch die Beweisnot der Finanzbehörde erstreckt sich auch auf ins Ausland übermittelte Verwaltungsakte (§ 122 Abs. 2 Nr. 2 AO).[530] Jedoch gilt die Beweislastumkehr des § 123 AO, wenn die dort aufgeführten Tatbestandsmerkmale (Beteiligter ohne Wohnsitz oder gewöhnlichen Aufenthalt im Geltungsbereich der Abgabenordnung usw.) vorliegen[531].

II. Der Zeitpunkt der Bekanntgabe von mündlichen Steuerverwaltungsakten

Mündliche Verwaltungsakte[532], die im Steuerrecht nur ausnahmsweise vorkommen[533], können nicht anders als mündlich bekannt gegeben werden.[534] Häufigster Fall dürften Fristverlängerungen für die Abgabe von Steuererklärungen sein, die mündlich beantragt und mündlich gewährt werden. Dabei besteht auch die Möglichkeit einer fernmündlichen Bekanntgabe.[535]

Fraglich ist, wann ein mündlicher Verwaltungsakt wirksam wird. § 130 BGB regelt den Wirksamkeitseintritt empfangsbedürftiger Willenserklärungen nur für Erklärungen unter Abwesenden.[536] Für die mündlichen Verwaltungsakte könnten die für empfangsbedürftige Erklärungen unter Anwesenden im Zivilrecht geltenden Grundsätze Anwendung finden.

Das Zivilrecht versteht den Begriff „empfangsbedürftige Erklärung unter Anwesenden" nicht in seiner umgangssprachlichen Bedeutung.[537] Unter Einbeziehung des § 147 Abs. 1 BGB in den Verständniszusammenhang werden als Erklärungen unter Anwesenden diejenigen verstanden, die den Adressaten durch ein nicht dauerhaftes Medium, praktisch meist akustisch erreichen.[538] Dies kann unmittelbar im Gespräch

530 *Klaus Tipke*, in: Tipke/Kruse, AO, § 122 Rdnr. 63.
531 Siehe auch *Klaus Tipke*, in: Tipke/Kruse, AO, § 122 Rdnr. 63, § 123 Rdnrn. 1, 3.
532 *Klaus Tipke*, in: Tipke/Kruse, AO, § 119 Rdnrn. 9 f.
533 Häufigster Fall dürften Fristverlängerungen für die Abgabe von Steuererklärungen sein, die mündlich beantragt und mündlich gewährt werden.
534 *Klaus Tipke*, in: Tipke/Kruse, AO, § 122 Rdnr. 64.
535 *Klaus Tipke*, in: Tipke/Kruse, AO, § 122 Rdnr. 64.
536 *Hermann Dilcher*, in: von Staudinger, BGB, § 130 Rdnr. 9.
537 *Hermann Dilcher*, in: von Staudinger, BGB, § 130 Rdnr. 9.
538 *Hermann Dilcher*, in: von Staudinger, BGB, § 130 Rdnr. 9.

zwischen dem Erklärenden und dem Adressaten, aber auch über Fernsprecher oder durch die Worte eines Erklärungsboten geschehen.[539]

Demnach kann auf die im Zivilrecht für Erklärungen unter Anwesenden geltenden Grundsätze für die Bestimmung des Zeitpunktes des Wirksamwerdens von mündlichen Verwaltungsakten zurückgegriffen werden.

Im Zivilrecht werden diese Erklärungen als nicht verkörperte Willenserklärungen bezeichnet.[540] Im Gegensatz hierzu sind Erklärungen, die in einem Material verkörpert sind und (meist) auf eine optische Wahrnehmung des Adressaten abzielen, als verkörperte Willenserklärungen[541] einzuordnen.[542] Hierunter fallen alle schriftlich oder in anderen dauerhaften Zeichen niedergelegten Erklärungen.

Über den Wirksamkeitseintritt der nicht verkörperten empfangsbedürftigen Willenserklärungen trifft § 130 BGB keine Regelung. Die herrschende Meinung nimmt in analoger Anwendung des § 130 BGB, die nach *Hermann Dilcher* besser als Umkehrschluss zu § 130 BGB bezeichnet werden sollte, an, dass die Wirksamkeit mit der Vernehmung dieser Erklärungen eintritt[543]. Dazu muss der Empfänger die Erklärung akus-

539 *Hermann Dilcher*, in: von Staudinger, BGB, § 130 Rdnr. 9.

540 Gegen das Verständnis des § 130 BGB im Sinne einer Unterscheidung zwischen verkörperten und nicht verkörperten Willenserklärungen wenden sich insbesondere *Wolfgang Hefermehl*, in: Soergel, BGB, § 130 Rdnr. 2 und *Werner Flume*, Allgemeiner Teil des Bürgerlichen Rechts, 2. Band, Das Rechtsgeschäft, § 14 1, weil der Gesetzeswortlaut dem entgegenstehe. - Der Meinungsunterschied tritt vor allem in zwei Situationen hervor: Geht man nicht von verkörpterten und nicht verkörperten Willenserklärungen aus, so bedarf es bei der mündlichen Erklärung durch einen Erklärungsboten zum Wirksamkeitseintritt des Zugangs, weil der Erklärende und der Erklärungsempfänger als Abwesende im Sinne des § 130 BGB verstanden werden müssen; vgl. auch *Larenz/Wolf*, Allgemeiner Teil des Bürgerlichen Rechts, § 26 II 4 b). Dem steht jedoch entgegen, dass die Definition des in § 130 BGB geregelten Zugangs (vgl. *Hermann Dilcher*, in: von Staudinger, BGB, § 130 Rdnr. 21) auf einen Wirksamkeitseintritt ohne damit verbundene Kenntnisnahme des Adressaten vom Erklärungsinhalt abstellt. Wenn man die Vernehmung der vom Erklärungsboten dem Adressaten mündlich ausgerichteten Erklärung als „stärkste Form des Zugangs" verstehen will, beraubt man diesen Begriff der für ihn kennzeichnenden Besonderheit, den Wirksamkeitseintritt ohne damit verbundene Vernehmung zu bezeichnen. - Umgekehrt bleibt es bei der Unterscheidung zwischen verkörperten und nicht verkörperten Willenserklärungen hinsichtlich einer vom Erklärenden dem Adressaten von Hand zu Hand überreichten schriftlichen Erklärung für den Wirksamkeitseintritt bei dem durch die Überreichung erfüllten Zugangserfordernis, weil trotz Anwesenheit des Empfängers das Wirksamwerden der überreichten Erklärung nicht von einer inhaltlichen Kenntnisnahme abhängig gemacht werden kann. *Wolfgang Hefermehl*, in: Soergel, BGB, § 130 Rdnrn. 2, 20 zieht zur Erreichung dieses Ergebnisses § 130 BGB in analoger Anwendung heran (ebenso *Enneccerus/Nipperdey*, Allgemeiner Teil des Bürgerlichen Rechts, Band I 2, § 158 II B 1).

541 *Lehmann/Hübner*, Allgemeiner Teil des Bürgerlichen Gesetzbuches, § 32 II 3.

542 *Hermann Dilcher*, in: von Staudinger, BGB, § 130 Rdnr. 9.

543 *Lehmann/Hübner*, Allgemeiner Teil des Bürgerlichen Gesetzbuches, § 32 II 3 und III; ebenso *Wolfgang Hefermehl*, in: Soergel, BGB, § 130 Rdnrn. 2, 21; *Larenz/Wolf*, Allgemeiner Teil des Bürgerlichen Rechts, § 26 II 4 b); *Enneccerus/Nipperdey*, Allgemeiner Teil des Bürgerlichen Rechts, § 158 II B 1; *Hermann Dilcher*, in: von Staudinger, BGB, § 130 Rdnr. 14.

tisch oder bei Gesten optisch richtig aufgenommen haben, auch wenn er dem Aufgenommenen einen falschen Sinn beilegt.[544] Hat der Empfänger die Erklärung akustisch nicht vernehmen können, z. B. in Folge einer Störung im Fernsprecher, so tritt keine Wirksamkeit ein[545].

Demnach ist ein mündlicher Verwaltungsakt wirksam mündlich bekannt gegeben, wenn der Empfänger den Inhalt akustisch verstehen konnte.

Nach § 119 Abs. 2 S. 2 AO kann der Betroffene verlangen, dass ihm der mündliche Verwaltungsakt schriftlich bestätigt wird. Die Bestätigung steht dem schriftlichen Verwaltungsakt gleich.[546]

III. Der Zeitpunkt der Bekanntgabe von elektronischen Dokumenten

Von einem so genannten elektronischen Dokument[547] spricht man bei einem lediglich elektronisch existierenden und übermittelten Verwaltungsakt.[548] Zu welchem Zeitpunkt dem Empfänger das Risiko der Kenntnisnahme bei elektronisch übermittelten Dokumenten aufzubürden ist, ist völlig ungeklärt. Letztlich wird man die Frage einer gerechten Verteilung des Übermittlungsrisikos nicht ohne den Gesetzgeber beantworten können[549].

Ein elektronisch übermittelter Verwaltungsakt ist entsprechend § 130 Abs. 1 BGB als Erklärung unter Abwesenden zu werten.[550] Ob eine Mitteilung via Btx (Datex-J) oder Internet bereits die Voraussetzungen für die Bekanntgabe eines Verwaltungsaktes

---

544 *Hermann Dilcher*, in: von Staudinger, BGB, § 130 Rdnr. 14.

545 *Heinz Palm*, in: Erman, BGB, § 130 Rdnr. 18; *Dieter Medicus*, Allgemeiner Teil des BGB, Rdnr. 289; *Werner Flume*, Allgemeiner Teil des Bürgerlichen Rechts, 2. Band, Das Rechtsgeschäft, § 14 3 f; einschränkend für dem Erklärenden nicht erkennbare Hindernisse *Larenz/Wolf*, Allgemeiner Teil des Bürgerlichen Rechts, § 26 II 4 b).

546 *Klaus Tipke*, in: Tipke/Kruse, AO, § 122 Rdnr. 64.

547 *Paul Stelkens*, in: Stelkens/Bonk/Sachs, VwVfG, 5. Auflage, § 37 Rdnr. 64; *Alexander Roßnagel*, Digitale Signaturen im Rechtsverkehr, NJW-CoR 1994, 96 (96 ff.); zu der Vielfalt der zur Zeit angebotenen Kommunikationsmöglichkeiten und ihrer rechtlichen Zuordnungen siehe *Frank A. Koch*, Rechtsfragen der Nutzung elektronischer Kommunikationsdienste, BB 1996, 2049 (2049 ff.).

548 *Paul Stelkens*, in: Stelkens/Bonk/Sachs, VwVfG, 5. Auflage, § 37 Rdnr. 64.

549 Siehe *Paul Stelkens*, in: Stelkens/Bonk/Sachs, VwVfG, 5. Auflage, § 41 Rdnr. 32.

550 Wohl herrschende Meinung im allgemeinen Rechtsverkehr, siehe *Stefan Ernst*, Der Mausklick als Rechtsproblem - Willenserklärungen im Internet, NJW-CoR 1997, 165 (166). Noch in den Anfängen stehen Überlegungen, auch in der Behördenpraxis Telefon- oder Videokonferenzen einzusetzen vgl. allgemein *Christoph Hohenegg/Stefan Tauschek*, Rechtliche Problematik digitaler Signaturverfahren, BB 1997, 1541 (1541 ff.); insoweit wären verbindliche Erklärungen der Behördenvertreter als Erklärungen unter Anwesenden anzusehen.

erfüllt, ist noch nicht höchstrichterlich entschieden.[551] Problematisch ist nicht nur die Zugangsfrage, sondern vor allem die Authentizität.[552]

1. Die Übermittlung als elektronisches Dokument bei schriftlichen Steuerverwaltungsakten

Fraglich ist, ob bei schriftlichen Verwaltungsakten eine elektronische Übermittlung zulässig ist. Entscheidend dafür ist, ob der Begriff „schriftlich" eine herkömmliche Verkörperung eines Gedankeninhaltes in einem Schriftstück oder sonstigen Dokument voraussetzt.[553]

Für eine Verpflichtung zum Ausdruck des Verwaltungsaktes auf der Behördenseite sprechen die Gründe der Aktenvollständigkeit[554].

Früher war man der Ansicht, dass nur so der Verwaltungsakt verständlich und in seinem Inhalt festgelegt ist. Wenn auch nicht die strengen Anforderungen eines Urteils an einen derartigen Bescheid zu stellen sein sollten.[555] Man ging davon aus, dass allein die Angabe von Schlüsselzeichen eine urkundliche Festlegung des Inhalts unter Umständen nach etlicher Zeit, nicht (mehr) zulassen würde[556].

Heute werden elektronische Dateien Akten weitgehend gleichgestellt. Man ist dazu übergegangen viele Vorgänge überwiegend - allein - elektronisch bereitzuhalten.

---

551 Für Schriftsatz *BVerwG*, Beschluss vom 19. Dezember 1994 - 5 B 79/94, NJW 1995, 2121 (2121 f.); allgemein *Michael Ultsch*, Zugangsprobleme bei elektronischen Willenserklärungen, NJW 1997, 3007 (3007 ff.); *Christian Paefgen*, Forum: Bildschirmtext Herausforderung zum Wandel der allgemeinen Rechtsgeschäftslehre, JuS 1988, 592 (592 ff.).

552 Nach Abschluss dieser Dissertation haben die aufgeworfenen Fragen Regelungen in der Abgabenordnung (§ 87a AO) und im Verwaltungsverfahrensgesetz (§ 3a VwVfG) gefunden.

553 Vgl. *Paul Stelkens*, in: Stelkens/Bonk/Sachs, VwVfG, 5. Auflage, § 37 Rdnr. 34; *ders./Herbert Schmitz*, in: a. a. O., § 22 Rdnr. 32; *H. J. Rosenbach*, Elektronische Datenverarbeitung und das Verwaltungsverfahrensrecht?, NWVBl. 1997, 326 (328); weitergehend *Helmut Redeker*, Der elektronisch übermittelte Verwaltungsakt, NVwZ 1986, 545 (546); zu Unklarheiten *Paul Stelkens*, in: a. a. O., § 37 Rdnr. 73; zur Benutzung von Telekopie und Telefax a. a. O. § 41 Rdnrn. 28 ff. m. w. N.; allgemein zum Regelungsbedarf des Gesetzgebers bei elektronischen Willenserklärungen *Christoph Hohenegg/Stefan Tauschek*, Rechtliche Problematik digitaler Signaturverfahren, BB 1997, 1541 (1541 ff.); *Klaus-J. Melullis*, Zum Regelungsbedarf bei der elektronischen Willenserklärung, MDR 1994, 109 (109 ff.); zu der Vielfalt elektronischer Kommunikationsmöglichkeiten *Frank A. Koch*, Rechtsfragen der Rücknahme von Verwaltungsakten, BB 1996, 2049 (2049 ff.).

554 *Paul Stelkens*, in: Stelkens/Bonk/Sachs, VwVfG, 5. Auflage, § 37 Rdnrn. 63, 35; *ders./Herbert Schmitz*, in: a. a. O., § 9 Rdnrn. 53 f.

555 Vgl. dazu *VGH Kassel*, Beschluss vom 26. Juni 1984 - 10 UE 1528/84, NJW 1984, 2429.

556 Siehe auch *Paul Stelkens*, in: Stelkens/Bonk/Sachs, VwVfG, 5. Auflage, § 37 Rdnrn. 63.

Ging früher die Urschrift verloren oder wurde sie nicht zu den Akten genommen, war es eine Frage des Freibeweises, ob sie erlassen worden war.[557] Um der Authentizität zu entsprechen, werden heute Dauerprotokolle, die datenschutzrechtlich ohnehin vorgeschrieben sind, geführt. Damit lässt sich bei möglichen Verlusten von Datenträgern entschieden sicherer Beweis darüber führen, welcher Gedanke in dem Verwaltungsakt verkörpert war.

Demnach muss man davon Abstand nehmen, die Behörde zum Ausdruck des Verwaltungsaktes zu verpflichten. Zumal das lediglich zu einem Aktenberg führt, bei dem ein Verwaltungsakt nicht annähernd so flexibel bearbeitet werden kann, wie ein auf einem Datenträger gespeicherter. Ein schnellerer Zugriff, eine Suche anhand von Schlagwörtern, etc. sind so gewährleistet.

Auf der Empfängerseite genügt die Möglichkeit zum Ausdruck. Das Schriftstück selbst kann nicht mehr Grundlage der Übermittlung sein.

Folglich sollte eine elektronische Übermittlung bei schriftlichen Verwaltungsakten inzwischen zulässig sein, vor allem wenn sich der Empfänger E-Mail-Diensten angeschlossen hat und das der Behörde bekannt ist. Mit der Bekanntgabe der E-Mail-Adresse hat der Empfänger zumindest konkludent seine insoweit erforderliche Zustimmung erklärt. Gerade in der heutigen Umbruchsituation, in der nahezu jeder Haushalt über einen Computer verfügt und das Internet für jedermann an Attraktivität gewinnt, sollten die Behörden reagieren. Auch eine Übermittlung mittels Mailbox[558] muss gewährleistet werden und nicht nur als eine Ersatzübermittlung. Zwar ist es nicht die Übermittlung des Schriftstücks, weil das Schriftstück selbst - anders als bei dem Telefax und der Telekopie - nicht Grundlage der Übermittlung ist, sondern sein Inhalt, der wie eine Abschrift über die Tastatur in den Kommunikationsweg eingegeben wird. Dennoch sollten dem Steuerpflichtigen diese modernen Kommunikationsformen zugestanden werden.

Zwar kann ein Scanner nur als Abschriftsinstrument gewertet werden, jedoch sind auch Mischformen denkbar, z. B. die Versendung als Btx-Mitteilung, die von dem Btx-Dienst in ein Telefax umgewandelt wird.[559] Mit diesem Fall vergleichbar ist der Fall eines auf einem Computer erstellten Textes, der mittels Modem auf das Empfängerge-

557 Für Bußgeldbescheid *BGH*, Beschluss vom 05. Februar 1997 - 5 StR 249/96, NJW 1997, 1380 (1381).

558 Zum Begriff *Franz Palm/Rudolf Roy*, Mailboxen: Staatliche Eingriffe und andere rechtliche Aspekte, NJW 1996, 1791 (1791 f).

559 *OLG Düsseldorf*, Beschluss vom 07. März 1995 - 3 Ws 106/107/95, NJW 1995, 2177; *Paul Stelkens*, in: Stelkens/Bonk/Sachs, VwVfG, 5. Auflage, § 41 Rdnr. 32.

rät gefaxt wird[560]. Werden sie nur noch auf der Empfängerseite ausgedruckt, stellt sich für die Schriftform die Frage, ob es auf die Verkörperung des Gedankens in Schriftzeichen auf der Absender- oder Empfängerseite ankommt[561]. Jedenfalls stellt nach bisheriger allgemeiner Auffassung die Speicherung des Textes allein noch keine die Schriftform ersetzende Verkörperung dar.

Es kann aber nicht darauf ankommen, ob der Empfänger seine z. B. E-Mail ausdruckt. Das ist alleine ihm überlassen. Auf einen Ausdruck bei ihm abzustellen, um die Schriftform zu bejahen, ist nicht mehr mit dem heutigen technischen Stand zu vereinbaren. Selbst der Gesetzgeber hat auf die technische Entwicklung reagiert, indem er soeben § 146 AO hinsichtlich der Buchführung angepasst hat. Mit Sicherheit wird eine Anpassung der Form des § 119 AO nicht mehr lange auf sich warten lassen. Das von der Behörde benutzte Medium bestimmt demnach die Form des Verwaltungsaktes und damit die Form seines Zugangs.

Da die Form des Verwaltungsaktes und damit des Zugangs nicht nur im Interesse des Adressaten, sondern auch im Allgemein- und Drittinteresse geregelt ist, sind diese Übertragungswege allein deshalb zulässig, weil sich der Adressat nach dem von ihm genutzten Briefkopf den Diensten angeschlossen hat.

2. Die Übermittlung als elektronisches Dokument bei mündlichen Steuerverwaltungsakten

Grundsätzlich müsste dies auch für einen mündlichen Verwaltungsakt gelten, da auch insoweit der mündlich gesprochene Text erst über die Tastatur „aufgeschrieben" werden muss, es sei denn, es würde eine Sprachbox[562] benutzt. Im letzteren Fall ähnelt die Übermittlung auf der Seite des Erklärenden der telefonischen Übermittlung. Gleichwohl dürften anstelle mündlicher Verwaltungsakte Mailboxübertragungen möglich sein. Diese Verwaltungsakte lassen einen Ersatz zu, der den flüchtigen mündlichen Ausdruck festhält, wie der jederzeit mögliche Ersatz des mündlichen Erlasses durch einen schriftlichen Erlass zeigt. Der Gedanke aus § 119 Abs. 2 S. 2 AO verdeutlicht, dass es auch Zwischenlösungen gibt. Jedenfalls kann ein Verwaltungsakt bei dieser

---

560 *Paul Stelkens*, in: Stelkens/Bonk/Sachs, VwVfG, 5. Auflage, § 41 Rdnr. 32; § 37 Rdnr. 51.

561 *Paul Stelkens*, in: Stelkens/Bonk/Sachs, VwVfG, 5. Auflage, § 41 Rdnr. 32; § 37 Rdnr. 64.

562 Zum Begriff *Franz Palm/Rudolf Roy*, Mailboxen: Staatliche Eingriffe und andere rechtliche Aspekte, NJW 1996, 1791 (1791 f).

Kommunikationsform als ein in anderer Weise erlassener Verwaltungsakt i. S. d. § 119 Abs. 2 S. 1 AO gewertet werden[563].

3. Der Zugang

Unsicher ist insoweit nur, ob der Zugang bereits mit der Ablage der elektronischen Nachricht im Speicher des zentralen Servers des Mediendienstes oder erst mit dem Abrufen durch den Adressaten zur Ansicht auf dessen Bildschirm erfolgt oder erst, wenn sich der Empfänger die Nachricht ausdrucken lässt.

Früher warfen die Empfangseinrichtungen - wie der Briefkasten und das Telefon - keine technischen Probleme hinsichtlich ihrer Zuverlässigkeit auf. Die geglückte Überwindung der Transportstrecke, insbesondere das Gelangen der Erklärung in die Empfangseinrichtungen, eröffnete regelmäßig[564] die „Möglichkeit der Kenntnisnahme". Dieses Erfordernis vermochte in den meisten Fällen griffig zu verdeutlichen, in welche Beziehung die Erklärung zu dem Empfänger treten muss, ohne dem Erklärenden dadurch erheblich mehr als das Transportrisiko aufzubürden.

Bei der Nutzung der modernen Telekommunikationsmittel hat sich diese Normsituation stark gewandelt. Die Überwindung des Raumes ist bei ihrer Nutzung ohne zeitliche Streckung des Erklärungstatbestandes möglich.[565] Verzögerungen auf dem Transport gehören der Vergangenheit an.[566] Problematisch ist indes ihre Funktionstüchtigkeit. Sende- und Empfangseinrichtungen moderner Telekommunikationsmittel wie etwa Computer sind erheblich komplexer als Briefkästen oder das Telefon und unterliegen vergleichsweise häufiger Störungen.[567] Da zudem die Übermittlung in einer für Menschen optisch unverständlichen Form erfolgt, vermittelt die Überwindung der Transportstrecke und der Eingang der Signale in das Empfangsgerät allein noch

563 *Paul Stelkens*, in: Stelkens/Bonk/Sachs, VwVfG, 5. Auflage, § 37 Rdnr. 37.

564 Anders z. B., wenn der Briefkasten mit Wasser gefüllt ist und die Erklärung dadurch bei Einwurf unleserlich wird.

565 *Ulrich Burgard*, Das Wirksamwerden empfangsbedürftiger Willenserklärungen im Zeitalter moderner Telekommunikation, AcP 195 (1995), 74 (96).

566 *Christian Paefgen*, Bildschirmtext aus zivilrechtlicher Sicht, S. 18, meint gar, es bestünde kein Transportrisiko mehr. Das ist indes nicht ganz richtig. Denn es besteht ein gewisses Verstümmelungsrisiko.

567 Deswegen beschränken Anbieter elektronischer Handels- oder Dienstleistungssysteme oft ihre Haftung für die Funktionstüchtigkeit ihrer technischen Anlagen auf Vorsatz und grobe Fahrlässigkeit (dazu *Uwe Blaurock*, Die Entwicklung neuer Technologie auf dem Finanzsektor, S. 135 f.), z. B. Nr. 9 der Sonderbedingungen der Kreditinstitute für Btx; Siehe auch § 6 Anhang BörsenO DTB.

keineswegs die „Möglichkeit der Kenntnisnahme". Diese setzt vielmehr voraus, dass das Empfangsgerät die eingehenden Signale ordnungsgemäß speichert und abrufbar macht.

Verlangt man für das Wirksamwerden der Erklärung, dass der Empfänger die „Möglichkeit der Kenntnisnahme" hat, bedeutet dies somit, dass dem Erklärenden über den Abschluss des Transports hinaus Gefahren aus der Sphäre des Empfängers aufgebürdet werden. Diesem Ergebnis hilft auch die herrschende Lehre von den Zugangshindernissen[568] nicht ab. Denn sie ändert nichts daran, dass nach ganz herrschender Ansicht kein Zugang und demzufolge kein Risikoübergang gegeben ist, wenn etwa Daten wegen Fehlerhaftigkeit der Empfänger-EDV nicht abgerufen werden können.[569]

Mit anderen Worten offenbaren die modernen Kommunikationsmittel ein bisher nur selten auftretendes Problem: Das Erfordernis der „Möglichkeit der Kenntnisnahme" verlagert den Risikoübergang über den Abschluss des Transports hinaus in die Sphäre des Empfängers, sodass der Erklärende nicht nur die Risiken seiner Sphäre und die des Transports, sondern auch noch Risiken aus der Sphäre des Empfängers zu tragen hat, sofern die Erklärung in dessen Herrschaftsbereich gelangt ist.[570] Diese Risikoausdehnung zu Lasten des Erklärenden kann nicht mit den Besonderheiten der modernen Kommunikationsmittel gerechtfertigt werden.[571] Denn es ist der Empfänger, der den Verkehr mit ihnen durch Angabe einer Adresse gestattet hat. Zudem dienen sie der Beschleunigung der Kommunikation, sodass, wenn dieser Vorteil auch für den Rechtsverkehr erhalten bleiben soll, vom Absender nicht verlangt werden kann, sich bei dem Empfänger womöglich unter Heranziehung von Zeugen zu vergewissern, ob ein Dokument und der auf ihm „verkörperte" Verwaltungsakt tatsächlich störungsfrei eingegangen ist.[572] Schließlich hat das Erfordernis der „Möglichkeit der Kenntnisnah-

---

568 Ausführlich dazu *Ulrich Burgard*, Das Wirksamwerden empfangsbedürftiger Willenserklärungen im Zeitalter moderner Telekommunikation, AcP 195 (1995), 74 (111 ff).

569 So nimmt *Matthias Kuhn*, Rechtshandlungen mittels EDV- und Telekommunikation, S. 94, an, dass eine von der Empfangseinrichtung verfälschte Erklärung nicht zugegangen sei, weil es unbillig wäre „den Erklärenden an die im Bereich des Empfängers veränderte Erklärung vorläufig zu binden und ihn auf den Weg der Anfechtung nach § 120 BGB mit der Folge der Schadensersatzpflicht aus § 122 BGB zu verweisen." Diese Überlegung zeigt exemplarisch den Widersinn einer Ansicht, die die Funktionsfähigkeit der Empfangseinrichtung dem Erklärenden aufbürdet.

570 *Ulrich Burgard*, Das Wirksamwerden empfangsbedürftiger Willenserklärungen im Zeitalter moderner Telekommunikation, AcP 195 (1995), 74 (97).

571 *Ulrich Burgard*, Das Wirksamwerden empfangsbedürftiger Willenserklärungen im Zeitalter moderner Telekommunikation, AcP 195 (1995), 74 (97).

572 Zutreffend *Rainer Linke*, EWiR 1993, § 130 BGB 2/93, 547.

me" in manchen Fällen auch bei herkömmlichen Kommunikationsmitteln eine Risikoausdehnung zu Lasten des Erklärenden zum Ergebnis.[573]

Allerdings steht das Erfordernis der „Möglichkeit der Kenntnisnahme" im Widerspruch zu dem in § 130 Abs. 1 S. 1 BGB zum Ausdruck kommenden Prinzip der Zurechnung nach Risikosetzung und -beherrschung bzw. dem Sphärengedanken[574]. Methodologisch ist die herkömmliche Auslegung des Zugangs daher wegen „Unvereinbarkeit mit „Basis"- oder „Prüfsätzen"[575] abzulehnen.

Uwe John gebührt der Verdienst, aufgezeigt zu haben, dass ein Zusammenhang zwischen der Möglichkeit der Kenntnisnahme und einer zuverlässigen und abrufbaren Speicherung der Erklärung besteht.[576] Er vertritt die Ansicht, dass eine Willenserklärung u. a. dann wirksam wird, „wenn sie aus der Sicht eines sorgfältigen Erklärenden ... zuverlässig und für den Empfänger zugänglich gespeichert ist".[577]

Entgegen der ganz überwiegenden Meinung in Rechtsprechung und Lehre hat der Empfänger somit gemäß § 130 Abs. 1 S. 1 BGB nicht nur das Kenntnisnahmerisiko, sondern auch das Speicher- und Abrufrisiko zu tragen.

Entsprechend dieser Risikoverteilung ist eine Willenserklärung zugegangen, wenn sie vollständig in den Bereich des Empfängers gelangt ist, und zwar derart, dass ihre Speicherung nur noch von dem Empfänger abhängt, der Empfänger also die „Möglichkeit der Speicherung" hat.[578]

Folgt man der hier vertretenen Ansicht, so setzt der Zugang die Möglichkeit der Speicherung voraus. Nun ist kein Fall denkbar, bei dem die Erklärung abgerufen werden kann, ohne dass nicht zumindest gleichzeitig die Möglichkeit besteht, die Erklärung zu speichern. Man kann daher sagen, dass die Erklärung zumindest immer schon

---

573 *Ulrich Burgard,* Das Wirksamwerden empfangsbedürftiger Willenserklärungen im Zeitalter moderner Telekommunikation, AcP 195 (1995), 74 (98).

574 Siehe *Ulrich Burgard,* Das Wirksamwerden empfangsbedürftiger Willenserklärungen im Zeitalter moderner Telekommunikation, AcP 195 (1995), 74 (100).

575 *Claus-Wilhelm Canaris*, Funktion, Struktur und Falsifikation juristischer Theorien, JZ 1993, 377 (385).

576 *Uwe John*, Grundsätzliches zum Wirksamwerden empfangsbedürftiger Willenserklärungen, AcP 184 (1994), 385 (403 ff.).

577 *Uwe John*, Grundsätzliches zum Wirksamwerden empfangsbedürftiger Willenserklärungen, AcP 184 (1994), 385 (412).

578 Im Ergebnis ähnlich *Stefan Friedmann*, Bildschirmtext und Rechtsgeschäftslehre, Diss. Köln 1986, S. 27; *Wolfgang Fritzmeyer/Sven-Erik Heun*, Rechtsfragen des EDI, CR 1992, 129 (130); *Sven-Erik Heun*, Die elektronische Willenserklärung, CR 1994, 595 (598); *Axel Tschentscher*, Beweis und Schriftform bei Telefaxdokumenten, CR 1991, 141 (148) sowie in der Tendenz nunmehr *BGH*, Urteil vom 07. Dezember 1994 - VIII ZR 153/93.

dann in den Bereich des Empfängers gelangt ist, wenn dieser die Erklärung abrufen oder - bildlicher gesprochen - auf die Erklärung zugreifen kann.[579]

Dementsprechend verlangt *Uwe John*, dass die Erklärung in den „Abrufbereich" gelangt sein muss.[580] Dies ist jedoch noch zu eng. In den Abrufbereich muss sie nämlich nur gelangen, wenn die Mitwirkungshandlungen der Speicherung und des Abrufens zusammenfallen.[581] Umgekehrt sind ohne weiteres Fälle denkbar, in denen zwar die Möglichkeit der Speicherung besteht, gleichwohl die Erklärung nicht abgerufen werden kann. Man denke nur an einen Defekt der EDV des Empfängers.[582]

Abzustellen ist daher auf das Gelangen der Erklärung in den „Aufnahmebereich". Denn dieser Begriff bringt zum einen zum Ausdruck, dass der Bereich objektiv bestimmt oder normalerweise geeignet sein muss, eine Erklärung aufzunehmen und dadurch zu speichern.[583] Wird eine Erklärung, um das Beispiel von *Hermann Dilcher*[584] aufzugreifen, unter der Tür durchgeschoben und verschwindet sie unter dem Teppich dahinter oder wird eine Erklärung dem Empfänger unbemerkt zugesteckt, findet daher noch kein Risikoübergang statt. Zum anderen beinhaltet er das Bild des Zugreifens, macht also deutlich, dass eine Erklärung spätestens dann in den Bereich des Empfängers gelangt ist, wenn dieser sie abrufen kann. Zum Dritten erscheint der Begriff „Aufnahmebereich" auch in Hinblick auf mündliche Erklärungen passend, spricht man doch nicht nur von der „Aufnahme" in das Gedächtnis, eines Protokolls oder auf einen Tonträger, sondern auch von der „Aufnahme" als einen Ort, an dem etwas erfasst, aufgezeichnet, registriert wird.

Diese Risikoverteilung entspricht im Grunde der herrschenden Meinung bei Erklärungen mittels Empfangsboten. Hat dieser nämlich die Erklärung entgegengenommen, kommt es nach heute allgemeiner Meinung für das Wirksamwerden der Erklärung nicht mehr darauf an, ob er sie vergisst, behält oder verspätet weiterleitet,[585] obwohl doch nur im letzteren Fall dem Empfänger nachträglich die Möglichkeit der Kenntnis-

579 *Ulrich Burgard*, Das Wirksamwerden empfangsbedürftiger Willenserklärungen im Zeitalter moderner Telekommunikation, AcP 195 (1995), 74 (102).

580 *Uwe John*, Grundsätzliches zum Wirksamwerden empfangsbedürftiger Willenserklärungen, AcP 184 (1994), 385 (404).

581 *Ulrich Burgard*, Das Wirksamwerden empfangsbedürftiger Willenserklärungen im Zeitalter moderner Telekommunikation, AcP 195 (1995), 74 (102).

582 Vgl. auch *VGH Mannheim*, Beschluss vom 02. Dezember 1993 - A 16 S 2083/93, NJW 1994, 538 (538).

583 *Ulrich Burgard*, Das Wirksamwerden empfangsbedürftiger Willenserklärungen im Zeitalter moderner Telekommunikation, AcP 195 (1995), 74 (103).

584 *Hermann Dilcher*, in: von Staudinger, BGB, § 130 Rdnr. 23.

585 Statt aller: *Dieter Medicus*, Allgemeiner Teil des Bürgerlichen Gesetzbuches, Rdnr. 285.

nahme verschafft wird.[586] Die Feststellung, der Empfangsbote sei „personifizierte Empfangseinrichtung"[587] des Adressaten, kann daher umgekehrt in gleicher Weise Geltung beanspruchen.[588] Sowenig Versäumnisse des Empfangsboten, sowenig hindern Versäumnisse beim Abruf das Wirksamwerden der Erklärung.[589]

Demzufolge gelten elektronische Dokumente in dem Zeitpunkt als zugegangen, in dem sie im Speicher des zentralen Servers des Mediendienstes abgelegt werden.

In den Fällen, in denen nach der hier vertretenen dogmatischen Linie ein Zugang erfolgt ist, gehen alle Fehler, die nach der Speicherung des Steuerverwaltungsaktes auf dem Account des Steuerpflichtigen auftreten, zu Lasten von diesem.

Er kann bei Versäumung von Fristen dann allenfalls die Wiedereinsetzung in den vorigen Stand gemäß § 110 AO beantragen, sofern Wiedereinsetzungsgründe vorliegen und vom Steuerpflichtigen schlüssig dargelegt werden.

Die Frage, ob mit einer Leerung des elektronischen Briefkastens außerhalb der normalen Geschäftszeiten gerechnet werden kann, wird im Privatrechtsverkehr verneint.[590] Benutzt die Behörde diesen Weg, müsste sie hiernach einen späteren Zugang erst dem nächsten Tag zurechnen, weil man bei Versendung einer Erklärung per E-Mail normalerweise nicht die Kenntnisnahme zur Nachtzeit erwarten kann, wenn nicht ausnahmsweise rund um die Uhr oder zur Nachtzeit gearbeitet wird.[591]

Eine andere Frage ist, ob es zweckmäßig ist, dass der Erklärende diesen Übermittlungsweg geht. Da er, insbesondere bei Störungen des Gerätes auf der Empfängerseite nicht auf ein Absendeprotokoll - insbesondere bei E-Mails - zurückgreifen kann, da ihm nach herrschender Meinung keine Beweiskraft für den Zugang zukommt. Es empfiehlt sich, wenn es die Umstände erlauben, in entsprechender Anwendung des § 119

---

586 *Ulrich Burgard*, Das Wirksamwerden empfangsbedürftiger Willenserklärungen im Zeitalter moderner Telekommunikation, AcP 195 (1995), 74 (105).

587 *BGH*, Urteil vom 15. März 1989 - VIII ZR 303/87, NJW-RR 1989, 757 (758); *Dorothee Einsele*, in: Münchener Kommentar, BGB, § 130 Rdnr. 25; abweichend *BAG*, Urteil vom 11. November 1992 - 2 AZR 328/92, NJW 1993, 1093 (1094) mit abl. Anmerkung *Günter Christian Schwarz*, Kein Zugang bei Annahmeverweigerung des Empfangsboten?, NJW 1994, 891 (891 ff.).

588 Zur Gleichstellung von Computern und Erfüllungsgehilfen vgl. *Claus-Wilhelm Canaris*, Bankvertragsrecht, Erster Teil, Rdnr. 367 m. w. N..

589 *Ulrich Burgard*, Das Wirksamwerden empfangsbedürftiger Willenserklärungen im Zeitalter moderner Telekommunikation, AcP 195 (1995), 74 (105).

590 *Michael Ultsch*, Zugangsprobleme bei elektronischen Willenserklärungen, NJW 1997, 3007 (3007 ff.); *Stefan Ernst*, Der Mausklick als Rechtsproblem - Willenserklärungen im Internet, NJW-CoR 1997, 165 (166).

591 *Larenz/Wolf*, Allgemeiner Teil des Bürgerlichen Rechts, § 26 Rdnr. 22.

Abs. 2 S. 2 AO schriftlich oder per Telefax eine Bestätigung des so übermittelten Verwaltungsaktes nachzusenden oder vom Empfänger zu erbitten[592]. Darüber hinaus empfiehlt *Friedrich von Zezschwitz* sogar Rückbestätigung, um den Zugang des Verwaltungsaktes sicher zu erkennen.[593]

IV. Die Folgen von Bekanntgabemängeln

Ein Verwaltungsakt, der inhaltlich richtig und genügend bestimmt, aber fehlerhaft bekannt gegeben worden ist, ist außer in den Fällen der irrtümlichen Absendung nicht etwa nichtig, sondern schlicht gegenüber dem Inhaltsadressaten noch nicht wirksam (§ 124 Abs. 1 S. 1 AO).

1. Die Heilung durch Einspruchsentscheidung

Der in der fehlerhaften Bekanntgabe eines Steuerbescheides liegende Mangel, der seine Unwirksamkeit bewirkt, kann durch die fehlerfreie Bekanntgabe einer nachfolgenden Einspruchsentscheidung geheilt werden[594].

2. Die Behebung des Bekanntgabemangels während des finanzgerichtlichen Verfahrens

Das Finanzamt hat auch noch während des finanzgerichtlichen Verfahrens die Möglichkeit, einen Bekanntgabemangel zu beheben[595].

---

592 *Paul Stelkens*, in: Stelkens/Bonk/Sachs, VwVfG, 5. Auflage, § 41 Rdnr. 32; § 37 Rdnrn. 40, 64.

593 *Friedrich von Zezschwitz*, 28. Tätigkeitsbericht, S. 80 ff.

594 *BFH*, Urteil vom 18. Dezember 1991 - XI R 42, 43/88, BStBl. II 1992, 585 (586); Urteil vom 16. Mai 1990 - X R 147/87, BStBl. II 1990, 942 (943); Urteil vom 14. November 1990 - II R 255/85, BStBl. II 1991, 49 (51) („ex nunc"). Ob dies für jede Einspruchsentscheidung gilt oder nur für solche, die den Inhalt des (wirkungslosen) Bescheides mit all seinen Essentialia wiedergeben; ist offen. Heilung tritt nicht ein, wenn der Einspruch als unzulässig verworfen wird; *BFH*, Urteil vom 25. Januar 1994 - VIII R 45/92, BStBl. II 1994, 603 (605).
Wolfgang Jakob, Abgabenordnung, Rdnr. 341; *Roman Seer*, in: Tipke/Lang, Steuerrecht, § 21 Rdnr. 82.

595 Siehe *BFH*, Urteil vom 17. Oktober 1989 - VII R 77/88, BStBl. II 1990, 44 (45); Urteil vom 19. Mai 1983 - IV R 125/82, BStBl. II 1984, 15 (17); Urteil vom 08. Januar 1991 - VII R 111/89, BFH/NV 1992, 4 (4 f.); *Klaus Tipke*, in: Tipke/Kruse, AO, § 122 Rdnr. 14.

3. Der Bekanntgabeadressat ist im ursprünglichen Bescheid richtig, in der Einspruchsentscheidung unrichtig bezeichnet

Ist der Bekanntgabeadressat im ursprünglichen Verwaltungsakt richtig, in der Einspruchsentscheidung aber unrichtig bezeichnet, so ist das Einspruchsverfahren objektiv noch nicht abgeschlossen, folglich wegen § 44 FGO die Klage regelmäßig unzulässig.[596] Der Mangel kann jedoch nach herrschender Meinung geheilt werden, wenn bis zum Schluss der letzten mündlichen Verhandlung eine wirksame Einspruchsentscheidung an den Kläger als richtigen Adressaten ergeht[597]. Nachgeholt werden kann nicht nur eine bisher überhaupt noch nicht ergangene Einspruchsentscheidung, sondern auch eine fehlerhaft adressierte (Inhaltsadressat falsch) oder sonst fehlerhaft bekannt gemachte Entscheidung, die dem Kläger gegenüber noch nicht wirksam geworden ist[598].

596 *Klaus Tipke*, in: Tipke/Kruse, AO, § 122 Rdnr. 14.

597 *Klaus Tipke*, in: Tipke/Kruse, AO, § 122 Rdnr. 14.

598 Siehe *Reinhard Nothnagel*, Die Bekanntgabe von Verwaltungsakten im Steuerrechtsverhältnis, Diss. Köln 1983, S. 35 ff.; *Klaus Tipke*, in: Tipke/Kruse, AO, § 122 Rdnr. 14.

Zwischenergebnis

Nach § 124 Abs. 1 AO wird der Verwaltungsakt in dem Zeitpunkt wirksam, in dem er bekannt gegeben wird. Um eine adäquate Verteilung des Übermittlungsrisikos zu gewährleisten, muss die Möglichkeit der Kenntnisnahme durch den Inhaltsadressaten genügen.[599] Von nun an ist der Verwaltungsakt wirksam.

Rechtswirksamkeit oder Rechtswirkung entfaltet er gegenüber demjenigen, für den er seinem Inhalt nach bestimmt ist oder gegenüber (anderen) Betroffenen[600]. Wer durch einen wirksamen Verwaltungsakt beschwert (§ 350 AO) oder in seinen Rechten verletzt ist (§ 40 Abs. 2 FGO), kann ihn anfechten. Hierfür ist nicht erforderlich, dass der Betroffene Adressat ist. Fristen gegen ihn beginnen allerdings erst mit Wirksamkeit des Verwaltungsaktes zu laufen.

Durch die Wirksamkeit des Verwaltungsaktes treten für die Verwaltungsbehörde ebenfalls Rechtswirkungen ein.[601] Die Behörde ist nunmehr an den eigenen Verwaltungsakt gebunden und kann ihn in der Regel nicht mehr frei zurücknehmen, widerrufen oder ändern[602].

Die Wirksamkeit löst bei vollziehbaren Verwaltungsakten regelmäßig die Vollziehbarkeit aus[603], es sei denn, diese ist ausdrücklich aufgeschoben.[604] Die Vollziehung kann jedoch nach § 361 AO bzw. § 69 FGO ausgesetzt werden.

---

599 *RG*, Urteil vom 14. April 1920 - I 275/19, RGZ 99, 21 (23); Urteil vom 10. November 1933 - VII 192/33, RGZ 142, 402 (407); *LAG Hamm*, Urteil vom 08. Juni 1967 - 2 Sa 742/66, DB 1967, 1272; *LG Wiesbaden*, Urteil vom 06. Januar 1975 - 1 S 118/74, JZ 1975, 668; *Wolfgang Hefermehl*, in: Soergel, BGB, § 130 Rdnr. 8; *Larenz/Wolf*, Allgemeiner Teil des Bürgerlichen Rechts, § 26 II 3 b; *Lehmann/Hübner*, Allgemeiner Teil des Bürgerlichen Rechts, § 32 II 2; *Enneccerus/Nipperdey*, Allgemeiner Teil des Bürgerlichen Rechts, Band I 2, § 158 II A 1; *Ernst Klingmüller*, Zugang von Willenserklärungen bei verwaister Wohnung, VersR 1967, 1109 (1110); *Hermann Dilcher*, in: von Staudinger, BGB, § 130 Rdnr. 21.

600 *Klaus Tipke*, in: Tipke/Kruse, AO, § 124 Rdnr. 16.

601 *Klaus Tipke*, in: Tipke/Kruse, AO, § 124 Rdnr. 2.

602 Siehe *Heinrich Wilhelm Kruse*, in: Tipke/Kruse, AO, Vor § 130.

603 Die Vollziehbarkeit darf nicht mit der Vollstreckbarkeit verwechselt werden, zu der es noch der Bekanntgabe eines Leistungsgebots bedarf, siehe *Heinrich Wilhelm Kruse*, in: Tipke/ Kruse, AO, § 254 Rdnrn. 4 ff., 15.

604 *Klaus Tipke*, in: Tipke/Kruse, AO, § 124 Rdnr. 3.

Des Weiteren ist die Bekanntgabe für im Verwalt ngsakt angeordnete aufgeschobene Rechtswirkungen Wirksamkeitsvoraussetzung.[60] Die Rechtswirkungen können sich unter Umständen rückwirkend auf die Zeit vor dei Bekanntgabe erstrecken[606].

Beispiel:

Zinslauf ab gesetzlich vorgesehenem Zeitpunkt, nicht erst at Festsetzung.

Vom wirksamen Verwaltungsakt geht eine Tatbestandsw ·kung aus, d. h., dass sein Ausspruch von nicht betroffenen Dritten bzw. anderen Be 1örden oder nicht zur Entscheidung über den Verwaltungsakt berufenen Gerichten zu respektieren ist[607], bei Messbescheiden auch von der Behörde selbst.

Nach § 124 Abs. 2 AO bleibt der Verwaltungsakt wirk am, solange und soweit er nicht zurückgenommen, widerrufen, anderweitig aufgehc)en worden ist oder sich durch Zeitablauf oder auf andere Weise erledigt hat[608]. Die ;e Regel gilt grundsätzlich auch für rechtswidrige Verwaltungsakte.[609] Sie gilt nicht fül nichtige Verwaltungsakte, diese sind gemäß § 124 Abs. 3 AO unwirksam[610].

---

605 *Klaus Tipke*, in: Tipke/Kruse, AO, § 124 Rdnr. 3.

606 Siehe z. B. § 130 Abs. 1 AO.

607 Siehe allgemein zur Tatbestandswirkung auch *Klaus Tipke*, in: Tip :e/Kruse, AO, § 124 Rdnr. 4 und *Hans Meyer*, in: Meyer/Borgs-Maciejewski, VwVfG, § 43 Rdn ı. 8, 9.

608 Dazu *Klaus Tipke*, in: Tipke/Kruse, AO, § 124 Rdnrn. 5, 17 ff.

609 *Klaus Tipke*, in: Tipke/Kruse, AO, § 124 Rdnr. 5.

610 Dazu *Klaus Tipke*, in: Tipke/Kruse, AO, § 124 Rdnrn. 5, 22.

Dritter Teil

Das Wirksamwerden mit dem bekannt gegebenen Inhalt

Die konkreten Rechtswirkungen, die von einem Verwaltungsakt ausgehen, werden von seinem Inhalt bestimmt.[611] Der Verwaltungsakt wird nach § 124 Abs. 1 S. 2 AO mit dem Inhalt wirksam, mit dem er bekannt gegeben wird. Demzufolge bestimmt sich der maßgebliche Inhalt des Verwaltungsaktes nach der Fassung, in der er zugegangen ist.

Wie bei jeder anderen Willenserklärung können allerdings die Auffassungen der Beteiligten über den wahren Sinngehalt divergieren. Die Erklärung kann anders aufgenommen werden, als sie gemeint ist, oder sie kann etwas anderes ausdrücken, als bezweckt wird. In Zweifelsfällen ist deshalb eine Inhaltsbestimmung erforderlich.

---

[611] *Reinhard Nothnagel*, Die Bekanntgabe von Verwaltungsakten im Steuerrechtsverhältnis, Diss. Köln 1983, S. 18.

Erstes Kapitel

Die Zugehörigkeit zum Inhalt des Steuerverwaltungsaktes

Bevor man sich mit Fragen der Inhaltsbestimmung befasst, muss konkretisiert werden, was zum Inhalt des Verwaltungsaktes im Sinne von § 124 Abs. 1 S. 2 AO gehört, was überhaupt Gegenstand der Bestimmung sein kann.

Im regelmäßigen Aufbau eines schriftlichen Verwaltungsaktes lassen sich die folgenden Teile unterscheiden:

1. der Ausspruch, der die Entscheidung zur Regelung eines Einzelfalls enthält (auch Verfügungs- oder Entscheidungssatz oder Tenor genannt),[612]
2. die Begründung zu diesem Ausspruch, die je nach den konkreten Erfordernissen tatsächliche und rechtliche Ausführungen enthalten wird und
3. die Rechtsbehelfsbelehrung.

Der Ausspruch enthält die Entscheidung zur Regelung eines Einzelfalls und weist damit die erforderlichen Tatbestandsmerkmale des Verwaltungsaktes im Sinne des § 118 AO auf.[613] Folglich ist er der eigentliche Verwaltungsakt[614].

Die im Ausspruch des Verwaltungsaktes enthaltene Regelung bedarf sachlicher und zeitlicher Bezugspunkte. Es muss ersichtlich sein, an wen der Bescheid sich inhaltlich richtet, welchen Sachverhalt und erforderlichenfalls welchen Zeitpunkt er betrifft sowie welche Rechtsfolgen er anordnet.[615]

---

[612] Die Adressierung, d. h. die Benennung des Adressaten, wird hier als Teil des Ausspruchs, d. h. des materiellen Regelungsgehaltes, verstanden, weil etwa die Festsetzung einer Steuer nur durch Bezug auf einen bestimmten Adressaten Regelungscharakter annimmt.

[613] *Reinhard Nothnagel*, Die Bekanntgabe von Verwaltungsakten im Steuerrechtsverhältnis, Diss. Köln 1983, S. 19.

[614] Ebenso *Reinhard Nothnagel*, Die Bekanntgabe von Verwaltungsakten im Steuerrechtsverhältnis, Diss. Köln 1983, S. 19; *Klaus Tipke*, in: Tipke/Kruse, AO, § 119 Rdnr. 1, § 124 Rdnr. 15.
Die Begründung ist Bestandteil des Verwaltungsaktes in einem weiteren Sinne, vgl. *Hans Meyer*, in: Meyer/Borgs-Maciejewski, VwVfG, § 39 Rdnr. 3, ihr Fehlen macht den Verwaltungsakt nur formell rechtswidrig, siehe a. a. O. Rdnr. 32.

[615] *Reinhard Nothnagel*, Die Bekanntgabe von Verwaltungsakten im Steuerrechtsverhältnis, Diss. Köln 1983, S. 22; zum notwendigen Inhalt eines Steuerbescheides vgl. *Klaus Tipke*, in: Tipke/Kruse, AO, § 157 Rdnrn. 3 ff..

Ein Einkommensteuerbescheid beinhaltet beispielsweise die Festsetzung einer Steuer nach Art und Betrag, die zeitliche Zuordnung zu einem bestimmten Veranlagungszeitraum und die Zuordnung der Besteuerungsgrundlagen zu einem bestimmten Steuerpflichtigen, dem Adressaten.

Gemäß § 126 Abs. 3 AO soll die erlassene Entscheidung begründet werden. Jedoch ist aus dem gesetzlichen Zusammenhang mit § 110 Abs. 2 und Abs. 3 AO erkennbar, dass ein Verwaltungsakt auch ohne diese Begründung wirksam werden und in Bestandskraft erwachsen kann.[616] Die Begründung ist somit unselbständiger Teil des Verwaltungsaktes, der dem besseren Verständnis dient und vom Gesetz verlangt wird (vgl. Wortlaut § 126 Abs. 1 Nr. 2 AO). Ob dessen Fehlen aber für die Wirksamkeit des Verwaltungsaktes nicht hinderlich ist[617], ist fraglich.

Die Gründe nehmen an der Bindungswirkung oder Verbindlichkeit nicht teil.[618] Die Begründung kann deshalb im Rahmen des § 126 AO nachgeschoben werden[619]. Folglich kann sich eine Beschwer nur aus dem Ausspruch ergeben, nicht aus den Gründen[620]. Der Ausspruch muss hinreichend bestimmt sein[621]. Zur Bestimmung des Inhalts eines nicht eindeutigen Ausspruchs sind allerdings die Gründe mit heranzuziehen[622].

In Steuerbescheiden gehören die angesetzten Besteuerungsgrundlagen zu den Gründen, nicht zum Ausspruch (Entscheidungssatz); das ergibt sich auch aus § 157 Abs. 2 AO. Seit 1990 ist für den verbleibenden Verlustabzug ein Feststellungsverfahren vorgesehen (§ 10d Abs. 4 EStG[623]).

Bei rechtswidrigen Verwaltungsakten lassen sich solche, die nur deshalb rechtswidrig sind, weil sie aufgrund von Verfahrens- oder Formfehlern zustande gekommen sind, von materiell rechtswidrigen Verwaltungsakten unterscheiden. Verfahrens- und Formfehler können heilbar (§ 126 AO) oder unbeachtlich (§ 127 AO) sein.[624]

Die fehlende Begründung ist ein heilbarer Fehler (wie § 46 VwVfG). Als Sollvorschrift findet § 126 AO regelmäßig Anwendung, allerdings bleibt ein Verwaltungsakt rechtswidrig, sofern die Begründung nicht nachgeschoben wird.

---

616 Siehe hierzu *Klaus Tipke*, in: Tipke/Kruse, AO, § 118 Rdnr. 50, § 121 Rdnr. 7, § 124 Rdnr. 15.

617 Allerdings kann der Verwaltungsakt im Bestand gefährdet sein, wenn der Betroffene ihn anficht, weil die Gründe für die Regelung nicht nachvollzogen werden können.

618 *Klaus Tipke*, in: Tipke/Kruse, AO, § 118 Rdnr. 50, § 124 Rdnr. 15.

619 *Klaus Tipke*, in: Tipke/Kruse, AO, § 124 Rdnr. 15, § 126 Rdnr. 5.

620 *Klaus Tipke*, in: Tipke/Kruse, AO, § 118 Rdnr. 50, § 121 Rdnr. 7, § 350 Rdnr. 10.

621 *Klaus Tipke*, in: Tipke/Kruse, AO, § 119 Rdnr. 5.

622 *Klaus Tipke*, in: Tipke/Kruse, AO, § 119 Rdnr. 5, § 118 Rdnr. 51.

623 Dazu *Wolfgang Heinicke*, in: Schmidt, EStG, § 10d, Rdnrn. 50 ff.

624 *Klaus Tipke*, in: Tipke/Kruse, AO, § 118 Rdnr. 44.

Auch aus § 126 Abs. 1 Nr. 2 i. V. m. Abs. 2 AO ist zu folgern, dass die Begründung nicht Teil des Inhalts des Verwaltungsaktes ist. Sie kann im dort vorgesehenen zeitlichen Rahmen ohne weiteres nachgeholt werden.[625] Ein derart freies Ergänzen eines Verwaltungsaktes sucht man in den Korrekturvorschriften der Abgabenordnung, die auf eine Änderung oder Aufhebung des Verwaltungsaktes zielen, vergebens. Deshalb unterliegen diese Änderungen besonderen tatbestandlichen Voraussetzungen. In Fällen der Abänderung von Bescheiden handelt es sich um Änderungen des Inhalts, während die hier erörterte Ergänzung der Begründung den Inhalt des Verwaltungsaktes gerade nicht berührt.[626]

Allerdings kann eine dem Tenor widersprechende Begründung insoweit Einfluss auf die Gültigkeit des Verwaltungsaktes nehmen, als sie zur Ungewissheit darüber führt, was eigentlich gelten soll[627]. Soweit die tatbestandlichen Voraussetzungen des § 129 AO nicht vorliegen, ist eine Inhaltsbestimmung allein anhand des formellen Ausspruchs problematisch. Nicht selten ist der Entscheidungssatz kein vollständiger grammatikalischer Satz.[628] Ausspruch ist vielmehr das, was sich aus dem als Verwaltungsakt bezeichneten Schriftstück eindeutig als Regelungsgehalt ergibt.[629] Wenn der Tenor in die Gründe eingeflochten ist, fehlt es zwar an einer wünschenswerten formalen Trennung zwischen Ausspruch und Begründung, dennoch handelt es sich der Sache nach um einen gültigen Verwaltungsakt.[630]

In Fällen, in denen die Begründung eine dem formalen Ausspruch klar widersprechende Regelung enthält, wird man den Verwaltungsakt als inhaltlich unbestimmt und deshalb nichtig[631] ansehen müssen, es sei denn, es ergäben sich im Wege der Ausle-

---

625 Siehe *Klaus Tipke*, in: Tipke/Kruse, AO, § 126 Rdnr. 5, § 124 Rdnr. 15.

626 Siehe *Hans Spanner*, in: Hübschmann/Hepp/Spitaler, AO, § 124 Tz. 19; *Kühn/Hofmann*, AO, § 124 Anm. 3.
Dies ist auch anhand der fehlerhaften Begründung zu erkennen. In diesem Fall bleibt der Ausspruch einer Einspruchsentscheidung im Prozess unberührt, wenn er aus anderen als den angegebenen Gründen rechtmäßig ist.

627 *Reinhard Nothnagel*, Die Bekanntgabe von Verwaltungsakten im Steuerrechtsverhältnis, Diss. Köln 1983, S. 20, a. a. O. werden verschiedene Beispielen angeführt.

628 *Reinhard Nothnagel*, Die Bekanntgabe von Verwaltungsakten im Steuerrechtsverhältnis, Diss. Köln 1983, S. 20.

629 *Reinhard Nothnagel*, Die Bekanntgabe von Verwaltungsakten im Steuerrechtsverhältnis, Diss. Köln 1983, S. 20.

630 *Reinhard Nothnagel*, Die Bekanntgabe von Verwaltungsakten im Steuerrechtsverhältnis, Diss. Köln 1983, S. 20.

631 Vgl. *Klaus Tipke*, in: Tipke/Kruse, AO, § 125 Rdnr. 3.

gung Anhaltspunkte, die für die Beteiligten klar erkennen lassen, was tatsächlich gemeint ist.[632]

Das ist bei abweisendem Ausspruch schon deshalb erforderlich, um feststellen zu können, worüber entschieden wurde. Anders als im Zivilprozess, wo der Streitgegenstand allein durch die Parteianträge bestimmt wird, ist der angegriffene Verwaltungsakt im Steuerrecht in vollem Umfang Gegenstand der Entscheidung im Rahmen des außergerichtlichen Rechtsbehelfsverfahrens, vgl. § 367 Abs. 2 AO. Trotz bestandskräftiger Entscheidung kann z. B. die Steuerfestsetzung für ein bestimmtes Jahr erneut zum Streitgegenstand werden, etwa bei zwischenzeitlich vorgenommenem Verlustrücktrag oder bei einer Änderung nach §§ 172 ff. AO. Nur anhand der Gründe der Erstentscheidung ist deshalb zu erkennen, ob hierüber bereits entschieden worden war.[633]

Den verfahrensmäßigen Nachteil aus einer unklaren Fassung, die auch durch Auslegung nicht bereinigt werden kann, muss der Verursacher, d. h. die den Verwaltungsakt erlassende Behörde tragen.[634] Eine mangelhafte Begründung, die den Tenor nicht trägt, ohne ihm direkt zu widersprechen, ist nach § 126 Abs. 1 Nr. 2 und Abs. 2 AO zu beurteilen bzw. nach § 126 Abs. 3 AO und § 127 AO.[635]

Die Rechtsbehelfsbelehrung gehört nicht zum eigentlichen Inhalt des Verwaltungsaktes.[636] Dies ergibt sich zum einen aus der Definition des Verwaltungsaktes in § 118 AO, zum anderen aus § 157 Abs. 1 S. 3 AO, wonach dem Steuerbescheid eine Rechtsbehelfsbelehrung „beizufügen" ist.[637] Der Mangel der Belehrung berührt deshalb die Wirksamkeit des Verwaltungsaktes nicht, sondern hat nur Auswirkungen auf den Lauf der Rechtsbehelfsfrist, vgl. § 356 AO.[638]

---

[632] *Reinhard Nothnagel*, Die Bekanntgabe von Verwaltungsakten im Steuerrechtsverhältnis, Diss. Köln 1983, S. 21.

[633] *Reinhard Nothnagel*, Die Bekanntgabe von Verwaltungsakten im Steuerrechtsverhältnis, Diss. Köln 1983, S. 21.

[634] *Reinhard Nothnagel*, Die Bekanntgabe von Verwaltungsakten im Steuerrechtsverhältnis, Diss. Köln 1983, S. 22.

[635] *Reinhard Nothnagel*, Die Bekanntgabe von Verwaltungsakten im Steuerrechtsverhältnis, Diss. Köln 1983, S. 22.

[636] *Reinhard Nothnagel*, Die Bekanntgabe von Verwaltungsakten im Steuerrechtsverhältnis, Diss. Köln 1983, S. 22; *Klaus Tipke*, in: Tipke/Kruse, AO, § 124 Rdnr. 15.

[637] *Reinhard Nothnagel*, Die Bekanntgabe von Verwaltungsakten im Steuerrechtsverhältnis, Diss. Köln 1983, S. 22; *Klaus Tipke*, in: Tipke/Kruse, AO, § 124 Rdnr. 15.

[638] *Reinhard Nothnagel*, Die Bekanntgabe von Verwaltungsakten im Steuerrechtsverhältnis, Diss. Köln 1983, S. 22; *Klaus Tipke*, in: Tipke/Kruse, AO, § 124 Rdnr. 15.

Ebenfalls auslegungsfähig ist der Tenor einer Rechtsbehelfsentscheidung. Nötigenfalls muss der gesamte Inhalt der Entscheidung zu seiner Auslegung herangezogen werden, selbst wenn die Entscheidungsgründe nicht an der Bestandskraft teilhaben können.[639]

[639] Vgl. *Rosenberg/Schwab*, Zivilprozessrecht, § 154 IV, S. 937 m. w. N. zum im Wesentlichen gleichgelagerten Problem der Auslegung eines zivilprozessualen Urteilstenors. Siehe auch *BGH*, Urteil vom 07. Mai 1951 - IV ZR 32/50, NJW 1951, 837 (838 f.): Die nicht in Rechtskraft erwachsenden Entscheidungsgründe sind zur Auslegung der Urteilsformel heranzuziehen, wenn diese nicht eindeutig ist und die Frage zu prüfen ist, inwieweit über den Klageanspruch entschieden ist.

Zweites Kapitel

Die Inhaltsbestimmung durch Auslegung

In aller Regel wird der Tenor eines Steuerverwaltungsaktes in seinem Wortlaut eindeutig sein. Jedoch sind - wie bereits am Beispiel des Widerspruchs von Tenor und Begründung dargelegt wurde - Zweifelsfälle möglich. Soweit nicht unauflösbare Unklarheiten zur Nichtigkeit führen, muss der Inhalt des Verwaltungsaktes bestimmt werden können.

Welchen Inhalt der Verwaltungsakt hat, muss erforderlichenfalls im Wege der Auslegung ermittelt werden.[640] Insofern ist § 133 BGB entsprechend anzuwenden.

Trotz der Maßgeblichkeit des Empfängerhorizonts ist der Erklärende nicht sklavisch an die erklärten Buchstaben gebunden. Verwaltungsakte sind wie andere Willenserklärungen (unter Beiziehung der Gründe) auslegungsfähig.[641] Im Öffentlichen Recht wie im Zivilrecht ist der wahre, hinter der Erklärung stehende Wille zu erforschen, soweit er dem Erklärungsempfänger erkennbar war[642]. § 133 BGB, der diesen Grundsatz wiedergibt, gehört zu den zivilrechtlichen Normen, die wegen gleichartiger Sachverhalte analog im Öffentlichen Recht angewandt werden können.[643] Allerdings ist die Konstellation eines interpretationsbedürftigen objektiven Erklärungstatbestandes in den beiden Rechtsgebieten unterschiedlich. Im Privatrecht wird die Inter-

---

640 *Martin Förster*, in: Koch/Scholtz, AO, § 124 Rdnr. 6.

641 Vgl. *BFH*, Beschluss vom 25. August 1981 - VII B 3/81, BStBl. II 1982, 34 (35); *Klaus Tipke*, in: Tipke/Kruse, AO, § 118 Rdnr. 51.

642 *BFH*, Urteil vom 27. November 1996 - X R 20/95, BStBl. II 1997, 791 (792); Urteil vom 25. September 1990 - IX R 84/88, BFHE 162, 4, BStBl. II 1991, 120; Urteil vom 18. April 1991 - IV R 127/89, BFHE 164, 185, BStBl. II 1991, 675; Urteil vom 14. März 1990 - X R 104/88, BFHE 160, 207, BStBl. II 1990, 612; Urteil vom 23. September 1992 - X R 10/92, BFHE 169, 331, BStBl. II 1993, 338; Urteil vom 18. Juli 1994 - X R 33/91, BFHE 175, 294 (299 f.), BStBl. II 1995, 4.
Siehe *Helmut Heinrichs*, in: Palandt, BGB, § 133 Rdnr. 8; *Klaus Tipke*, in: Tipke/Kruse, RAO, § 91, Rdnrn. 8, 9 m. w. N. aus der zivilrechtlichen Rechtsprechung; *Hermann Borgs-Maciejewski*, in: Meyer/Borgs-Maciejewski, VwVfG, § 25 Rdnr. 17 m. w. N.; *Hans Meyer*, in: a. a. O., § 54 Rdnr. 88; *Kopp/Ramsauer*, VwVfG, § 22 Rdnr. 36.

643 Siehe *Reinhard Nothnagel*, Die Bekanntgabe von Verwaltungsakten im Steuerrechtsverhältnis, Diss. Köln 1983, S. 24; *Kopp/Ramsauer*, VwVfG, § 22 Rdnr. 36.

essenlage von gleichwertigen Partnern bestimmt, wohingegen sich im Finanzverwaltungsrecht ein übergeordneter und ein unterworfener Partner gegenüberstehen. Die Definitionsmacht des übergeordneten Partners muss dem Verhältnismäßigkeitsgrundsatz entsprechend stärker gebremst werden. Deshalb müssen die Auslegungsgrundsätze im Steuerverfahrensrecht von denen des Zivilrechts verschieden sein: Im Zweifel ist zugunsten des Adressaten auszulegen. Unterschiedliche Maßstäbe sind auch unter dem Gesichtspunkt der verschiedenen Zwecke der Willenserklärungen im Öffentlichen Recht und im Zivilrecht - Verwirklichung des Gesetzesauftrages bzw. individuelle Sachbestimmung - erforderlich, da der Erklärungsempfänger, jedenfalls wegen der Maßgeblichkeit seines Verständnisses, bei der Auslegung hinreichend geschützt sein muss.

Demnach sind die verwendeten Begriffe in ihrem grammatikalischen und gedanklichen Zusammenhang zu verstehen. Erkennbare gedankliche Lücken sind durch die Herbeiziehung weiterer sich aufdrängender Umstände[644] zu schließen. Diese müssen beiden Beteiligten bekannt sein, sodass die Auslegung einen Anhalt in der bekannt gegebenen Regelung haben muss[645].

Außerdem gilt die Auslegungsregel zur falsa demonstratio non nocet.[646] Eine Falschbezeichnung ist unschädlich, wenn sich die Beteiligten über den gewollten Inhalt der Erklärung übereinstimmend im Klaren waren.

> Beispiele für diesen Sonderfall der Auslegung gegen den klaren Wortlaut können im Steuerverfahrensrecht etwa sein:
>
> - Die ersatzlose Aufhebung eines Einkommensteuerbescheides, wenn nur ein Feststellungsbescheid ergangen war.
> - Die Änderung des Umsatzsteuerbescheides durch Änderungsbescheid unter der Jahresbezeichnung 1998, wenn der zugrunde liegende Bescheid für 1997 ergangen war und für 1998 noch kein Bescheid existierte.

Die Auslegungsregel zur falsa demonstratio non nocet kann auch bei der Falschbenennung des Erklärungsempfängers greifen, wenn der Bescheid bei im Übrigen richtiger Adresse an Müller statt an Meier ergeht, aus dem Zusammenhang aber (z. B. durch Bezugnahme auf einen bestimmten Antrag, die Wiedergabe der erklärten Besteuerungs-

---

[644] Vgl. *Hans Meyer*, in: Meyer/Borgs-Maciejewski, VwVfG, § 42 Rdnr. 1.

[645] *BFH*, Urteil vom 27. November 1996 - X R 20/95, BStBl. II 1997, 791 (792 f.); Beschluss vom 19. Februar 1992- II B 100/91, BFH/NV 1992, 784; *Martin Förster*, in: Koch/Scholtz, AO, § 124 Rdnr. 6.

[646] Siehe hierzu *Helmut Heinrichs*, in: Palandt, BGB, § 133 Rdnr. 8.

grundlagen o. ä.) zu entnehmen ist, dass nur Meier gemeint sein kann und dieser das auch erkannt hat. Zweifel über das Vorliegen der tatbestandlichen Voraussetzungen der Auslegungsregel müssen zu Lasten desjenigen gehen, der sich auf sie beruft.[647]

Die Regel zur falsa demonstratio non nocet dürfte allerdings als theoretische Grundlage zur Bewältigung derartiger Problemfälle keine große praktische Rolle spielen, weil § 129 AO bei Falschbezeichnungen dieser Art, bei denen beiden Beteiligten der wahre Erklärungswille bekannt ist, Anwendung finden wird.[648]

Es erübrigt sich, aus der Vielzahl denkbarer auslegungsbedürftiger Verwaltungsakte, weitere Beispielsfälle herauszugreifen, da jeweils die besonderen Umstände des Einzelfalls berücksichtigt werden müssen.

647 Zur Behandlung von Bekanntgabefragen im Prozess siehe *Reinhard Nothnagel*, Die Bekanntgabe von Verwaltungsakten im Steuerrechtsverhältnis, Diss. Köln 1983, S. 232 ff.

648 *Reinhard Nothnagel*, Die Bekanntgabe von Verwaltungsakten im Steuerrechtsverhältnis, Diss. Köln 1983, S. 25.

Drittes Kapitel

Die Umdeutung von Steuerverwaltungsakten

Unter Umdeutung eines Verwaltungsaktes versteht man die inhaltliche Abänderung eines Verwaltungsaktes dahingehend, dass der Regelungsinhalt des Verwaltungsaktes, der wegen dessen materieller Fehlerhaftigkeit nicht (voll) wirksam werden kann, unter Beibehaltung seiner Zielsetzung gegen einen anderen Regelungsinhalt ausgetauscht wird.[649] Von der reinen Auslegung eines Verwaltungsaktes unterscheidet sich dessen Umdeutung dadurch, dass diese nicht nur die wirkliche Bedeutung seines Erklärungsgehalts zu ermitteln sucht, sondern in unterstellter Übereinstimmung mit seiner Willensrichtung die Erklärung ergänzt bzw. abändert.[650] Entsprechend den für die Auslegung von Willenserklärungen geltenden Regeln (vgl. § 133 BGB) ist eine Umdeutung, die den Willen des Erklärenden verfälscht bzw. ihm zuwiderläuft, unzulässig (§ 128 Abs. 1 und Abs. 2 S. 1 Alt. 1 AO)[651]. Insofern geht die verwaltungsverfahrensrechtliche Umdeutung weiter als § 133 BGB.

Da mit der Umdeutung ein neuer Regelungsinhalt verbunden ist, erfüllt sie alle Merkmale eines Verwaltungsaktes[652] und steht verfahrensrechtlich dem Erlass eines anderen Verwaltungsaktes gleich.[653] Wie sich aus § 128 Abs. 4 AO auch ergibt, stellt sie nicht nur eine behördeninterne Entschließung dar. Sie muss in jedem Fall dem Betroffenen bekannt gegeben werden, um Wirksamkeit zu erlangen (vgl. § 124 Abs. 1 AO). Der Zeitpunkt ihrer Wirksamkeit bestimmt sich gemäß § 124 Abs. 1 AO nach dem Zeitpunkt der Bekanntgabe.

Die Umdeutung eines Verwaltungsaktes (Konversion) soll das umständliche Verfahren vermeiden, einen fehlerhaften Verwaltungsakt aufzuheben und an seiner Stelle

---

649 *Kühn/Hofmann*, AO, § 128 Anm. 2; *Dieter Birk*, Steuerrecht I, § 14 Rdnr. 3.

650 *Kühn/Hofmann*, AO, § 128 Anm. 2; *Hans Meyer*, in: Meyer/Borgs-Maciejewski, VwVfG, § 47 (= § 128 AO) Rdnr. 2.

651 Vgl. *BFH*, 19. Oktober 1976 - VII R 63/73, BStBl. II 1977, 255 (256).

652 *Dieter Birk*, Steuerrecht I, § 14 Rdnr. 3; *Klaus Tipke*, in: Tipke/Kruse, AO, § 128 Rdnr. 6; *Hans Spanner*, in: Hübschmann/Hepp/Spitaler, AO, § 128 Rdnr. 20; *Kühn/Hofmann*, AO, § 128 Anm. 6; a. A. *Martin Förster*, in: Koch/Scholtz, AO, § 128 Rdnr. 6.

653 *Kühn/Hofmann*, AO, § 128 Anm. 6.

einen anderen zu erlassen.[654] Dadurch wird § 124 Abs. 1 S. 2 AO insoweit eingeschränkt, als der Verwaltungsakt durch die Umdeutung mit einem anderen Inhalt als dem zunächst bekannt gegebenen möglicherweise rückwirkend[655] wirksam wird.

Allerdings kann eine Umdeutung erst von dem Zeitpunkt an gelten, in dem der rechtswidrige Verwaltungsakt festgestellt wurde und deswegen umgedeutet werden soll. Vorher existierte er so nicht, weil er so nicht erklärt war.

Der praktische Anwendungsbereich der Umdeutung bleibt allerdings gering, da sie an enge Voraussetzungen geknüpft ist: Der neue Inhalt des Verwaltungsaktes muss auf das gleiche Ziel wie der fehlerhafte gerichtet sein und von der erlassenden Finanzbehörde in dem gleichen Verfahren und in der gleichen Form erlassen werden dürfen. Zu diesen positiven Voraussetzungen (§ 128 Abs. 1 AO) kommen negative Voraussetzungen (§ 128 Abs. 2 AO). Der Verwaltungsakt, in den der fehlerhafte Verwaltungsakt umzudeuten wäre, darf der erkennbaren Absicht der erlassenden Finanzbehörde nicht widersprechen, seine Rechtsfolgen dürfen für den Betroffenen nicht ungünstiger sein als die Zielsetzung des fehlerhaften Verwaltungsaktes. Fehlerhafte Verwaltungsakte, die nicht zurückgenommen werden können, dürfen zudem nicht umgedeutet werden.

Im Falle der Umdeutung könnten im konkreten Einzelfall widerstreitende Auffassungen zwischen den Beteiligten über den nunmehr gültigen Inhalt des Verwaltungsaktes bestehen. Es ist deshalb unumgänglich, den Inhalt, den der Verwaltungsakt durch die Umdeutung erhalten hat, dem Betroffenen mitzuteilen.[656]

Ob das Verfahren unter diesen Umständen noch dem Zweck der Vereinfachung dient, darf bezweifelt werden. Von praktischer Auswirkung kann die Umdeutung wegen der rückwirkenden Wirksamkeit des Verwaltungsaktes auf den Zeitpunkt der Bekanntgabe des fehlerhaften Verwaltungsaktes sein, wenn der Verwaltungsakt Rechtsgrundlage für andere zwischen Erstbekanntgabe und Umdeutung ergriffene Maßnahmen ist (z. B. Vollstreckungsverwaltungsakte), wenn er fristwahrenden Charakter hat, wenn er eine nicht ersetzbare Eilmaßnahme darstellt oder wenn der ursprüngliche Verwaltungsakt im Rahmen eines Klageverfahrens oder eines Rechtsbehelfsverfahrens „gerettet“ werden soll. Die Behörde kann den ursprünglichen Verwaltungsakt noch im Verlauf eines gerichtlichen Verfahrens umdeuten, um die ergriffene Maßnahme im

654 *Heinrich Wilhelm Kruse*, Lehrbuch des Steuerrechts, Band I, § 13 VI; *Reinhard Nothnagel*, Die Bekanntgabe von Verwaltungsakten im Steuerrechtsverhältnis, Diss. Köln 1983, S. 26.

655 Siehe *Hans Meyer*, in: Meyer/Borgs-Maciejewski, VwVfG, § 47 Rdnr. 9; *Kopp/Ramsauer*, VwVfG, § 47 Rdnr. 6.

656 *Reinhard Nothnagel*, Die Bekanntgabe von Verwaltungsakten im Steuerrechtsverhältnis, Diss. Köln 1983, S. 26.

Wesentlichen zu retten.[657] Als prozessuale Maßnahme im eigentlichen Sinn hat die Umdeutung jedoch keine Bedeutung. Sie bleibt eine Verwaltungsmaßnahme der Behörde ohne Prozesshandlungscharakter, das Gericht selbst darf nicht umdeuten.[658] Wegen der erforderlichen Bekanntgabe des umgedeuteten Verwaltungsaktes genügt es deshalb auch nicht, wenn die Behörde im Laufe des Prozesses nur gegenüber dem Gericht die Umdeutung erklärt.

---

657 Vgl. *Hans Meyer*, in: Meyer/Borgs-Maciejewski, VwVfG, § 47 Rdnr. 19, *Kopp/Ramsauer*, VwVfG, § 47 Rdnr. 35a.

658 Vgl. *Hans Meyer*, in: Meyer/Borgs-Maciejewski, VwVfG, § 47 Rdnr. 5; a. A. jedoch offenbar *BFH*, Urteil vom 08. Mai 1981 - III R 93/79; *Hessisches FG*, Urteil vom 20. Oktober 1981 – I 245/80 (beide Entscheidungen nicht veröffentlicht), da in beiden Entscheidungen die Gerichte ohne Zutun der Behörde Rückforderungsbescheide im Sinne von § 5 Abs. 5 InvZulG 1975 in Änderungsbescheide „umgedeutet“ haben.

Viertes Kapitel

Die Berichtigung offenbarer Unrichtigkeiten

I. Der Zweck und der Anwendungsbereich der Vorschrift

Nach § 124 Abs. 1 und Abs. 2 AO sind die Beteiligten in der Regel an den bekannt gegebenen Verwaltungsakt gebunden.[659] Der Betroffene soll grundsätzlich auf das bekannt Gegebene vertrauen können[660]. Von diesem Grundsatz macht § 129 AO für die Fälle offenbarer Unrichtigkeiten eine Ausnahme[661]. Das Vertrauen in den Fortbestand des offenbar (offensichtlich, erkennbar) Unrichtigen ist nicht schutzwürdig.[662] Auf das Verschulden bei der Verursachung der Unrichtigkeit kommt es nicht an[663]. Der offenbar unrichtige Verwaltungsakt kann (§ 129 S. 1 AO) oder muss (§ 129 S. 2 AO) berichtigt werden[664].

Der Anwendungsbereich des § 129 AO erstreckt sich auf alle Verwaltungsakte im Steuerrechtsverhältnis, soweit die offenbare Unrichtigkeit den Regelungsinhalt betrifft.[665] Für Unrichtigkeiten der Begründung gelten §§ 126, 127 AO[666].

---

659 *Klaus Tipke*, in: Tipke/Kruse, AO, § 129 Rdnr. 1.

660 Siehe *Klaus Tipke*, in: Tipke/Kruse, AO, § 129 Rdnr. 1, § 124 Rdnrn. 12.

661 *Klaus Tipke*, in: Tipke/Kruse, AO, § 129 Rdnr. 1.

662 *Klaus Tipke*, in: Tipke/Kruse, AO, § 129 Rdnr. 1.

663 *BFH*, Urteil vom 26. Juli 1979 - V R 108/76, BStBl. II 1980, 18 (20); Urteil vom 28. November 1985 - IV R 178/83, BStBl. II 1986, 293 (294 f.); Urteil vom 04. November 1992 - XI R 40/91, BFH/NV 1993, 509 (510); *FG Köln*, Urteil vom 19. August 1982 – V 219/82 E -rechtskräftig, EFG 1983, 211 (211); *FG Berlin*, Urteil vom 06. Dezember 1988 - VII 416/87 - rechtskräftig, EFG 1989, 333 (334); siehe auch *Klaus Tipke*, in: Tipke/Kruse, AO, § 129 Rdnr. 1.

664 *Klaus Tipke*, in: Tipke/Kruse, AO, § 129 Rdnr. 1.

665 *Klaus Tipke*, in: Tipke/Kruse, AO, § 129 Rdnr. 2.

666 So auch *Gerrit Frotscher*, in: Schwarz, AO, § 129 Rdnr. 9; *Klaus Tipke*, in: Tipke/Kruse, AO, § 129 Rdnr. 2.

II. Die offenbare Unrichtigkeit

1. Der Begriff und das Wesen der offenbaren Unrichtigkeit

Nach der Rechtsprechung zu § 92 Abs. 2 RAO, dem Vorläufer des § 129 AO, sind offenbare Unrichtigkeiten mechanische Versehen, wie die ausdrücklich erwähnten Rechen- und Schreibfehler, ferner Fehler beim Ablesen der Steuertabelle, Vergreifen in der Steuerklasse oder im Steuersatz, Übersehen von Spalten, Übertragungsfehler und ähnliche Unrichtigkeiten, nicht hingegen Fehler in der Rechtsanwendung.[667] Die Vorschrift wurde nicht angewendet, wenn auch nur die Möglichkeit eines Rechtsirrtums gegeben war[668].

An diese Rechtsprechung wird heute noch angeknüpft[669]. Allerdings sollen bloß theoretische Möglichkeiten eines Rechtsirrtums nicht ausreichen, vielmehr müssen greifbare Anhaltspunkte für einen Rechtsirrtum vorliegen[670]. Danach darf die Unrichtigkeit nicht im Bereich des Überlegens, Denkens, Schlussfolgerns oder Urteilens liegen.[671] Der *Bundesfinanzhof* formuliert, dass die Unrichtigkeit dem Beamten nicht bei der Bildung des Entscheidungswillens unterlaufen sein dürfe, sondern allein bei der Erklärung[672]. Dem ist grundsätzlich zuzustimmen - allerdings mit differenzierender Beurteilung von Rechenfehlern, da auch das Rechnen sich im Bereich des Denkens und Schlussfolgerns vollzieht[673]. Die unrichtige Eintragung einer bestimmten Kennziffer kann sowohl auf mechanischem Versehen als auf falscher rechtlicher Würdigung

---

667 *Klaus Tipke*, in: Tipke/Kruse, AO, 78. Lfg. März 1996, § 129 Rdnr. 2.

668 *RFH*, RStBl. 1935, 1189; BFH, Urteil vom 31. Juli 1975 - V R 121/73, BStBl. II 1975, 868 (869 f.); Urteil vom 01. April 1977 - VI R 153/76, BStBl. II 1977, 853 (853); Urteil vom 13. Februar 1979 - VIII R 53/77, BStBl. II 1979, 458 (458 f.); Urteil vom 09. Oktober 1979 - VIII R 226/77, BStBl. II 1980, 62 (63); *Klaus Tipke*, in: Tipke/Kruse, AO, 78. Lfg. März 1996, § 129 Rdnr. 2.

669 Siehe z. B. *BFH*, Urteil vom 24. Juli 1984 - VIII R 304/81, BStBl. II 1984, 785 (786); Urteil vom 28. September 1984 - III R 10/81, BStBl. II 1985, 32 (32 f.); Urteil vom 04. August 1988 - IV R 78/86, BFH/NV 1989, 281 (282 f.); Urteil vom 22. August 1989 - VIII R 110/86, BFH/NV 1990, 205 (206); Urteil vom 10. Mai 1989 - I R 104/85, BFH/NV 1990, 478 (478).

670 *BFH*, Urteil vom 02. August 1974 - VI R 137/71, BStBl. II 1974, 727 (727); Urteil vom 22. November 1974 - VI R 138/72, BStBl. II 1975, 350 (352); Urteil vom 04. Juni 1986 – IX R 52/82, BStBl. II 1987, 3 (4); Beschluss vom 21. Oktober 1992 - I B 85/92, BFH/NV 1994, 517 (517); *FG Baden-Württemberg*, Urteil vom 05. November 1981 - VI 240/81 - rechtskräftig, EFG 1982, 166 (166 f.) zu theoretisch möglichen Denkfehlern außerhalb der Wahrscheinlichkeit).

671 *Klaus Tipke*, in: Tipke/Kruse, AO, 78. Lfg. März 1996, § 129 Rdnr. 2.

672 *BFH*, BStBl. II 1954, 133.

673 *Klaus Tipke*, in: Tipke/Kruse, AO, 78. Lfg. März 1996, § 129 Rdnrn. 2 und 5; siehe etwa *FG Rheinland-Pfalz*, Urteil vom 02. Juli 1958 - II 174/58 - nicht rechtskräftig, EFG 1958, 350 (350).

beruhen[674]. Offenbare Unrichtigkeit ist im Falle der Versendung eines nur als Entwurf gedachten Steuerbescheides zu verneinen. Sofern der Beamte den Versendungswillen hatte und sein Handeln dem Finanzamt zugerechnet werden kann[675], ist der Verwaltungsakt wirksam[676]. § 129 AO ist mangels Vorliegens einer offenbaren Unrichtigkeit nicht anwendbar[677].

Von § 129 AO sollen unabsichtliche, versehentliche, unbewusste, mechanische Fehler erfasst werden, die auf einem Verschreiben, Verrechnen, Verzählen, Verlesen[678], Verwiegen, Vertauschen, Verwechseln, Vergreifen, Vertun o. ä. beruhen.[679] Leider sind die Grenzen zum bewussten Rechtsanwendungsfehler oder zu sonstigen Denkfehlern so fließend wie die verschiedenen Bewusstseins- und Konzentrationsgrade, die von angespannter Denktätigkeit bis zu gedankenlos-automatischem Funktionieren reichen.[680] Daher sind für die Abgrenzung die tatsächlichen Verhältnisse des Einzelfalles maßgeblich[681].

Die Rechtsprechung des *Bundesfinanzhofes* geht davon aus, dass der Begriff der ähnlichen offenbaren Unrichtigkeit jedenfalls negativ dahin abgegrenzt werden kann, dass er nicht die mangelnde Sachaufklärung, nicht die unrichtige Tatsachenwürdigung und nicht Denkfehler bei der Auslegung oder Anwendung/Nichtanwendung einer Rechtsvorschrift erfasst[682]. Überlegungsfehler, die zur Annahme eines unzutreffenden Sachverhalts geführt haben, schließen folglich die Anwendung des § 129 AO aus[683].

674 Siehe etwa *FG Düsseldorf*, Urteil vom 28. November 1985 - VI/X 14/78 G - Revision eingelegt, EFG 1986, 212 (213).

675 Siehe dazu *Klaus Tipke*, in: Tipke/Kruse, AO, § 122 Rdnr. 5.

676 A. A. *BFH*, Urteil vom 28. September 1984 - III R 58/83, BStBl. II 1985, 42 (43).

677 Siehe auch *FG München*, Urteil vom 04. Mai 1983 - III 19/79 U - Revision eingelegt, EFG 1984, 326 (327).

678 *FG Düsseldorf*, Urteil vom 03. Oktober 1983 - I 395/79 E - Revision eingelegt, EFG 1984, 98 (98).

679 *Klaus Tipke*, in: Tipke/Kruse, AO, 78. Lfg. März 1996, § 129 Rdnr. 2.

680 *Klaus Tipke*, in: Tipke/Kruse, AO, 78. Lfg. März 1996, § 129 Rdnr. 2.

681 *BFH*, Urteil vom 29. März 1985 - VI R 140/81, BStBl. II 1985, 569 (570); BFH/NV 1989, 619; BFH/NV 1990, 478; BFH/NV 1990, 752; BFH/NV 1993, 638 (640).

682 *BFH*, Urteil vom 25. Februar 1972 - VIII R 141/71, BStBl. II 1972, 550 (551 f.); Urteil vom 04. Februar 1972 - III R 28/68, BStBl. II 1972, 679 (681); Urteil vom 07. Juni 1972 – I R 115/70, BStBl. II 1972, 743 (744); Urteil vom 31. Juli 1975 - V R 121/73, BStBl. II 1975, 868 (869 f.); Urteil vom 24. Mai 1977 - IV R 44/74, BStBl. II 1977, 853 (854 f.); Urteil vom 29. März 1985 - VI R 140/81, BStBl. II 1985, 569 (570 f.); Urteil vom 10. September 1987 - V R 69/84, BStBl. II 1987, 834 (835 f.); Urteil vom 13. Juni 1989 - VIII R 174/85, BStBl. II 1989, 789 (790 ff.); *FG Berlin*, Urteil vom 16. September 1981 - VI 25/81 - rechtskräftig, EFG 1982, 332 (332); *FG Berlin*, Urteil vom 25. Mai 1984 - III 551/82 - rechtskräftig, EFG 1985, 99 (99 f.): betrifft ungeprüfte Übernahme von Vorjahresverlusten.

683 Siehe *BFH*, Urteil vom 13. Februar 1979 - VIII R 53/77, BStBl. II 1979, 458 (458); siehe auch *FG Münster*, Urteil vom 12. Mai 1982 - IX 415/79 E - rechtskräftig (nicht revisibel), EFG 1983, 50 (50).

Das „Hinzusehen" einer Tatsache beruht - anders als das bloße Übersehen einer Tatsache - nicht auf einem mechanischen Versehen.[684]

Ob im Einzelfall ein bewusster Denkfehler oder eine Art mechanischen Versehens vorliegt, wird - zumal in Grenzfällen - schwer aufklärbar sein, sodass ohne Indizien- oder Anscheinsbeweis nicht auszukommen ist[685], eventuell auch das Verhalten eines Durchschnittsbeamten mitbedacht werden darf[686]. Den konkreten, aus der Bearbeitungs- und Berechnungsmethode ableitbaren Kenntnisstand des Veranlagungsbeamten haben das *niedersächsische*[687] und das *rheinland-pfälzische Finanzgericht*[688] herangezogen[689]. Der individuellen Aufklärbarkeit steht nicht selten im Wege, dass im Massenfall-Besteuerungsverfahren die Besonderheiten des Einzelfalles untergehen, wenn sie nicht besonders dokumentiert werden.[690] Im Zweifel muss eine Beweislastentscheidung getroffen werden[691]. Eine Anwendung des § 129 AO kommt nur dann in Betracht, wenn sich eine offenbare Unrichtigkeit hinreichend sicher[692] feststellen lässt. Zweifel gehen bei einer den Steuerpflichten beschwerenden Berichtigung zu Lasten der Finanzbehörde[693]. Umgekehrt gehen Zweifel im Falle einer vom Steuerpflichtigen begehrten Berichtigung zu dessen Lasten[694]. Da die Interna des Besteuerungsverfahrens für den Steuerpflichtigen aber nicht erkennbar sind, ist das Finanzamt zu umfassender Mitwirkung bei der Sachaufklärung verpflichtet.[695]

---

684 *Klaus Tipke*, in: Tipke/Kruse, AO, 78. Lfg. März 1996, § 129 Rdnr. 2.

685 So auch *Wolfgang Hering*, Die Berichtigung offenbarer Unrichtigkeiten im Steuerbescheid, DStZ 1984, 220 (223).

686 Siehe *BFH*, BFH/NV 1993, 638 (640); *FG Baden-Württemberg*, Urteil vom 05. November 1981 - VI 240/81 - rechtskräftig, EFG 1982, 166 (166 f.); *FG Berlin*, Urteil vom 13. Oktober 1981 - VII 535/80 - Revision eingelegt, EFG 1982, 330 (330); *FG Köln*, Urteil vom 21. Januar 1987 - 1 K 157/86 - rechtskräftig, EFG 1987, 334 (335) unter Berücksichtigung der häufigen Wiederkehr eines Sachverhalts.

687 *Niedersächsisches FG*, EFG 1991, 165.

688 *FG Rheinland-Pfalz*, EFG 1991, 165.

689 Betrifft Erwerbsunfähigkeitsrente als abgekürzte Leibrente; zweifelhaft.

690 *Klaus Tipke*, in: Tipke/Kruse, AO, § 129 Rdnr. 3.

691 *Klaus Tipke*, in: Tipke/Kruse, AO, 78. Lfg. März 1996, § 129 Rdnr. 3.

692 *Klaus Tipke*, in: Tipke/Kruse, AO, 78. Lfg. März 1996, § 129 Rdnr. 3.

693 *BFH*, Urteil vom 04. Juni 1986 - IX R 52/82, BStBl. II 1987, 3 (4).

694 Siehe auch *Wolfgang Hering*, Die Berichtigung offenbarer Unrichtigkeiten im Steuerbescheid, DStZ 1984, 220 (228).

695 *Klaus Tipke*, in: Tipke/Kruse, AO, 78. Lfg. März 1996, § 129 Rdnr. 3.

2. Der Schreibfehler

Als Schreibfehler werden versehentliche - mechanische - Fehler in schriftlichen Texten, wie Rechtschreibungs-, Wortstellungs-, Wortverwechselungs- und Auslassungsfehler, eventuell auch grammatische Fehler eingeordnet.[696]

Bei Schreibfehlern liegt Offenbarkeit im Allgemeinen vor[697]. Gerade deshalb wird eine Schreibfehlerberichtigung nicht oft erforderlich sein.[698] Ein berechtigtes Interesse an der Berichtigung wird nicht bestehen.[699]

Ob die Niederschrift einer falschen Zahl ein Schreibfehler ist, kann im Regelfall dahingestellt bleiben, da bei einem mechanischen Versehen im Sinne der Rechtsprechung[700] jedenfalls eine ähnliche offenbare Unrichtigkeit vorliegt, möglicherweise auch ein Rechenfehler.[701]

3. Der Rechenfehler

Mechanische Versehensfehler werden insbesondere im Bereich der Grundrechenarten (Addition, Subtraktion, Multiplikation, Division) und des Prozentrechnens auftreten.[702] Solche Rechenoperationen pflegen antrainiert zu sein, sodass die Ergebnisse sich gewissermaßen automatisch einstellen, ohne Denkoperationen und rechtliche Überlegungen.[703]

696 *Klaus Tipke*, in: Tipke/Kruse, AO, 78. Lfg. März 1996, § 129 Rdnr. 4.
697 Siehe auch *Klaus Tipke*, in: Tipke/Kruse, AO, 78. Lfg. März 1996, § 129 Rdnr. 6.
698 *Klaus Tipke*, in: Tipke/Kruse, AO, 78. Lfg. März 1996, § 129 Rdnr. 4.
699 *Klaus Tipke*, in: Tipke/Kruse, AO, 78. Lfg. März 1996, § 129 Rdnr. 4.
700 Siehe *Klaus Tipke*, in: Tipke/Kruse, AO, 78. Lfg. März 1996, § 129 Rdnr. 2.
701 *Klaus Tipke*, in: Tipke/Kruse, AO, 78. Lfg. März 1996, § 129 Rdnr. 4.
702 *Klaus Tipke*, in: Tipke/Kruse, AO, 78. Lfg. März 1996, § 129 Rdnr. 5.
703 *Klaus Tipke*, in: Tipke/Kruse, AO, 78. Lfg. März 1996, § 129 Rdnr. 5. Zur Abgrenzung instruktiv *Hessisches FG*, EFG 1990, 278, betrifft Fehler bei der Entwicklung einer mathematischen Formel oder der Herstellung eines funktionalen Zusammenhangs zwischen festen Rechengrößen; sie führen zu gedanklichen Schlussfolgerungen im Tatsächlichen und sind daher keine offenbaren Unrichtigkeiten.

Beispiele:

Rechenfehler in aktenkundigen Berechnungen[704]; Verrechnen bei Anwendung der Steuertabelle[705]; offenkundiges Übersehen einer veränderten Bemessungsgrundlage[706].

Auch Rechenfehler müssen offenbar sein[707]. Nicht zu den offenbaren Fehlern gehören schwierige (fehlerhafte) Rechenoperationen, etwa in komplizierten Zwischenrechnungen[708].

4. Die Offenbarkeit

Man behandelt Unrichtigkeiten wie ein Verschreiben, Versprechen, Verzählen usw. anders als Unrichtigkeiten, die auf Denkfehlern beruhen, weil sie als Unrichtigkeiten allgemein erkennbar, offensichtlich (das Gesetz lautet: offenbar) sind.[709] Offenbar ist nur, was für alle Beteiligten durchschaubar, erkennbar, eindeutig, augenfällig, handgreiflich und nicht zu bezweifeln ist.[710] Die Möglichkeit, die Unrichtigkeit zu erkennen, muss sich ihrerseits gewissermaßen „mechanisch" ergeben[711].

Das Adjektiv „offenbar" bezieht sich auch auf Schreib- und Rechenfehler[712]. Als den Schreib- und Rechenfehlern ähnlich wird die offenbare Unrichtigkeit vom Gesetz

---

704 *BFH*, Urteil vom 04. Februar 1972 - III R 28/68, BStBl. II 1972, 679 (681); Urteil vom 08. April 1987 - II R 236/84, BStBl. II 1988, 164 (165).

705 *BFH*, BFH/NV 1993, 403.

706 *FG Rheinland-Pfalz*, Urteil vom 14. März 1989 - 2 K 33/87 - vorläufig nicht rechtskräftig, EFG 1989, 552 (552 f.).

707 *Klaus Tipke*, in: Tipke/Kruse, AO, 78. Lfg. März 1996, § 129 Rdnr. 5.

708 Siehe auch *BFH*, BFH/NV 1992, 711.

709 *Klaus Tipke*, in: Tipke/Kruse, AO, 78. Lfg. März 1996, § 129 Rdnr. 6.

710 *BFH*, Urteil vom 07. Juni 1972 - I R 115/70, BStBl. II 1972, 743 (744); Urteil vom 14. August 1975 - IV R 150/71, BStBl. II 1976, 764 (766); Beschluss vom 04. September 1984 - VIII B 157/83, BStBl. II 1984, 834 (835); *Niedersächsisches FG*, Urteil vom 17. Januar 1979 - VIII 92/78 - Nichtzulassungsbeschwerde eingelegt, EFG 1979, 423 (423); *FG München*, Urteil vom 19. Januar 1965 - III 242/64 - rechtskräftig (nicht revisibel), EFG 1965, 411 (411); *FG München*, Urteil vom 21. August 1980 - IV 117/77 - Revision eingelegt, EFG 1980, 578 (579); *FG Münster*, Urteil vom 11. Dezember 1980 - III 5311/79 V - vorläufig nicht rechtskräftig, EFG 1981, 331 (331); *Schleswig-Holsteinisches FG*, Urteil vom 29. März 1983 - V 34/82 - Revision eingelegt, EFG 1983, 587 (589); *Klaus Tipke*, in: Tipke/Kruse, AO, 78. Lfg. März 1996, § 129 Rdnr. 6.

711 Siehe *BFH*, BFH/NV 1987, 480; BFH/NV 1989, 281; BFH/NV 1992, 711.

712 So auch *FG Rheinland-Pfalz*, Urteil vom 10. Mai 1982 - 5 K 71/82 - Revision eingelegt, EFG 1983, 51 (52); *Schleswig-Holsteinisches FG*, Urteil vom 29. März 1983 - V 34/82 - Revision eingelegt, EFG 1983, 587 (588); a. A. *Wolfgang Hering*, Die Berichtigung offenbarer Unrichtigkeiten im Steuerbescheid, DStZ 1984, 220 (225).

als einheitlicher Begriff[713] verwendet. Anderenfalls hätte der Gesetzgeber von offenbaren ähnlichen Unrichtigkeiten sprechen müssen.[714] Bei Schreibfehlern liegen die Voraussetzungen der offenbaren Unrichtigkeit in der Regel ohne weiteres vor[715]. Nicht hierher gehören Rechenfehler, auf die der Beteiligte im Allgemeinen nicht stößt, etwa weil sie in nicht offengelegten oder komplizierten Zwischenrechnungen stecken[716]. Da Rechtsanwendung kein zwingender, sondern ein wertender Vorgang ist, ist eine fehlerhafte Rechtsanwendung im Zweifel nicht „offenbar unrichtig".[717] Nicht offenbar sind auch Unrichtigkeiten, die als solche (oder deren Ursache) erst durch besondere Ermittlungen geklärt werden können.[718] Hingegen sollte jeder für den Beteiligten erkennbare Unsinn, jede evidente Abwegigkeit berichtigt werden können.[719] Die Nichtberücksichtigung eines Antrags kann offenbare Unrichtigkeit sein, wenn der Antrag übersehen wurde und keine ernstliche Entscheidungsalternative bestand[720]. Eine offenbare Unrichtigkeit ist nicht zu bejahen, weil derselbe Fehler in verschiedenen Zusammenhängen nicht ständig wiederholt wird.[721] Umgekehrt wird die offenbare Unrichtigkeit nicht allein zum Rechtsanwendungsfehler, weil sie ständig wiederholt wird[722].

Für die Frage, ob etwas offenbar ist, muss man unter dem Vertrauensschutzaspekt auf das abstellen, was für einen durchschnittlichen Betroffenen ohne weiteres erkennbar ist[723]. Es kann nicht auf die individuelle Auffassungsgabe oder den individuellen steuerrechtlichen Kenntnisstand ankommen, sondern darauf, ob ein unvoreingenommener Dritter bei Kenntnis der Verhältnisse des Betroffenen die Unrichtigkeit an dessen Stelle ohne weiteres hätte erkennen können[724]. Welche Anforderungen an den rechtlichen Kenntnisstand eines solchen durchschnittlichen Betroffenen zu stellen sind, ist wiederum umstritten. Der durchschnittliche Betroffene ist nur eine fiktive, der

---

713 So auch *Gerrit Frotscher*, in: Schwarz, AO, § 129 Rdnr. 3.

714 *Klaus Tipke*, in: Tipke/Kruse, AO, 78. Lfg. März 1996, § 129 Rdnr. 6.

715 Siehe *Klaus Tipke*, in: Tipke/Kruse, AO, 78. Lfg. März 1996, § 129 Rdnr. 4.

716 *Klaus Tipke*, in: Tipke/Kruse, AO, 78. Lfg. März 1996, § 129 Rdnr. 5.

717 *Klaus Tipke*, in: Tipke/Kruse, AO, 78. Lfg. März 1996, § 129 Rdnr. 6.

718 *Klaus Tipke*, in: Tipke/Kruse, AO, 78. Lfg. März 1996, § 129 Rdnr. 6.

719 *Klaus Tipke*, in: Tipke/Kruse, AO, 78. Lfg. März 1996, § 129 Rdnr. 6.

720 *Klaus Tipke*, in: Tipke/Kruse, AO, 78. Lfg. März 1996, § 129 Rdnr. 6; a. A. *Kühn/Hofmann*, AO, § 129 Anm. 2 c, aa.

721 *Klaus Tipke*, in: Tipke/Kruse, AO, 78. Lfg. März 1996, § 129 Rdnr. 6.

722 *BFH*, Urteil vom 10. September 1987 - V R 69/84, BStBl. II 1987, 834 (835 f.).

723 *FG Rheinland-Pfalz*, Urteil vom 13. Mai 1980 - II 234/79 - Revision eingelegt, EFG 1980, 527 (528).

724 Siehe auch *BFH*, Urteil vom 08. April 1987 - II R 236/84, BStBl. II 1988, 164 (165); Urteil vom 25. Februar 1992 - VII R 8/91, BStBl. II 1992, 713 (714); *FG Berlin*, Urteil vom 09. September 1981 - VI 464/80 - Revision eingelegt, EFG 1982, 330 (331); *Wolfgang Hering*, Die Berichtigung offenbarer Unrichtigkeiten im Steuerbescheid, DStZ 1984, 220 (224).

rechtlichen Hilfsüberlegung dienende Figur.[725] Letztlich steht dahinter eine einer letzten Überprüfung nicht mehr zugängliche Wertung im Einzelfall.[726] Im Sinne der oben genannten Definition für den Begriff „offenbar" muss der objektive Betrachter gewissermaßen bei einer Parallelwertung in der Laiensphäre in der Lage sein, zu erkennen, dass der Bescheid punktuell nicht stimmen kann.[727]

5. Für wen offenbar?

Wie sich aus § 124 Abs. 1 S. 2 AO ergibt, wird der Verwaltungsakt mit dem Inhalt wirksam, mit dem er bekannt gegeben wird. Dem entspricht § 155 Abs. 1 S. 2 AO, wonach ein Steuerbescheid der nach § 122 Abs. 1 AO bekannt gegebene Verwaltungsakt ist. Der Steuerpflichtige soll eben auf das bekannt Gegebene vertrauen können.[728] Die Korrekturvorschriften schränken diesen Vertrauensschutz ein.[729] Insoweit besteht ein Spannungsverhältnis[730]. Nicht angebracht ist Vertrauensschutz indessen, wenn für den Beteiligten (den Steuerpflichtigen) offenbar (erkennbar) Unrichtiges bekannt gegeben wird.[731] Dem entspricht die Auffassung, dass die Unrichtigkeit für den Beteiligten (den Steuerpflichtigen) offenbar oder erkennbar sein muss.[732] Es kann nicht genügen, dass die Unrichtigkeit für den Beamten oder für seine Vorgesetzten offenbar ist.[733] Bei der Beurteilung, ob eine offenbare Unrichtigkeit für den Steuerpflichtigen erkennbar war, ist allerdings ein objektivierender Maßstab anzulegen[734]. Zur Kenntnis kommen - also offenbar werden - kann eine Unrichtigkeit dem Beteiligten (dem Steuerpflichtigen) nur, wenn sie in dem bekannt gegebenen Verwaltungsakt selbst enthalten ist (was § 42 VwVfG ausdrücklich verlangt), oder wenn sie sich zumindest aus dem Zusammenhang von Verwaltungsakt und anderen dem Betroffenen bekannten Unterlagen ergibt.[735]

---

725 *Klaus Tipke*, in: Tipke/Kruse, AO, 78. Lfg. März 1996, § 129 Rdnr. 6.
726 *Klaus Tipke*, in: Tipke/Kruse, AO, 78. Lfg. März 1996, § 129 Rdnr. 6.
727 *Klaus Tipke*, in: Tipke/Kruse, AO, 78. Lfg. März 1996, § 129 Rdnr. 6.
728 *Klaus Tipke*, in: Tipke/Kruse, AO, 78. Lfg. März 1996, § 129 Rdnr. 7.
729 *Klaus Tipke*, in: Tipke/Kruse, AO, 78. Lfg. März 1996, § 129 Rdnr. 7.
730 *Wolfgang Hering*, Die Berichtigung offenbarer Unrichtigkeiten im Steuerbescheid, DStZ 1984, 220 (222).
731 *Klaus Tipke*, in: Tipke/Kruse, AO, 78. Lfg. März 1996, § 129 Rdnr. 7.
732 *Klaus Tipke*, in: Tipke/Kruse, AO, 78. Lfg. März 1996, § 129 Rdnr. 7.
733 *Klaus Tipke*, in: Tipke/Kruse, AO, 78. Lfg. März 1996, § 129 Rdnr. 7.
734 Siehe *Klaus Tipke*, in: Tipke/Kruse, AO, 78. Lfg. März 1996, § 129 Rdnr. 7; a. A. *FG Köln*, Urteil vom 19. August 1982 - V 219/82 E - rechtskräftig, EFG 1983, 211 (211).
735 *Klaus Tipke*, in: Tipke/Kruse, AO, 78. Lfg. März 1996, § 129 Rdnr. 7.

Ungeachtet aller Einwendungen in Rechtsprechung[736] und Literatur[737] hat der *Bundesfinanzhof*[738] unter Berufung auf die Rechtsprechung zu § 107 FGO indessen mehrfach entschieden, dass es nicht darauf ankomme, ob der betroffene Steuerpflichtige die Unrichtigkeit aufgrund des Bescheides oder ihm sonst bekannter Unterlagen habe erkennen können.

Kritik

Der *Bundesfinanzhof* stützt sich vornehmlich auf die Materialien zu § 129 AO. Dabei zielt er aber am Sinn des Begriffes „offenbar" vorbei. Abweichend von § 42 VwVfG lässt es § 129 AO genügen, dass die Unrichtigkeiten „beim Erlass eines Verwaltungsaktes unterlaufen sind". Die vom *Bundesfinanzhof* zitierten Stellen, insbesondere der Bericht des Finanzausschusses[739], besagen zwar, dass die Abweichung in der Formulierung auf der unterschiedlichen Rechtsprechung des Bundesverwaltungsgerichts einerseits und des Bundesfinanzhofes andererseits beruht und dass im Massenverfahren die Berichtigung offenbarer Unrichtigkeiten auch erforderlich sei, wenn diese sich im Laufe der Entstehung des Verwaltungsaktes ergeben hätten, aus sich dem Verwaltungsakt aber nicht erkennbar ergäben.[740] Diese Begründung ist nicht stichhaltig.

Wenn das Bundesverwaltungsgericht und der Bundesfinanzhof unterschiedlich judizieren, so muss entweder die Rechtsprechung des Bundesverwaltungsgerichts oder die des Bundesfinanzhofes unzutreffend sein. Dies vor allem unter Berücksichtigung

---

736 Siehe etwa *Schleswig-Holsteinisches FG*, Urteil vom 29. März 1983 - V 34/82 - Revision eingelegt, EFG 1983, 587 (590); *FG Rheinland-Pfalz*, Urteil vom 10. Mai 1982 - 5 K 71/82 - Revision eingelegt, EFG 1983, 51 (52); *FG Köln*, Urteil vom 19. August 1982 - V 219/82 E - rechtskräftig, EFG 1983, 211 (211); *FG Köln*, Urteil vom 13. November 1984 - II 151/81 E - rechtskräftig, EFG 1985, 216 (216); *Niedersächsisches FG*, Urteil vom 30. April 1992 - V 388/90 - rechtskräftig, EFG 1992, 500 (501).

737 *Hans Spanner*, in: Hübschmann/Hepp/Spitaler, AO, § 129 Rdnrn. 36 bis 39; *Wolfgang Hering*, Die Berichtigung offenbarer Unrichtigkeiten im Steuerbescheid, DStZ 1984, 220; *Werner Friedrich*, Berichtigung von Steuerbescheiden wegen offenbarer Unrichtigkeiten (§ 129 AO 1977) DStZ 1984, 112 (112 ff.); *Gerrit Frotscher*, in: Schwarz, AO, § 129 Rdnr. 6; *Reinhard Nothnagel*, Bestandsschutz für den bekannt gegebenen Inhalt von Steuerverwaltungsakten?, StuW 1984, 60.

738 *BFH*, Urteil vom 31. März 1987 - VIII R 46/83, BStBl. II 1987, 588 (589); Urteil vom 08. April 1987 - II R 236/84, BStBl. II 1988, 164 (165); Urteil vom 21. Oktober 1987 - IX R 156/84, BFH/NV 1988, 277 (278); Urteil vom 23. Juni 1988 - IV R 111/86, BFH/NV 1989, 205 (205 f.); Urteil vom 28. Oktober 1992 - II R 111/89, BFH/NV 1993, 637 (638); dem folgend *Kühn/ Hofmann*, AO, § 129 Anm. 2a, a. E.; 2c, aa.

739 BT-Drucksache 7/4292, 29.

740 *Klaus Tipke*, in: Tipke/Kruse, AO, 78. Lfg. März 1996, § 129 Rdnr. 8.

der „Einheit der Rechtsordnung".[741] Gegen den Bundesfinanzhof sprach und spricht, dass besondere Bedürfnisse oder Erfordernisse der Finanzverwaltung nicht vorliegen.[742] Nicht nur die Finanzverwaltung ist eine Massenverwaltung. Außerdem arbeiten auch andere Verwaltungen mit EDV-Anlagen. Der Gesetzeswortlaut (insbesondere die Worte „beim Erlass") zieht weder eine Grenze zwischen EDV-Fehlern und anderen Fehlern, noch ermöglicht er eine solche Abgrenzung[743]. Im Gesetz kommt das EDV-Argument nicht zum Ausdruck. Ferner hilft eine Auslegung nach dem Willen des Gesetzgebers nicht, weil der Finanzausschuss die Fehler, die bei EDV-Steuerbescheiden auftreten, ausdrücklich nur beispielhaft für mechanische Versehensfehler aufgeführt hat.[744] Auch der Sache nach können EDV-Fehler und andere Fehler nahezu völlig gleich liegen, so z. B. wenn in formularmäßig ausgestalteten Bögen für die manuelle Steuerberechnung eine Zahl in eine falsche Spalte eingetragen oder in der richtigen Spalte verdreht wird, oder wenn in einem Eingabewertbogen die Zahl in die falsche Spalte eingetragen oder verdreht wird oder wenn erst bei der Eingabe der Werte in das Datenerfassungsgerät die Spalte verwechselt oder die Zahl verdreht wird.[745]

Aus der von Finanzbeamten verfassten Regierungsbegründung zu § 124 Abs. 1 S. 2 AO wird deutlich, worauf die Fassung des § 129 AO nach dem Willen der Gesetzesverfasser in Wirklichkeit zielt: „Weicht der ausgefertigte und bekannt gegebene Verwaltungsakt von der getroffenen Aktenverfügung ab, so liegt eine offenbare Unrichtigkeit im Sinne des § 133 (jetzt § 129 AO) vor." Der Finanzausschuss hat sich dazu nicht geäußert, sondern nur vermerkt, dass § 124 AO 1977 mit § 39 EVwVfG übereinstimme. Er hat aber offenbar nicht bemerkt, dass es der Verwaltung als Vorbereiterin des Gesetzgebers darauf ankam, § 124 Abs. 1 S. 2 AO mit Hilfe der Fassung des § 129 AO leer laufen zu lassen und auf diese Weise doch noch die alte Rechtsprechung[746] zu restaurieren, die das Risiko für die Fehler der Verwaltung auch dann dem Steuerpflichtigen anlastete, wenn sie für ihn nicht erkennbar waren. § 124 Abs. 1 S. 2 AO wäre demnach so zu lesen, dass der Verwaltungsakt zwar zunächst mit dem Inhalt wirksam wird, mit dem er bekannt gegeben worden ist. Diese Rechtsfolge kann aber von der Finanzbehörde jederzeit nach § 129 AO rückgängig gemacht werden.

---

741 *Klaus Tipke*, in: Tipke/Kruse, AO, 78. Lfg. März 1996, § 129 Rdnr. 8.

742 *Klaus Tipke*, in: Tipke/Kruse, AO, 78. Lfg. März 1996, § 129 Rdnr. 8.

743 *Schleswig-Holsteinisches FG*, Urteil vom 29. März 1983 - V 34/82 - Revision eingelegt, EFG 1983, 587 (590); *Reinhard Nothnagel*, Bestandsschutz für den bekannt gegebenen Inhalt von Steuerverwaltungsakten?, StuW 1984, 60 (69).

744 *Klaus Tipke*, in: Tipke/Kruse, AO, 78. Lfg. März 1996, § 129 Rdnr. 8.

745 *Klaus Tipke*, in: Tipke/Kruse, AO, 78. Lfg. März 1996, § 129 Rdnr. 8.

746 Siehe *Klaus Tipke*, in: Tipke/Kruse, RAO, § 91 Rdnrn. 8, 9.

Ob der Gesetzgeber (das Parlament) diese Auffassung als Auslegung eines einzelnen Paragraphen innerhalb eines umfassenden Gesamtwerks in seinen eigenen Willen aufgenommen hat, ist wegen der Regelung der §§ 124, 127 f, 171 f AO zweifelhaft.[747] Jedoch kann dies dahingestellt bleiben, da vor allem die Gesetzessystematik zu berücksichtigen ist[748]. Die Differenzierung in den Wortlauten des § 42 VwVfG und des § 129 AO bringt das von den Gesetzesverfassern verfolgte Ziel keineswegs klar zum Ausdruck, da die Fehler, die im Verwaltungsakt enthalten sind, ihren Ursprung immer in Entstehungsverfahren (d. h. „beim Erlass") haben und nicht etwa in der Bekanntgabe selbst[749]. Da durch diese beiden Normen durchaus vergleichbare Sachverhalte geregelt sind, ist nur eine systemkonforme Interpretation richtig[750]. Es kann schwerlich unterstellt werden, der Gesetzgeber habe den § 124 Abs. 1 S. 2 AO durch § 129 AO weitgehend leer laufen lassen wollen mit dem Ergebnis einer weitgehenden Einengung des Vertrauensschutzprinzips.[751]

Danach kann nur das bekannt Gegebene oder das für den Betroffenen Erkennbare maßgeblich sein. Es kann nur auf das ankommen, was für den Beteiligten (den Steuerpflichtigen) offenbar ist. § 129 AO muss im Zusammenhang mit § 124 Abs. 1 S. 2 AO gesehen werden. Er darf nicht so interpretiert werden, dass die Wirkungen des § 124 Abs. 1 S. 2 AO, insbesondere der Vertrauensschutz, und die Wirkungen der Vorschrift über die Abänderung von Steuerverwaltungsakten und -bescheiden im Ergebnis leer laufen.

Für die hier vertretene Auffassung spricht auch ein praktischer Verfahrensgesichtspunkt: Der Rechtsschutzgedanke lässt es nicht zu, die Behörde selbst endgültig darüber entscheiden zu lassen, ob eine offenbare Unrichtigkeit durch Bekanntgabe von nicht Gewolltem vorliegt. Das Gewollte, aber nicht Erklärte ist ein für den Beteiligten unkontrollierbares, unnachprüfbares Internum. Bei Korrektur einer Unrichtigkeit zu seinen Lasten bliebe für den Betroffenen nur übrig, die offenbare Unrichtigkeit mit Nichtwissen zu bestreiten, eventuell im Klageverfahren Akteneinsicht zu beantragen

---

747 *Klaus Tipke*, in: Tipke/Kruse, AO, 78. Lfg. März 1996, § 129 Rdnr. 8.

748 Siehe zur Auslegung des § 129 nach den verschiedenen Auslegungsmethoden *Reinhard Nothnagel*, Bestandsschutz für den bekannt gegebenen Inhalt von Steuerverwaltungsakten?, StuW 1984, 60 (63 ff).

749 Siehe dazu *Schleswig-Holsteinisches FG*, Urteil vom 29. März 1983 - V 34/82 - Revision eingelegt, EFG 1983, 587 (590); *Reinhard Nothnagel*, Bestandsschutz für den bekannt gegebenen Inhalt von Steuerverwaltungsakten?, StuW 1984, 60 (69); *Wolfgang Hering*, Die Berichtigung offenbarer Unrichtigkeiten im Steuerbescheid, DStZ 1984, 330 (222).

750 Siehe *Reinhard Nothnagel*, Bestandsschutz für den bekannt gegebenen Inhalt von Steuerverwaltungsakten?, StuW 1984, 60 (67 f.).

751 *Klaus Tipke*, in: Tipke/Kruse, AO, 78. Lfg. März 1996, § 129 Rdnr. 8.

und das Gericht um Prüfung der Akten zu bitten. Das ist unbefriedigend und kein geeignetes, effizientes Vertrauensschutzmittel.

Richtig ist allerdings, dass sich die Unrichtigkeit nicht stets aus dem Verwaltungsakt selbst ergeben muss. Sie muss für den Beteiligten aber erkennbar sein. Ist der Verwaltungsakt unrichtig und gründet diese Unrichtigkeit auf einer Unrichtigkeit, die sich aus anderen dem Beteiligten bekannten Unterlagen (etwa Außenprüfungsbericht, Steuererklärung) ergibt, so kommt es darauf an, ob diese Unrichtigkeit für den Beteiligten offenbar war. Die Offensichtlichkeit der Unrichtigkeit muss sich nicht zwingend aus dem Ausspruch[752] des Verwaltungsaktes ergeben; sie kann auch durch die bekannt gegebenen Besteuerungsgrundlagen[753] oder durch die Begründung des Verwaltungsaktes[754] publik werden.

Offensichtlichkeit der Unrichtigkeit verlangt nicht notwendig, dass auch der an die Stelle der Unrichtigkeit zu setzende richtige Inhalt des Verwaltungsaktes voll offenbar sein muss. Dass die steuerlichen Auswirkungen ohne weitere Überlegungen oder Berechnungen quantitativ überschaubar sind (etwa die Auswirkung einer versehentlichen Anwendung der falschen Steuertabelle oder die unterbliebene Berücksichtigung eines Kindes für die Einkommensteuerveranlagung), ist nicht erforderlich.

Hinter dem Streit, wem der Inhalt des Verwaltungsaktes offenbar sein muss, steckt wahrscheinlich - unausgesprochen - die Befürchtung der Vertreter der Gegenansicht, dass sich die hier vertretene Ansicht zu Lasten der Gesetzmäßigkeit und Gleichmäßigkeit der Besteuerung, zugleich zu Lasten des Fiskus auswirken könnte. Letztlich muss sich jedoch auch das Gewicht von Rechtssicherheit und Vertrauensschutz auswirken, wie es sich aus § 124 Abs. 1 S. 2 AO ergibt. Die Einbußen des Fiskus sind allenfalls gering. Bei nur aus den Akten ersichtlichen mechanischen Versehensfehlern halten sich die für den Betroffenen günstigen und ungünstigen Unrichtigkeiten nach statistischer Wahrscheinlichkeit alles in allem die Waage. Die Fälle von Unrichtigkeiten, in denen der Betroffene nicht bereits ein Rechtsbehelfsverfahren angestrengt hat oder in denen das Finanzamt eine ihm ungünstige Unrichtigkeit überhaupt noch entdeckt, sind zahlenmäßig eher gering.

---

752 Siehe *Klaus Tipke*, in: Tipke/Kruse, AO, § 118 Rdnr. 50.
753 Siehe *Klaus Tipke*, in: Tipke/Kruse, AO, § 157 Rdnr. 5.
754 Siehe § 121 AO.

III. Ermessensentscheidung

Ob eine offenbare Unrichtigkeit berichtigt wird, liegt grundsätzlich im Ermessen der Behörde (§ 129 S. 1 AO: „kann"). Sie wird abwägen müssen zwischen den Belangen der Verwaltung, insbesondere dem fiskalischen Interessen einerseits und dem Vertrauensinteresse des Betroffenen andererseits, wobei der Anspruch aller Beteiligten auf Klarheit, Rechtssicherheit und Eindeutigkeit[755] mit zu berücksichtigen ist. Je länger die Bekanntgabe eines mit einer offenbaren Unrichtigkeit behafteten begünstigenden Verwaltungsaktes zurückliegt, desto mehr wird das Vertrauensinteresse des Betroffenen wiegen.[756] Nur bei berechtigtem Interesse des betroffenen Beteiligten ist zu berichtigen (§ 129 S. 2 AO). Ein berechtigtes Interesse besteht insbesondere dann, wenn der Bescheid, der die Unrichtigkeit enthält, für andere Feststellungen bindend ist oder wenn sich die Unrichtigkeit auf die Höhe der Steuerfestsetzung auswirkt.[757] Das Interesse muss aber kein rechtliches sein; es genügt jedes Interesse, bei dessen Nichtbefriedigung dem Betroffenen Nachteile oder Umstände entstehen würden.[758] Am berechtigten Interesse fehlt es, wenn die Unrichtigkeit sich auf das Ergebnis des Verwaltungsaktes nicht auswirkt und der Betroffene auch sonst nicht geltend machen kann, dass ihm bei Nichtberichtigung Nachteile oder Umstände entstehen würden.[759] So wird bei evidenten Schreibfehlern oder der Verwendung eines offensichtlich falschen, aber nicht misszuverstehenden Ausdrucks von der Berichtigung abgesehen werden können.[760]

Die Behörde darf in Ausübung ihres Ermessens nicht berichtigen, wenn eine zunächst nicht bestehende Unrichtigkeit erst durch das Verhalten eines Bediensteten herbeigeführt wurde und insoweit in besonderem Maß der Anschein hervorgerufen wird, dass das so nicht gewollt bekannt Gegebene dem tatsächlichen Willen der Behörde entspricht[761]. Das Finanzamt hat grundsätzlich die für die Ausübung seines Ermessens maßgeblichen Gründe anzugeben. Da die Begründung den Betroffenen wenigstens instand setzen soll, sein Recht sachgemäß wahrnehmen zu können[762], genügt in den Fällen des § 129 AO regelmäßig die Subsumtion (Darlegung der offenbaren Un-

---

755 *Klaus Tipke*, in: Tipke/Kruse, AO, 78. Lfg. März 1996, § 129 Rdnr. 24; *Kühn/Hofmann*, AO, § 129 Anm. 4a.

756 *Klaus Tipke*, in: Tipke/Kruse, AO, 78. Lfg. März 1996, § 129 Rdnr. 24.

757 *Klaus Tipke*, in: Tipke/Kruse, AO, 78. Lfg. März 1996, § 129 Rdnr. 24.

758 *Klaus Tipke*, in: Tipke/Kruse, AO, 78. Lfg. März 1996, § 129 Rdnr. 24.

759 *Klaus Tipke*, in: Tipke/Kruse, AO, 78. Lfg. März 1996, § 129 Rdnr. 24.

760 *Klaus Tipke*, in: Tipke/Kruse, AO, 78. Lfg. März 1996, § 129 Rdnr. 24.

761 Siehe *BFH*, Urteil vom 24. Oktober 1984 - II R 30/81, BStBl. II 1985, 218 (220 f.).

762 *Klaus Tipke*, in: Tipke/Kruse, AO, § 121 Rdnr. 2.

richtigkeit) unter Hinweis auf die steuerliche Auswirkung.[763] Eine offenbare Unrichtigkeit trägt regelmäßig den Grund zur Korrektur in sich[764].

IV. Die Berichtigung von Fehlern bei der Verwendung elektronischer Datenverarbeitungsanlagen

Bereits die Begründung zum EAO 1974[765] befasst sich zu § 136 AO (Steuerfestsetzung; nunmehr § 155 AO) mit der elektronischen Steuerfestsetzung. Zu Beginn wird darauf verwiesen, dass Steuerbescheid der dem Steuerpflichtigen bekannt zu gebende – nunmehr zutreffend „bekannt gegebene" (§ 129 Abs. 1 AO) – Verwaltungsakt ist. Dies gilt auch für maschinell erstellte Steuerbescheide.[766] Für das Zustandekommen der maschinellen Bescheide führt die Begründung[767] aus:

„Die Aufgabe des Berechnungsbogens übernimmt bei der elektronischen Steuerfestsetzung der Eingabewertbogen zusammen mit dem entsprechenden Programm. Die zu den Akten gelangende Abschrift des Steuerbescheides dokumentiert die Ausführung der durch Eingabewertbogen und Programm gegebenen Befehle. Die aufgrund des Eingabewertbogens und des Programms vorgenommene Steuerfestsetzung entspricht der Willensbildung der für das Programm und den Eingabewertbogen verantwortlichen Bediensteten. Dass bei Zeichnung des Eingabewertbogens der Steuerbetrag noch nicht bekannt ist, kann demgegenüber nicht entscheidend sein. Durch das Programm und den ausgefüllten Eingabewertbogen steht der genaue Steuerbetrag eindeutig fest."

Im Urteil vom 28. September 1984 führt der *Bundesfinanzhof*[768] aus, dass dann, wenn das Finanzamt dem Steuerpflichtigen lediglich einen Computerausdruck übersende, der die äußere Form und den Inhalt eines Einheitswertbescheides aufweise, nur ein Scheinverwaltungsakt vorliege, sodass eine Berichtigung nach § 129 AO nicht in Betracht komme. Die Berichtigung nach § 129 AO setze einen Verwaltungsakt im Sinne des § 118 AO voraus. Im konkreten Fall hatte das Finanzamt den durch die Übersendung des Computerauszuges an den Steuerpflichtigen entstandenen Rechts-

---

763 *Klaus Tipke*, in: Tipke/Kruse, AO, 78. Lfg. März 1996, § 129 Rdnr. 24.

764 Siehe *BFH*, Urteil vom 28. Oktober 1992 - II R 111/89, BFH/NV 1993, 637 (638) – Begründung nicht erforderlich bei Ermessensreduktion; *FG Köln*, Urteil vom 05. September 1991 - 7 K 5921/90 - rechtskräftig, EFG 1992, 107 (108); *FG Hamburg*, Urteil vom 07. August 1995 - VII 14/93 - Revision eingelegt, EFG 1996, 3 (4).

765 BT-Drucksache VI/1982.

766 *Hans Spanner*, in: Hübschmann/Hepp/Spitaler, AO, § 129 Rdnr. 57.

767 BT-Drucksache VI/1982.

768 *BFH*, Urteil vom 28. September 1984 - III R 58/83, BStBl. II 1985, 42 (43).

schein dadurch beseitigt, dass es in der Einspruchsentscheidung festgestellt hat, es habe sich lediglich um einen Scheinverwaltungsakt gehandelt, sodass die ursprünglichen Einheitswertbescheide weitergelten.

Hugo von Wallis[769] hat die Erstellung von maschinellen Steuerbescheiden durch EDV-Anlagen detailliert dargelegt, indem er ausführt, dass die Aufgaben der elektronischen Rechenanlage zunächst in einem Programm festgelegt würden, das für seinen Geltungsbereich alle Entscheidungen gewissermaßen „vorgedacht" enthalte und für alle Veranlagungsfälle, die danach ablaufen, verbindlich sei.

Das Programm wird von einer Arbeitsgruppe aufgestellt (Programmierung) und von ihr oder einer anderen Gruppe in einem Maschinencode übersetzt (Codierung). Die Besonderheit des maschinellen oder mechanisierten Verfahrens besteht darin, dass das Ergebnis, die betragsmäßige Festsetzung der Steuer für den Einzelfall nicht auf der Entscheidung des Sachbearbeiters beruht, sondern aus den Eingabewerten nach einem vorher festgelegten Programm von der Maschine geliefert wird. Demnach erfolgt die Arbeitsteilung in folgenden Abschnitten: Programmierung, Codierung, Übertragung des Programms auf Lochkarten oder EDV-Formulare und maschinelle Arbeitsvorgänge bis zur Fertigung der Steuerbescheide.

Nach *Hugo von Wallis* ergibt sich aus dieser Aufteilung, dass Fehler bei der Feststellung und Übertragung der Eingabewerte auf einem Rechtsirrtum beruhen oder auf ein versehentlich falsches Ausfüllen des Eingabewertbogens (Vergreifen in der Schlüsselzahl, Übertragung in die falsche Spalte) zurückzuführen sein können.[770] Nur bei der Programmierung und bei der Festsetzung der Eingabewerte sei über die Rechtsanwendung zu entscheiden.[771] Da die Maschine nicht denken und nicht irren könne, seien Fehler, die sich bei der Übertragung der Eingabewerte auf die Lochkarten oder EDV-Formulare, bei der Bedienung der Maschine oder durch ein technisches Versagen der Maschine ergeben, stets offenbare Unrichtigkeiten im Sinne des § 92 Abs. 2 RAO[772]. Ergebe sich aus den Umständen des Falles, dass der Veranlagungsbeamte über die Sach- und Rechtslage nicht im Irrtum gewesen sei, so stelle die Verwendung einer falschen Schlüsselzahl eine ähnliche offenbare Unrichtigkeit dar[773].

769 *Hugo von Wallis*, in: Hübschmann/Hepp/Spitaler, RAO, § 92 Rdnrn. 25 f..
770 *Hugo von Wallis*, in: Hübschmann/Hepp/Spitaler, RAO, § 92 Rdnrn. 25 f.
771 *Hugo von Wallis*, in: Hübschmann/Hepp/Spitaler, RAO, § 92 Rdnrn. 25 f.
772 *Lothar Woerner*, Die Zurücknahme, Änderung und Ersetzung von Verfügungen der Steuerverwaltungsbehörden, S. 17.
773 *FG Rheinland-Pfalz*, Urteil vom 05. März 1970 - III 130/69, EFG 1970, 306.

Die Finanzrechtsprechung hat sich mehrfach mit der Möglichkeit der Berichtigung von Fehlern bei der Erstellung von Steuerbescheiden mit elektronischen Anlagen befasst. Im Urteil vom 05. Oktober 1967[774] hat der *Bundesfinanzhof* ausgeführt, dass es sich um eine offenbare Unrichtigkeit im Sinne des § 92 Abs. 2 RAO handele, wenn die Unrichtigkeit eines unter Verwendung einer EDV erstellten Einkommensteuerbescheides auf einem Irrtum des Veranlagungsbeamten über den tatsächlichen Ablauf des maschinellen Veranlagungsverfahrens beruht habe. Der *Bundesfinanzhof* bemerkte, dass die Veranlagungsverfahren durch EDV zwar gegenüber dem manuellen Veranlagungsverfahren verschiedene technische Besonderheiten aufwiesen, die Verschiedenheiten beider Verfahren jedoch nicht von so grundsätzlicher Art seien, dass die Rechtsprechung neue Grundsätze zur Anwendung des § 92 Abs. 2 RAO bei Veranlagungen mittels EDV habe entwickeln müssen. Fehler bei der Feststellung der Eingabewerte und ihrer Eintragung in den Eingabewertbogen seien daher nach den von der Rechtsprechung entwickelten allgemeinen Grundsätzen zu beurteilen. Dabei wird betont, dass schon die Möglichkeit eines Rechtsirrtums die Anwendung des § 92 Abs. 2 RAO ausschließe.

Im Urteil vom 31. Juli 1975[775] bestätigt der *Bundesfinanzhof* diese Auffassung, fügt aber noch, der bisherigen Rechtsprechung folgend, hinzu, dass die rein theoretische Möglichkeit, dass der fehlerhaften Eintragung in den Eingabebogen rechtliche Überlegungen zugrunde gelegen haben könnten, eine Berichtigung nach § 92 Abs. 2 RAO nicht ausschließe. Zutreffend weist der *Bundesfinanzhof* darauf hin, dass die mittels EDV erstellten Steuerbescheide nicht mit denjenigen des herkömmlichen manuellen Verfahrens identisch seien.[776] Steuerbescheid des manuellen Veranlagungsverfahrens sei der bei den Steuerakten befindliche Berechnungsbogen, der mit der Festsetzung der Steuer abschließt und vom Sachgebietsleiter gezeichnet sei. Bei elektronischer Steuerfestsetzung übernehme die Funktion, den Entscheidungswillen und die Rechtsauffassung des zuständigen Beamten zu dokumentieren, der Eingabebogen (Eingabewertbogen). Er sei, wie der *Bundesfinanzhof* ausführt, da die Steuererrechnung und Festsetzung weitgehend durch das EDV-Programm durchgeführt wird, und erst im ausgedruckten, in erster Linie für den Steuerpflichtigen bestimmten Bescheid sichtbar wird, zwangsläufig auf die Eintragung von Daten und Beträgen unter bestimmten Kennziffern beschränkt.[777] Dadurch werde, wenn auch nicht unmittelbar sichtbar, die

---

774 *BFH*, Urteil vom 05. Oktober 1967 - IV R 84/67, BStBl. III 1967, 793.
775 *BFH*, Urteil vom 31. Juli 1975 - V R 121/73, BStBl. II 1975, 868.
776 *BFH*, Urteil vom 31. Juli 1975 - V R 121/73, BStBl. II 1975, 868.
777 *BFH*, Urteil vom 31. Juli 1975 - V R 121/73, BStBl. II 1975, 868.

Steuer für den Einzelfall bereits konkretisiert.[778] Dabei könne nicht übersehen werden, dass in der Regel mit der Zuordnung von Beträgen zu bestimmten Kennziffern rechtliche Entscheidungen getroffen werden, weil mit der Zuordnung zu einer Kennziffer durchweg eine bestimmte, im Vorhinein durch das EDV-Rechenprogramm festgelegte rechtliche Behandlung verbunden sei.[779] Diese nähmen die zuständigen Beamten – sofern kein mechanisches Versehen vorliegt - mit der abschließenden Zeichnung des Eingabebogens in ihren Willen auf, da sie sowohl durch die Kennziffer-Erläuterungen im Eingabebogen als auch durch verwaltungsinterne Dienstanweisungen über die Bedeutung und Auswirkungen der Kennziffern unterrichtet seien. Damit schließt sich der *Bundesfinanzhof* den oben angeführten Ausführungen der Begründung zu § 136 des EAO 1974 an.

Zur Möglichkeit eines Rechtsirrtums unterstreicht das Urteil[780] unter Hinweis auf die Urteile vom 02. August 1974[781] und vom 22. November 1974[782] die erwähnte Feststellung, dass es sich nicht um eine rein theoretische Möglichkeit handeln dürfe.

Im Urteil vom 01. April 1977[783] bestätigt der *Bundesfinanzhof* unter Hinweis auf das Urteil vom 31. Juli 1975[784], dass eine Berichtigung eines Einkommensteuerbescheides wegen offenbarer Unrichtigkeit auch dann möglich sei, wenn der Eingabewertbogen versehentlich falsch ausgefüllt wurde.

Unter Bezugnahme auf die Urteile vom 05. Oktober 1967[785], vom 31. Juli 1975[786] und vom 01. April 1977[787] führt der *Bundesfinanzhof* in seinem Urteil vom 09. Oktober 1979[788] aus, dass ein Überlegungsfehler des Veranlagungsbeamten die Annahme einer offenbaren Unrichtigkeit nicht ausschließe, wenn sich der Fehler auf den tatsächlichen Ablauf des maschinellen Veranlagungsverfahrens beziehe. Den Schreib- und Rechenfehlern „ähnliche offenbare Unrichtigkeiten" seien mechanische Versehen, zu denen in erster Linie Fehler beim Ablesen der Steuertabelle und Übertragungsfehler gehörten. Eine offenbare Unrichtigkeit könne aber auch dann vorliegen, wenn der Ver-

778 *BFH*, Urteil vom 31. Juli 1975 - V R 121/73, BStBl. II 1975, 868.
779 *BFH*, Urteil vom 31. Juli 1975 - V R 121/73, BStBl. II 1975, 868.
780 *BFH*, Urteil vom 31. Juli 1975 - V R 121/73, BStBl. II 1975, 868.
781 *BFH*, Urteil vom 02. August 1974 - VI R 137/71, BStBl. II 1974, 727.
782 *BFH*, Urteil vom 22. November 1974 - VI R 138/72, BStBl. II 1975, 350.
783 *BFH*, Urteil vom 01. April 1977 - VI R 153/76, BStBl. II 1977, 853.
784 *BFH*, Urteil vom 31. Juli 1975 - V R 121/73, BStBl. II 1975, 868.
785 *BFH*, Urteil vom 05. Oktober 1967 - IV R 84/67, BStBl. III 1967, 793.
786 *BFH*, Urteil vom 31. Juli 1975 - V R 121/73, BStBl. II 1975, 868.
787 *BFH*, Urteil vom 01. April 1977 - VI R 153/76, BStBl. II 1977, 853.
788 *BFH*, Urteil vom 09. Oktober 1979 - VIII R 226/77, BStBl. II 1980, 62.

anlagungsbeamte den Eingabewertbogen versehentlich falsch ausgefüllt oder sich über den tatsächlichen Ablauf des maschinellen Veranlagungsverfahrens geirrt habe.[789]

Für das automatisierte Besteuerungsverfahren wird eine Berichtigung wegen offenbarer Unrichtigkeiten ohne Rücksicht darauf als zulässig angenommen, in welcher Stufe des Verfahrens (Progammerstellung, Codierung, Übertragung in den Eingabewertbogen, auf Lochkarten, Eingabe, maschinelle Verarbeitung, Ausdruck) sie entstanden sind.[790] Eine Berichtigung sei, wie *Martin Förster*[791] bemerkt, selbst dann zulässig, wenn die Unrichtigkeit zwar beim Erlass des Verwaltungsaktes, nicht aber bei der Finanzbehörde, sondern z. B. bei einem privaten Unternehmen unterlaufen sei, dessen Hilfe sich die Finanzbehörde im automatisierten Besteuerungsverfahren bediene.[792]

Der *Bundesfinanzhof* hat in seinem Urteil vom 28. September 1984[793] anerkannt, dass auch beim Erstellen eines EDV-Programms „mechanische" Fehler auftreten könnten, die eine Berichtigung nach § 129 AO rechtfertigen. Auch hier gelte, dass eine Berichtigung ausgeschlossen sei, wenn auch nur die Möglichkeit eines Fehlers in der Tatsachenwürdigung oder Rechtsanwendung bestehe[794]. Unerheblich sei, dass das Finanzamt das EDV-Programm nicht selbst erstellt habe. Der *Bundesfinanzhof* stellt klar, dass ein Fehler im EDV-Programm ein Fehler „beim Erlass eines Verwaltungsaktes" sei.[795] Mechanische Fehler könnten sowohl beim Erstellen eines EDV-Programms wie beim Übertragen des fertigen Programms vom Codierblatt auf den Datenträger unterlaufen.[796] Es komme auch nicht darauf an, ob der Fehler dem Programmierer oder dem Datenerfasser im Rechenzentrum unterlaufen sei.[797]

Das *Finanzgericht Düsseldorf* hat im Urteil vom 14. Dezember 1966[798] nach der Feststellung, dass die Verwendung elektronischer Datenverarbeitungsanlagen grundsätzlich ohne Einfluss auf die Rechtswirksamkeit eines Einkommensteuerbescheides sei, ausgeführt, dass ein unter Verwendung solcher Anlagen erstellter Einkommensteuerbescheid nicht offenbar unrichtig sei (im Sinne von § 92 Abs. 2 RAO), wenn seine

---

789 *BFH*, Urteil vom 09. Oktober 1979 - VIII R 226/77, BStBl. II 1980, 62.

790 *Hans Spanner*, in: Hübschmann/Hepp/Spitaler, AO, § 129 Rdnr. 65.

791 *Martin Förster*, in: Koch/Scholtz, AO, § 129 Rdnr. 5.

792 Zur Beurteilung der Fehler bei EDV-Veranlagung im Wesentlichen übereinstimmend *Kühn/ Hofmann*, AO, § 129 Anm. 2c bb; *Klaus Tipke*, in: Tipke/Kruse, AO, 78. Lfg. März 1996, § 129 Rdnr. 6.

793 *BFH*, Urteil vom 28. September 1984 - III R 58/83, BStBl. II 1985, 42.

794 *Hans Spanner*, in: Hübschmann/Hepp/Spitaler, AO, § 129 Rdnr. 26.

795 *BFH*, Urteil vom 28. September 1984 - III R 58/83, BStBl. II 1985, 42 (43).

796 *BFH*, Urteil vom 28. September 1984 - III R 58/83, BStBl. II 1985, 42 (43).

797 *BFH*, Urteil vom 28. September 1984 - III R 58/83, BStBl. II 1985, 42 (43).

798 *FG Düsseldorf*, Urteil vom 14. Dezember 1966 - V 198/66 E, EFG 1967, 216 (Nr. 216).

Unrichtigkeit möglicherweise auf einem Irrtum des Steuerbeamten hinsichtlich der systematischen Gliederung des Eingabewertbogens für die EDV-Anlage beruhe. Dies sei mit einem bei der Bildung des Entscheidungswillens entstandenen Rechtsirrtums zu vergleichen.[799]

Das *Finanzgericht Schleswig-Holstein* hat im Urteil vom 29. März 1983[800] klargestellt, dass die Nichtigkeit eines Bescheides nach § 125 AO einen besonders schwerwiegenden, für niemand erträglichen Verstoß gegen die Rechtsordnung voraussetze. Für Bescheide, die im automatisierten EDV-Verfahren ergehen, gelte nichts anderes. Im konkreten Fall führte das Gericht aus, dass ein Steuerbescheid, mit dem geschiedene Ehegatten im Jahr nach der Eheschließung statt getrennt noch im Splittingverfahren zusammenveranlagt würden, weil das Finanzamt die persönlichen Daten (obgleich sie ihm bekannt waren) in der zentral gespeicherten Datei nicht geändert hatte, weder nichtig nach § 125 AO sei, noch eine Berichtigung nach § 129 AO gerechtfertigt sei.

Das *Hessische Finanzgericht* hat in seinem Urteil vom 16. August 1966[801] ausgeführt, dass es sich bei einer Zuvielerstattung um eine berichtigungsfähige offenbare Unrichtigkeit handele, wenn der Bearbeiter des Finanzamtes sich bei der Ausfüllung des Eingabewertbogens zum maschinellen Lohnsteuerjahresausgleich versehe. In dem der Entscheidung zugrunde liegenden Fall hatte der Sachbearbeiter den Arbeitslohn laut zweiter Steuerkarte in die für die mitverdienende Ehefrau vorgesehene Rubrik übertragen mit der Folge, dass die maschinelle Durchführung des Jahresausgleichs zur Gewährung eines zweiten Werbungskostenpauschalbetrages und eines zweiten Weihnachtsfreibetrages führte.

Bemerkenswert ist, dass bei diesen Entscheidungen regelmäßig die Frage der Offenbarkeit des Fehlers gegenüber dem Steuerpflichtigen in den Hintergrund tritt, was aber doch wohl zu beachten ist, da keineswegs jede „beim Erlass des Verwaltungsaktes“ vorgekommene Unrichtigkeit auch im Hinblick auf den Steuerpflichtigen offenbar zu sein braucht.[802] Diese Klausel darf gerade bei der Erstellung von Steuerbescheiden mittels EDV nicht zum Überspielen des Erfordernisses der Offenbarkeit verwendet werden[803].

799 *FG Düsseldorf*, Urteil vom 14. Dezember 1966 - V 198/66 E, EFG 1967, 216 (Nr. 216).
800 *FG Schleswig-Holstein*, Urteil vom 29. März 1983 - IV 34/82, EFG 1983, 587.
801 *Hessisches FG*, Urteil vom 16. August 1966 - I 96/66, EFG 1967, 47 (Nr. 46).
802 *Hans Spanner*, in: Hübschmann/Hepp/Spitaler, AO, § 129 Rdnr. 68.
803 Siehe *Hans Spanner*, in: Hübschmann/Hepp/Spitaler, AO, § 129 Rdnr. 39.

Der finanzgerichtlichen Rechtsprechung ist insoweit Recht zu geben, als sie die grundsätzliche Möglichkeit zur Korrektur von Steuerverwaltungsakten mittels § 129 AO bei Vorliegen offenbarer Unrichtigkeiten bei Einsatz elektronischer Datenverarbeitung anerkennt.

Die Rechtsprechung geht allerdings zu weit. Sie stellt zu sehr auf die Sichtweise der Finanzbehörde ab und drängt den Empfängerhorizont, also den des Steuerpflichtigen, in nicht mehr zulässiger Weise in den Hintergrund. Es kommt, wie bereits ausgeführt[804], auch bei Einsatz von elektronischer Datenverarbeitung nicht auf das von der Finanzbehörde Gewollte, sondern auch im Bereich der offenbaren Unrichtigkeiten auf das Erklärte oder Offenbarte, und damit für den Steuerpflichtigen Erkennbare an.[805] Der Steuerpflichtige muss sich auf den Inhalt des ihm bekannt gegebenen Verwaltungsaktes verlassen können. Für ihn spricht der Grundsatz des Vertrauensschutzes, welcher verfassungsrechtlich über das Rechtsstaatsprinzip abgesichert ist.[806] Sofern das Vertrauen des Steuerpflichtigen schutzwürdig ist, der Steuerpflichtige also auf die Richtigkeit des Verwaltungsaktes wegen fehlender Erkennbarkeit eines Fehlers vertrauen darf, muss die Finanzbehörde auf die §§ 172 ff. AO verwiesen werden.

Ließe man außer im Rahmen der hier vertretenen restriktiven Auslegung des § 129 AO weitere Fehler zu, welche alleine die Finanzbehörde zu vertreten hätte und die zur offenbaren Unrichtigkeit des Steuerverwaltungsaktes führen würden, bliebe, jedenfalls was den Steuerverwaltungsakt bei der Verwendung elektronischer Datenverarbeitungsanlagen anbelangt, vom Grundsatz des Vertrauensschutzes nur noch wenig übrig.

Die hier vertretene dogmatische Linie führt nicht zu einer Benachteiligung der Interessen der Finanzbehörde. Die Interessen der Finanzbehörde sind bei Vorliegen offenbarer Unrichtigkeiten über § 129 AO und im Übrigen über die Vorschriften der §§ 172 ff. AO ausreichend geschützt. Sie kann den Steuerverwaltungsakt entweder ohne weiteres über § 129 AO in den bereits dargelegten Fällen korrigieren oder aber bei Vorliegen der übrigen Voraussetzungen den Verwaltungsakt nach den §§ 172 ff. AO aufheben. Die gesetzliche Regelung führt in diesem Sinne zu einem Ausgleich der

---

804 Zweiter Teil „Das Wirksamwerden von Steuerverwaltungsakten", Erstes Kapitel „Der Zeitpunkt der Entstehung von Steuerverwaltungsakten", II. 1. c) „Kritik" und Dritter Teil „Das Wirksamwerden mit dem bekannt gegebenen Inhalt", Viertes Kapitel „Die Berichtigung offenbarer Unrichtigkeiten", II. 4. „Die Offenbarkeit" und 5. „Für wen offenbar?".

805 *Klaus Tipke*, in: Tipke/Kruse, AO, § 129 Rdnr. 6; *Wolfgang Hering*, Die Berichtigung offenbarer Unrichtigkeiten im Steuerbescheid, DStZ 1984, 220 (222); *Werner Friedrich*, Berichtigung von Steuerbescheiden wegen offenbarer Unrichtigkeiten, DStZ 1984, 112 (112 ff).

806 Statt aller: *Roman Herzog*, in: Maunz/Dürig, GG, Art. 20 Rdnr. 64 m. w. N.; *Hans D. Jarass*, in: Jarass/Pieroth, GG, Art. 20 Rdnr. 78; *Eberhard Schmidt-Aßmann*, in: Isensee/Kirchhof, Handbuch des Staatsrechts, Band I, § 24.

sich gegenüber stehenden Interessen des Steuerpflichtigen an der Beständigkeit des Steuerverwaltungsaktes und dem Interesse der Finanzbehörde, einen ihrer Ansicht nach nicht der Rechtslage entsprechenden Verwaltungsakt aufheben zu können.

In dem System der §§ 129, 172. ff AO ist auch der Steuerpflichtige ausreichend geschützt. Denn nicht er war es, der das Vertrauen in den Steuerverwaltungsakt hervorgerufen hat, sondern die Finanzbehörde durch einen eventuell rechtswidrigen Verwaltungsakt. Außer in den Fällen des § 129 AO überwiegt für den Steuerpflichtigen sein elementares Interesse an der Beständigkeit einer ihm bekannt gegebenen Entscheidung der Finanzbehörde. Er muss sich darauf verlassen können, dass die Finanzbehörde bei Fehlerhaftigkeit des Steuerverwaltungsaktes die Regelungen der §§ 172 ff. AO einhält.

Der Grundsatz des Vertrauensschutzes macht es daher erforderlich, dass auch bei Steuerverwaltungsakten, die unter Einsatz der elektronischen Datenverarbeitung erlassen werden, nur in den oben dargestellten, eng begrenzten Fällen eine Korrektur des Steuerverwaltungsaktes über § 129 AO ermöglicht wird.

Zwischenergebnis

Nach dem hier entwickelten Verständnis kann es keine inhaltliche Divergenz zwischen dem entstandenen und dem bekannt gegebenen Verwaltungsakt geben, sodass die Trennung der Entstehung des Verwaltungsaktes von seinem Wirksamwerden mit den Grundsätzen der Erklärungstheorie zu vereinbaren ist.

Gesamtergebnis

Nach dem hier entwickelten Verständnis zum Entstehungszeitpunkt von Steuerverwaltungsakten ist die entscheidende Zäsur an der Stelle vorzunehmen, an welcher die behördliche Verfügung als Willenserklärung abgegeben, „auf-den-Weg-gebracht" wird und so den Bereich der erlassenden Behörde verlässt. Diese Sichtweise steht im Einklang mit der im § 124 Abs. 1 S. 2 AO Gesetz gewordenen Erklärungstheorie.

Nach § 124 Abs. 1 AO wird der Verwaltungsakt mit seiner Bekanntgabe wirksam. Für die Bekanntgabe des Steuerverwaltungsaktes und damit dessen Wirksamwerden genügt die Möglichkeit der Kenntnisnahme durch den Inhaltsadressaten.

Rechtswirksamkeit oder Rechtswirkung entfaltet er gegenüber demjenigen, für den er seinem Inhalt nach bestimmt ist oder gegenüber (anderen) Betroffenen.

Auch für die Verwaltungsbehörde treten durch die Wirksamkeit des Verwaltungsaktes Rechtswirkungen ein. Die Behörde ist von nun an an den eigenen Verwaltungsakt gebunden und kann ihn in der Regel nicht mehr frei zurücknehmen, widerrufen oder ändern.

Die Wirksamkeit löst bei vollziehbaren Verwaltungsakten regelmäßig die Vollziehbarkeit aus, es sei denn, diese ist ausdrücklich aufgeschoben.

Die Bekanntgabe ist Wirksamkeitsvoraussetzung für im Verwaltungsakt angeordnete aufgeschobene Rechtswirkungen. Sie setzt den Zugang des Verwaltungsaktes, also die Möglichkeit zur Kenntnisnahme, voraus. Insoweit ist der Adressat verpflichtet, Empfangsvorkehrungen zu treffen.

Elektronische Dokumente beispielsweise gelten in dem Zeitpunkt als zugegangen, in dem sie im Speicher des zentralen Servers des Mediendienstes abgelegt werden.

Vom wirksamen Verwaltungsakt geht eine Tatbestandswirkung aus, d. h., dass sein Ausspruch von nicht betroffenen Dritten bzw. anderen Behörden oder nicht zur Entscheidung über den Verwaltungsakt berufenen Gerichten zu respektieren ist.

Nach § 124 Abs. 2 AO bleibt der Verwaltungsakt wirksam, solange und soweit er nicht zurückgenommen, widerrufen, anderweitig aufgehoben wurde oder sich durch Zeitablauf oder auf andere Weise erledigt hat. Diese Regel gilt grundsätzlich auch für rechtswidrige Verwaltungsakte. Sie gilt nicht für nichtige Verwaltungsakte, diese sind gemäß § 124 Abs. 3 AO unwirksam.

Eine inhaltliche Divergenz zwischen dem entstandenen und dem bekannt gegebenen Verwaltungsakt kann es nach dem hier entwickelten Verständnis nicht geben. Die Trennung der Entstehung des Verwaltungsaktes von seinem Wirksamwerden ist mit den Grundsätzen der Erklärungstheorie zu vereinbaren.

Im Ergebnis ist damit aufgezeigt, dass die verfolgte dogmatische Linie, die eine Unterscheidung von Entstehung und Wirksamkeit des Verwaltungsaktes favorisiert, weder als Rehabilitierung der überholten Willenstheorie angesehen werden kann noch mit den unbestritten Gesetz gewordenen Grundsätzen der Erklärungstheorie unvereinbar ist.

Literaturverzeichnis

Achterberg, Norbert: Allgemeines Verwaltungsrecht, 2. Auflage, Heidelberg 1986.

Altfelder, Stefan: Integrierte Datenverarbeitung im Besteuerungsverfahren, Köln, Berlin, Bonn, München 1985.

Ax, Rolf/*Große*, Thomas/*Melchior*, Jürgen: Abgabenordnung und Finanzgerichtsordnung, 17. Auflage, Stuttgart 2001.

Bähr, O.: Über Irrungen im Contrahieren, JherJ 14 (1875), S. 393 ff.

Becker, Enno/*Riewald*, Alfred/*Koch*, Carl: Reichsabgabenordnung mit Nebengesetzen, Band I, §§ 1 - 159 Reichsabgabenordnung, 9. Auflage, Köln, Berlin, Bonn, München 1963.

Beger, Wolf Dietrich: Fehlerhafte Steuerverwaltungsakte, DStR 1975, S. 175 ff.

Birk, Dieter: Steuerrecht, 5. Auflage, Heidelberg 2002.

– Steuerrecht I, Allgemeines Steuerrecht, 2. Auflage, München 1994.

Blaurock, Uwe: Die Entwicklung neuer Technologie auf dem Finanzsektor, Berlin 1986.

Boldt-Nieskens, Marion/*Nieskens*, Hans: Abgabenordnung, 4. Auflage, Baden-Baden 1991.

Brinkmann, Franz-Josef: Der Zugang von Willenserklärungen, Berlin 1984.

Brox, Hans: Allgemeiner Teil des Bürgerlichen Gesetzbuches, 26. Auflage, Köln, Berlin, Bonn, München 2002.

Burgard, Ulrich: Das Wirksamwerden empfangsbedürftiger Willenserklärungen im Zeitalter moderner Telekommunikation, AcP 195 (1995), S. 74 ff.

Canaris, Claus-Wilhelm: Bankvertragsrecht, Erster Teil, 3. Auflage, Berlin 1988.

– Funktion, Struktur und Falsifikation juristischer Theorien, JZ 1993, S. 377 ff.

Clemens, Rudolf: Die elektronische Willenserklärung - Chancen und Gefahren, NJW 1985, S. 1998 ff.

Danz, Erich: Die Auslegung der Rechtsgeschäfte, 3. Auflage, Jena 1911.

Dilcher, Hermann: Der Zugang von Willenserklärungen, AcP 154 (1955), S. 120 ff.

Domann, Rita: Die richtige Zustellung von Verwaltungsakten im Besteuerungsverfahren, BB 1975, S. 507 ff.

Ebnet, Peter: Die Entwicklung des Telefax-Rechts seit 1992, JZ 1996, S. 507 ff.

– Rechtsprobleme bei der Verwendung von Telefax, NJW 1992, S. 2985 ff.

Engelhardt, Hanns/*App*, Michael: Verwaltungs-Vollstreckungsgesetz, Verwaltungszustellungsgesetz, 5. Auflage, München 2001.

Enneccerus, Ludwig/*Nipperdey*, Hans Carl: Lehrbuch des Bürgerlichen Rechts, Band 1, Allgemeiner Teil des Bürgerlichen Rechts, 2. Halbband, Entstehung, Untergang und Veränderung der Rechte, Ansprüche und Einreden, Ausübung und Sicherung der Rechte, 15. Auflage, Tübingen 1960.

Erichsen, Hans-Uwe/*Ehlers*, Dirk: Allgemeines Verwaltungsrecht, 12. Auflage, Berlin, New York 2002.

Erman, Walter, Hrsg.: *Westermann*, Harm Peter: Bürgerliches Gesetzbuch, Band I, §§ 1 – 853, HausTWG, ProdHaftG, SchuldRAnpG, VerbrKrG, 10. Auflage, Münster, Köln 2000.

Ernst, Stefan: Der Mausklick als Rechtsproblem - Willenserklärungen im Internet, NJW-CoR 1997, S. 165 ff.

Flume, Werner: Allgemeiner Teil des Bürgerlichen Rechts, 2. Band, Das Rechtsgeschäft, 3. Auflage, Berlin, Heidelberg, New York 1979.

Forsthoff, Ernst: Lehrbuch des Verwaltungsrechts, Band 1, Allgemeiner Teil, München 1961.

Frenkel, Erdmann: Abweichungen zwischen Verfügung und Bekanntgabe (§ 91 AO), DStR 1968, S. 395 ff.

Friedlaender, Kurt: Zur Grundsteuer und Abgabenordnung, StuW 1965, S. 383 ff.

Friedmann, Stefan: Bildschirmtext und Rechtsgeschäftslehre, Dissertation Köln 1986.

Friedrich, Werner: Berichtigung von Steuerbescheiden wegen offenbarer Unrichtigkeiten (§ 129 AO 1977), DStZ 1984, S. 112 ff.

Fritzmeyer, Wolfgang/*Heun*, Sven-Erik: Rechtsfragen des EDI, CR 1992, S. 129 ff.

Giemulla, Elmar/*Jaworsky*, Nikolaus/*Müller-Uri*, Rolf: Verwaltungsrecht, 6. Auflage, Köln, Berlin, Bonn, München 1998.

Gmach, Gertlieb: Probleme des Nichtakts nach der alten und neuen Abgabenordnung, DStZ (A) 1976, S. 299 ff.

Große, Thomas: Probleme der Geburt von Steuerbescheiden, DStZ 1990, S. 348 ff.

Harenberg, Friedrich E.: Der Anscheinsbeweis und seine Bedeutung für den Nachweis des Zugangs von Verwaltungsakten, DStR 1990, S. 236 ff.

Hellinger, Franz: Ist die Bekanntgabe von Verwaltungsakten nach § 122 Abs. 2 AO 1977 eine Sonderart der Zustellung?, BB 1978, S. 496 ff.

Henle, Victor: Die Masse im Massenverfahren, BayVBl. 1981, S. 1 ff.

Hering, Wolfgang: Die Berichtigung offenbarer Unrichtigkeiten im Steuerbescheid, DStZ 1984, S. 220 ff.

Herrmann, Carl/*Heuer*, Gerhard/*Raupach*, Arndt: Einkommensteuer- und Körperschaftsteuergesetz, Band 11, §§ 20 – 25 EStG, Loseblatt, Köln, Stand: April 2003.

Heun, Sven-Erik: Die elektronische Willenserklärung, CR 1994, S. 595 ff.

Hill, Hermann: Verwaltungshandeln durch Verträge und Absprachen, Baden-Baden 1990.

Hohenegg, Christoph/*Tauschek*, Stefan: Rechtliche Problematik digitaler Signaturverfahren, BB 1997, S. 1541 ff.

Hübner, Heinz: Allgemeiner Teil des Bürgerlichen Gesetzbuches, 2. Auflage, Berlin, New York 1996.

Hübschmann, Walter/*Hepp*, Ernst/*Spitaler*, Armin: Abgabenordnung, Finanzgerichtsordnung, Band IV, §§ 101 – 171 AO, Loseblatt, Köln, Stand: Juni 2003.

– Kommentar zur Reichsabgabenordnung, Finanzgerichtsordnung und Nebengesetze, Band 1, §§ 1 – 159 AO a. F., Loseblatt, Köln, Stand: November 1976.

Isensee, Josef/*Kirchhof*, Paul: Handbuch des Staatsrechts, Band I, Grundlage von Staat und Verfassung, 2. Auflage, Heidelberg 1995.

Jachmann, Klaus: Die Berichtigung offenbar unrichtiger Verwaltungsakte gemäß § 42 Verwaltungsverfahrensgesetz, Dissertation Regensburg 1993.

Jakob, Wolfgang: Abgabenordnung, 3. Auflage, München 2001.

Jarass, Hans D./*Pieroth*, Bodo: Grundgesetz, 6. Auflage, München 2002.

Jellinek, Walter: Verwaltungsrecht, 3. Auflage, Berlin, Zürich 1966.

John, Uwe: Grundsätzliches zum Wirksamwerden empfangsbedürftiger Willenserklärungen, AcP 184 (1994), S. 385 ff.

Klein, Franz: Abgabenordnung, einschließlich Steuerstrafrecht, 8. Auflage, München 2003.

Kluth, Winfried: Rechtsfragen der verwaltungsrechtlichen Willenserklärung, NVwZ 1990, S. 608 ff.

Klingmüller, Ernst: Zugang von Willenserklärungen bei verwaister Wohnung, VersR 1967, S. 1109 ff.

Knack, Hans Joachim: Verwaltungsverfahrensgesetz (VwVfG), 7. Auflage, Köln, Berlin, Bonn, München 2000.

Koch, Frank A.: Rechtsfragen der Nutzung elektronischer Kommunikationsdienste, BB 1996, S. 2049 ff.

Koch, Karl/*Scholtz*, Rolf-Detlev: Abgabenordnung, 5. Auflage, Köln, Berlin, Bonn, München 1996.

Kopp, Ferdinand O.: Der dingliche Verwaltungsakt, BayVBl. 1970, S. 232 ff.

– Verwaltungsverfahrensgesetz, 6. Auflage, München 1996.

– /*Ramsauer*, Ulrich: Verwaltungsverfahrensgesetz, 8. Auflage, München 2003.

Kortschak, Hans-Peter: Adressierung und Bekanntgabe von Steuerverwaltungsakten, SteuerStud 1990, S. 125 ff.

Krause, Peter: Die Willenserklärungen des Bürgers im Bereich des Öffentlichen Rechts, VerwArch. 61 (1970), S. 297 ff.

Kruse, Heinrich Wilhelm: Lehrbuch des Steuerrechts, Band I, Allgemeiner Teil, München 1991.

Kühn, Rolf/*Hofmann*, Ruth: Abgabenordnung, 17. Auflage, Stuttgart 1995.

Kuhn, Matthias: Rechtshandlungen mittels EDV- und Telekommunikation, München 1991.

Lammerding, Jo: Abgabenordnung, Finanzgerichtsordnung und Nebengesetze, 14. Auflage, Achim bei Bremen 2002.

Larenz, Karl/*Wolf*, Manfred: Allgemeiner Teil des Bürgerlichen Rechts, 8. Auflage, München 1997.

Laubinger, Hans-Werner: Der Verwaltungsakt mit Doppelwirkung, Göttingen 1967.

– Der VerwVerfG 1973, JA 1975, Öffentliches Recht, S. 241 ff.

Lehmann, Heinrich/*Hübner*, Heinz: Allgemeiner Teil des Bürgerlichen Gesetzbuches, 16. Auflage, Berlin 1966.

Löwer, Wolfgang: Funktion und Begriff des Verwaltungsakts, JuS 1980, S. 805 ff.

Marburger, Peter: Absichtliche Falschübermittlung und Zurechnung von Willenserklärungen, AcP 173 (1973), S. 137 ff.

Marcic, René: Rechtswirksamkeit und Rechtsbegründung, Festschrift für Hans Kelsen zum 90. Geburtstag, S. 85 ff.

Martens, Joachim: Die Praxis des Verwaltungsverfahrens, München 1985.

– Die rechtliche Wirkungsweise des Steuerverwaltungsaktes, StuW 1965, S. 569 ff.

Maunz, Theodor/*Dürig*, Günther: Grundgesetz, Loseblatt, München, Stand: Februar 2003.

Maurer, Hartmut: Allgemeines Verwaltungsrecht, 14. Auflage, München 2002.

Medicus, Dieter: Allgemeiner Teil des BGB, 8. Auflage, Heidelberg 2002.

– Bürgerliches Recht, 19. Auflage, Köln, Berlin, Bonn, München 2002.

Melullis, Klaus-J.: Zum Regelungsbedarf bei der elektronischen Willenserklärung, MDR 1994, S. 109 ff.

Meyer, Hans/*Borgs-Maciejewski*, Hermann: Verwaltungsverfahrensgesetz, 2. Auflage, Frankfurt am Main 1982.

Mittelsteiner, Karl-Heinz/*Schaumburg*, Harald: Abgabenordnung 1977, 2. Auflage, Köln 1977.

Müller-Erzbach, Rudolf: Gefährdungshaftung und Gefahrtragung, AcP 106 (1910), S. 309 ff.

Münchener Kommentar zum Bürgerlichen Gesetzbuch, Hrsg.: *Rebmann*, Kurt/ *Säcker*, Franz Jürgen/*Rixecker*, Roland: Band 1, Allgemeiner Teil, §§ 1 – 240, AGB-Gesetz, 4. Auflage, München 2001.

Mußgnug, Reinhard: Das Recht auf den gesetzlichen Verwaltungsbeamten?, Göttingen 1970.

Niehues, Norbert: Die Bekanntgabe dinglicher Verwaltungsakte, DVBl. 1982, S. 317 ff.

Nothnagel, Reinhard: Bestandsschutz für den bekannt gegebenen Inhalt von Steuerverwaltungsakten?, StuW 1984, S. 60 ff.

– Die Bekanntgabe von Verwaltungsakten im Steuerrechtsverhältnis, Dissertation Köln 1983.

Obermayer, Klaus: Das neue Verwaltungsverfahrensgesetz, RiA 1976, S. 101 ff.

– Kommentar zum Verwaltungsverfahrensgesetz, 3. Auflage, Neuwied und Kriftel 1999.

Paefgen, Christian: Bildschirmtext aus zivilrechtlicher Sicht, Weinheim, Basel, Cambridge, New York 1988.

– Forum: Bildschirmtext - Herausforderung zum Wandel der allgemeinen Rechtsgeschäftslehre?, JuS 1988, S. 592 ff.

Palandt, Otto: Bürgerliches Gesetzbuch, 62. Auflage, München 2003.

Palm, Franz/*Roy*, Rudolf: Mailboxen: Staatliche Eingriffe und andere rechtliche Aspekte, NJW 1996, S. 1791 ff.

Parzeller, Hans E.: Zum Verwaltungshandeln unzuständiger Personen und Amtsträger, DStZ (A) 1978, S. 430 ff.

Peine, Franz-Joseph: Allgemeines Verwaltungsrecht, 6. Auflage, Heidelberg 2002.

Pietzner, Rainer/*Ronellenfitsch*, Michael: Das Assessorexamen im Öffentlichen Recht, 10. Auflage, Düsseldorf 2000.

Raatz, Hans Georg: Die Entstehung des schriftlichen Steuerverwaltungsakts - insbes. des Steuerbescheids - nach der AO 1977, DB 1976, S. 2176 ff.

– Zur maschinellen Fertigung von Einkommensteuerbescheiden, DB 1965, S. 1337 ff.

Redeker, Helmut: Der elektronisch übermittelte Verwaltungsakt, NVwZ 1986, S. 545 ff.

Rößler, Gerhard: Beginn der Rechtsbehelfsfrist bei nach § 122 Abs. 2 AO bekannt gegebenen Steuerbescheiden, DStZ (A) 1979, S. 451 ff.

– Die fehlende Unterschrift oder Namensbekanntgabe auf einem Steuerbescheid und ihre Rechtsfolgen, DStZ 1981, S. 70 ff.

Rosenbach, H. J.: Elektronische Datenverarbeitung und das Verwaltungsverfahrensgesetz?, NWVBl. 1997, S. 326 ff.

Rosenberg, Leo/*Schwab*, Karl-Heinz: Zivilprozessrecht, 15. Auflage, München 1993.

Roßnagel, Alexander: Digitale Signaturen im Rechtsverkehr, NJW-CoR 1994, S. 96 ff.

Sandkühler, Hans Jörg: Europäische Enzyklopädie zu Philosophie und Wissenschaften, Hamburg 1997.

Schapp, Jan: Grundfragen der Rechtsgeschäftslehre, Tübingen 1986.

Schick, Walter: Die Steuererklärung, StuW 1988, S. 301 ff.

Schmidt, Ludwig: Einkommensteuergesetz, 22. Auflage, München 2003.

Schmidt-De Caluwe, Reimund: Die Wirksamkeit des Verwaltungsakts, VerwArch. 90 (1999), S. 49 ff.

Schuhmann, Helmut: Sind die Steuererklärungsfristen wirklich ohne Rechtsgrundlage?, BB 1978, S. 84 f.

Schwarz, Bernhard: Kommentar zur Abgabenordnung, Loseblatt, Freiburg im Breisgau, Stand: August 1999.

Schwarz, Günter Christian: Kein Zugang bei Annahmeverweigerung des Empfangsboten?, NJW 1994, S. 891 ff.

Schwerdtfeger, Gunther: Öffentliches Recht in der Fallbearbeitung, 11. Auflage, München 2003.

Seibert, Max-Jürgen: Die Bindungswirkung von Verwaltungsakten, Dissertation Bonn 1988.

Seeliger: Zur Entstehung eines Steuerbescheides, StF 1965, S. 148 ff.

Seybold, Wolfgang: Formell fehlerhafte Steuerbescheide, DStR 1982, S. 275 ff.

Sölch/Ringleb, Hrsg.: *Mößlang*, Gerhard: Umsatzsteuergesetz, Loseblatt, München, Stand: Januar 2000.

Soergel, Hs. Th., Hrsg.: *Siebert*, W.: Bürgerliches Gesetzbuch mit Einführungsgesetz und Nebengesetzen, Band 2, Allgemeiner Teil 2, §§ 104 - 240, 13. Auflage, Stuttgart, Berlin, Köln, Mainz 1999.

Staudinger, J. von: Kommentar zum Bürgerlichen Gesetzbuch mit Einführungsgesetz und Nebengesetzen, 1. Buch, Allgemeiner Teil, §§ 90 - 240 BGB, 12. Auflage, Berlin 1980.

Stelkens, Paul/*Bonk*, Heinz Joachim/*Sachs*, Michael: Verwaltungsverfahrensgesetz, 5. Auflage, München 1998, 6. Auflage, München 2001.

Tipke, Klaus: Der fehlerhafte Steuerverwaltungsakt, StuW 1957, S. 1 ff.

– Rechtssetzung durch Steuergerichte und Steuerverwaltungsbehörden?, StuW 1981, S. 189 ff.

– /*Kruse*, Heinrich Wilhelm: Abgabenordnung, Finanzgerichtsordnung, Loseblatt, Köln, Stand: März 2003.

Tipke, Klaus/*Kruse*, Heinrich Wilhelm: Reichsabgabenordnung, Loseblatt, Köln, Stand: März 1972.

– /*Lang*, Joachim: Steuerrecht, 17. Auflage, Köln 2002.

Tschentscher, Axel: Beweis und Schriftform bei Telefaxdokumenten, CR 1991, S. 141 ff.

Tuhr, Andreas von: Der Allgemeine Teil des Deutschen Bürgerlichen Rechts, Band II, 1. Hälfte, München, Leipzig 1914.

Ule, Carl Hermann/*Laubinger*, Hans-Werner: Verwaltungsverfahrensrecht, 4. Auflage, Köln, Berlin, Bonn, München 1995.

Ultsch, Michael: Zugangsprobleme bei elektronischen Willenserklärungen, NJW 1997, S. 3007 ff.

Weides, Peter: Verwaltungsverfahren und Widerspruchsverfahren, 3. Auflage, München 1993.

Windscheid, Bernhard: Wille und Willenserklärung, AcP 63 (1880), S. 72 ff.

Woerner, Lothar: Die Zurücknahme, Änderung und Ersetzung von Verfügungen der Steuerverwaltungsbehörden, 2. Auflage, Stuttgart 1968.

Wolf, Ernst: Allgemeiner Teil des bürgerlichen Rechts, 3. Auflage, Köln, Berlin, Bonn, München 1982.

Wolff, Hans J./*Bachof*, Otto/*Stober*, Rolf: Verwaltungsrecht, Band 2, 6. Auflage, München 2000.

Wolff, Wilfried: Allgemeines Verwaltungsrecht, 2. Auflage, Baden-Baden 1991.

Wuermeling, Ulrich: „Der Telefax-Standard“ (DTS) soll Rechtssicherheit schaffen, NJW-CoR 1996, S. 231 ff.

Zezschwitz, Friedrich von: 28. Tätigkeitsbericht des Hessischen Datenschutzbeauftragten, Wiesbaden 1999.

GPSR Compliance

The European Union's (EU) General Product Safety Regulation (GPSR) is a set of rules that requires consumer products to be safe and our obligations to ensure this.

If you have any concerns about our products, you can contact us on ProductSafety@springernature.com

In case Publisher is established outside the EU, the EU authorized representative is:

Springer Nature Customer Service Center GmbH
Europaplatz 3
69115 Heidelberg, Germany

Batch number: 10815964

Printed by Printforce, the Netherlands